智慧物流系统设计与应用发展研究

蔡六一 著

西北工业大学出版社

西安

【内容简介】 本书基于当前电子商务发展前景、大数据时代特征以及全球化贸易时代背景,结合现代物流特征,依据我国物流技术、物流信息化需求,以及物联网基础理论与关键技术,对物联网环境下智慧物流系统的设计及应用发展进行了探索。本书对智慧物流的基本理论进行了概括,分析了智慧物流系统结构,提出了大数据环境下智慧物流服务模式,通过大数据背景下智慧物流业务模式及业务体系研究,设计了智慧物流信息平台、运营框架及其运营模式。此外,本书对我国物流行业应用大数据技术的基础与实施条件、物流智慧化管控模式进行了研究,为实现智慧化、数据化物流产业奠定了理论基础。

本书可以作为物流管理专业"教、学、研、用"的一体化实训参考用书,也可作为物流从业人员的参考用书。

图书在版编目(CIP)数据

智慧物流系统设计与应用发展研究 / 蔡六一著. — 西安:西北工业大学出版社,2021.12
 ISBN 978-7-5612-8065-2

Ⅰ.①智… Ⅱ.①蔡… Ⅲ.①智能技术-应用-物流管理-系统设计 Ⅳ.①F252-39

中国版本图书馆 CIP 数据核字(2021)第 255225 号

ZHIHUI WULIU XITONG SHEJI YU YINGYONG FAZHAN YANJIU
智 慧 物 流 系 统 设 计 与 应 用 发 展 研 究
蔡六一 著

责任编辑:杨 睿	策划编辑:张 晖
责任校对:李 欣	装帧设计:董晓伟

出版发行:西北工业大学出版社
通信地址:西安市友谊西路 127 号　　邮编:710072
电　　话:(029)88491757,88493844
网　　址:www.nwpup.com
印 刷 者:西安五星印刷有限公司
开　　本:787 mm×1 092 mm　　1/16
印　　张:11.25
字　　数:267 千字
版　　次:2021 年 12 月第 1 版　　2021 年 12 月第 1 次印刷
书　　号:ISBN 978-7-5612-8065-2
定　　价:40.00 元

如有印装问题请与出版社联系调换

前　言

21世纪以来,我国物流业总体规模快速增长,物流业服务水平显著提高,物流业发展的环境和条件也不断改善。这为进一步加快物流业发展奠定了坚实基础。特别是"十三五"以来,电子商务蓬勃发展,我国大力振兴物流业,以其作为国民经济发展的重要催化剂。智能化是近年来各类技术发展的趋势,而智能化技术与物联网技术相结合的方式在当今物流领域的应用愈加频繁。智能化技术是物流技术中发展最快的领域,也是现代物流区别于传统物流的根本标志。在现代物流企业急需大量的智能化物流管理人才的时代背景下,大量培养具备智能化与信息化水平的人才非常重要。

本书共11章。第一章主要对智慧物流的概念与特征、功能与作用,以及应用与发展做了概括性介绍;第二章主要介绍了物流信息平台及其相关内容,以及构成物流系统的物流信息平台、运输管理系统、仓储监管系统、配送管理系统、物流金融服务系统、安全管理与应急保障系统以及大数据应用服务系统等内容;第三章主要结合实例对物流装备的自动包装生产线、物流仓库机器人和自动分拣设备等方面进行了介绍;第四章主要对智慧物流系统设计规划,包括智慧物流系统设计与实施、智慧物流设计存在的问题、智慧物流系统评价,以及智慧物流评价体系的建立和智慧物流评价方法进行了探讨;第五章至第七章对应用于企业物流运输过程中的智慧仓储、智慧运输及智慧配送等内容进行了介绍;第八章对智慧物流安全技术进行了介绍;第九章简要介绍了农产品物流与食品追溯;第十章至第十一章主要对新兴特色物流技术及智慧物流发展战略与展望进行了介绍。

在本书的撰写过程中,笔者参考和借鉴了大量国内外相关专著、论文等研究成果,在此,向其作者致以诚挚的谢意。

由于笔者的学识水平有限,加之时间仓促,书中难免欠妥之处,恳请读者批评、指正。

著　者

2021年9月

目 录

第一章 智慧物流概述 ·· 1
    第一节 智慧物流的概念与特征 ·· 1
    第二节 智慧物流的功能与作用 ·· 6
    第三节 智慧物流的应用与发展 ·· 8

第二章 智慧物流信息平台 ··· 14
    第一节 智慧物流信息平台概述 ·· 14
    第二节 运输管理系统 ·· 15
    第三节 仓储监管系统 ·· 19
    第四节 配送管理系统 ·· 21
    第五节 物流金融服务系统 ··· 24
    第六节 安全管理与应急保障系统 ··· 26
    第七节 大数据应用服务系统 ··· 28

第三章 智慧物流装备 ·· 30
    第一节 自动包装生产线 ·· 30
    第二节 物流仓库机器人 ·· 36
    第三节 自动分拣设备 ·· 40

第四章 智慧物流系统设计规划 ·· 48
    第一节 智慧物流系统设计与实施 ··· 48
    第二节 智慧物流设计存在的问题 ··· 59
    第三节 智慧物流系统评价 ··· 61
    第四节 智慧物流评价体系的建立 ··· 64
    第五节 智慧物流评价方法 ··· 68

第五章 智慧仓储 ·· 72
    第一节 智慧仓储的概念与特点 ·· 72

| 第二节 | 智慧仓储的体系构成 | 77 |
| 第三节 | 智慧仓储的应用与发展 | 81 |

第六章 智慧运输 91
- 第一节 智慧运输概述 91
- 第二节 智慧运输的设备及技术 93
- 第三节 智慧运输决策 98

第七章 智慧配送 100
- 第一节 智慧配送概述 100
- 第二节 智慧配送的设备与设施 105
- 第三节 智慧配送决策 109

第八章 智慧物流安全技术 116
- 第一节 网络信息技术层面的智慧物流安全 116
- 第二节 数据加密技术 117
- 第三节 物联网认证机制 123
- 第四节 物联网层面的智慧物流安全 127

第九章 农产品物流与食品追溯 134
- 第一节 粮食物流 134
- 第二节 农业物联网与农产品物流系统 136
- 第三节 冷链物流 140

第十章 新兴特色物流技术 143
- 第一节 供应链金融技术 143
- 第二节 危化品物流技术 147
- 第三节 快递物流技术 151
- 第四节 区块链技术 157

第十一章 智慧物流发展战略与展望 162
- 第一节 智慧物流发展战略 162
- 第二节 中国智慧物流发展与展望 166

参考文献 171

第一章 智慧物流概述

物流业属于生产性服务业,是促进国民经济和社会发展的重要产业。随着新技术的革新,物流业的新模式、新业态不断涌现。其中,物流业与互联网深度融合,形成了智慧物流。智慧物流逐步成为推进物流业发展的新动力、新路径,这也为经济结构优化升级和提质增效注入了强大动力。

第一节 智慧物流的概念与特征

一、智慧物流的起源

智慧物流属于物流发展的高级阶段,是现代信息技术发展到一定程度的产物,也是多种现代信息技术聚合在物流的表现形式。物流在经历了粗放型物流、系统化物流、电子化物流、智能物流等阶段之后,形成了现在的智慧物流。粗放型物流属于现代物流的雏形阶段,系统化物流属于现代物流的发展阶段,电子化物流属于现代物流发展的成熟阶段,而现代物流的发展趋势是由智能物流向智慧物流发展。

1. 粗放型物流

粗放型物流的黄金时期是20世纪50—70年代。第二次世界大战后,世界经济处于复苏时期,以美国为代表的发达资本主义国家进入了经济发展的黄金时期。以制造业为核心的经济发展模式给西方等发达资本主义国家带来了大量的财富,刺激了消费大规模增长,促使大量生产、大量消费成为这一时期的标志。随着大量产品涌入市场,大型的百货商店和超级市场如雨后春笋般涌现。总之,在大规模生产和消费的初始阶段,市场需求旺盛,经济快速增长,促使企业将重心放在生产上,而缺少对流通领域中物流的关注,造成了大量库存。

这一阶段的物流属于粗放型物流。粗放型物流的特点是专业型的物流企业数量较少,大部分企业是自成体系,缺乏行业协作和大物流的意识,盲目扩张生产而无法维持。到了后期,粗放型物流迫使企业放弃原来的大规模生产消费型经营模式,去寻找更适合的物流经营模式来降低成本。

2. 系统化物流

从20世纪70年代末到20世纪80年代初,各国经济呈现出国际化趋势,物流业也逐渐从分散、粗放式的管理转变为系统管理。物流的系统化得益于企业对物流业的重新认识和新技术、新模式的出现与利用。在这一时期,企业已经将物流看作是一项综合活动,并在制定经营决策和发展战略时,开始注重物流的成本和效益。这一时期的物流行业关注削减库存以降低运营成本,并提出了物流总成本的概念。同时,新型物流技术的应用也迎合了这股潮流,如实时生产系统和集装箱运输等。此外,新兴物流业态的出现也丰富了物流行业的服务模式。这些新兴的思想、技术、服务逐渐成为物流行业变革的契机和动力。虽然这一时期的信息技术革命尚未完成,但是计算机辅助管理、模拟仿真系统、线性规划等技术已经大量运用到物流系统中。

系统化物流的特点是物流新技术和物流新模式的出现,企业对物流的理解从简单分散的运输、保管、库存管理等具体功能,上升到原料采购及产品销售整个过程的统一管理,并开始注重在物流成本和效益方面做文章。

3. 电子化物流

20世纪90年代中后期之后,以互联网在经济活动中的应用为主要表现形式的电子商务取得了飞速的发展。在客户需求的拉动、技术进步的推动,以及物流业自身发展需要的驱动等多方面力量的作用下,现代物流业迎来一个新的发展阶段——电子化物流。在这个阶段,信息技术为物流行业助力,并成为持续推动物流业飞速发展的关键动力。其中,最为典型的两项信息化技术是20世纪70年代诞生的条码技术(Code Technology)和20世纪80年代诞生的电子数据交换(Electronic Data Interchange,EDI)技术。条码技术可以提供一套统一的标准进行数据交互和处理,减少了纸张票据的使用。电子数据交换技术的应用范围可以覆盖物流各个主要环节,如在线订货、库存管理、发送货管理、报关、支付等。

电子化物流的特点主要有三个:①电子化物流需要借助互联网来开展业务;②电子化物流体系以满足客户对物流服务的需求为导向,让客户通过互联网参与物流运作过程,以更好地实现以客户为中心的物流服务发展目标;③电子化物流注重追求供应链整体的物流效果,供应链合作伙伴之间通过互联网建立起密切的业务联系,为提高供应链物流的效率、效益,以及降低物流运作的总体成本和时间而共同努力,并强调共存共荣、互惠互利。

4. 智能物流

21世纪后,随着智能技术的发展,物流也朝着智能化方向发展。尤其是随着智能标签、无线射频识别技术、电子数据交换技术、全球定位技术、地理信息系统、智能交通系统等的日趋成熟及应用,基于这些技术和系统的各类智能物流应用相继出现,有智能仓储物流管理、智能冷链物流管理、智能集装箱运输管理、智能危险品物流管理、智能电子商务物流等。基于当前时代背景,并结合现代物流的发展过程,可以看出:物流业是实现作业智能化、网络化及自动化的行业;精确化物流要求成本最小化和零浪费;物流系统需要智能化地采集实时信息,并利用物联网进行系统处理,为最终用户提供优质的信息和咨询服务,为物流企业提供最佳策略支持;协同化是利用物联网平台协助,实现物流企业上下游之间的无缝连接。

5. 智慧物流

"智慧物流"的概念源于"智慧地球"。2009年3月13日,国务院颁发的《物流业调整和振兴规划》中提出：积极推进企业物流管理信息化，促进信息技术的广泛应用；积极开发和利用全球导航卫星系统、地理信息系统、道路交通信息通信系统、不停车自动交费系统、智能交通系统等运输领域新技术，加强物流信息系统安全体系研究。在物流业中，一些先进的现代物流系统已经具备了信息化、网络化、集成化、智能化、柔性化、敏捷化、可视化和自动化等高技术特征。很多物流系统和网络也采用了最新的红外、激光、无线、编码、认址、自动识别、定位、无接触供电、光纤、数据库、传感器、射频识别技术（Radio Frequency Identification，RFID）、卫星定位等高新技术。这种集光、机、电、信息等技术于一体的新技术在物流系统的集成应用，是物联网技术在物流业应用的体现。

基于以上背景，结合物流行业信息化发展现状，2009年12月，中国物流技术协会信息中心、华夏物联网和《物流技术与应用》编辑部率先提出"智慧物流"的概念。智慧物流概念的提出，既顺应历史潮流，也符合现代物流业发展的自动化、网络化、可视化、实时化、跟踪与智能控制的发展新趋势，对企业、物流行业乃至整个国民经济的发展都具有至关重要的作用。综上所述，智慧物流时代已经到来并且还在继续发展，并随着技术的不断进步和应用不断成熟。

二、智慧物流的概念

1. 智慧的概念

"智慧"一词的含义处在不断的变化和扩充之中，具有很强的动态性，直到今天也没有形成一个能够被广泛接受和认同的定义。

狭义的智慧是指生命体所具有的、基于生理和心理器官的一种高级创造思维能力，包含对自然与人文的感知、记忆、理解、分析、判断、升华等各种能力。智慧是由智力系统、知识系统、方法与技能系统、非智力系统、观念与思想系统、审美与评价系统等多个子系统构成的复杂体系孕育出的一种能力。

随着现代科技的不断发展与应用，没有生命的物理世界开始有了生命的觉醒，人类逐渐迈入智慧时代。具体来说，它表现为将感应器嵌入或装备到某些群体，进一步互相连接，成为"物联网"，再进一步连接与整合"物联网"和互联网，从而实现"智慧"。现在它已经发展为使用最先进的电子信息技术和管理方式来"武装"整个系统，从而形成一种类似于人类智慧的、有"智慧"的全新系统。智慧执行系统、智慧传导系统和智慧思维系统已经延伸至物理世界。

(1) 智慧执行系统是与人类最直接接触的系统，如智能机器人、无人机、自动驾驶汽车等。目前，机器学习能力大幅提升，智能机器人开始在多种行业取代人工。然而，智慧执行系统还是依托于自动化技术的应用。

(2) 智慧传导系统的核心是互联网、移动互联网、物联网技术的应用与联合。智慧传导系统由状态感知与即时信息传导两大功能系统组成，不仅是实现信息世界与物理世界融合的关键要素，还是智慧时代的基础设施。

(3) 智慧思维系统是智慧系统的大脑，是主宰智慧系统的控制核心，是让物理世界产生智慧生命觉醒的关键性要素之一。智慧思维系统的信息资源来源于大数据。其中,思考的引擎是人工智能,而进行实时分析和科学决策的是软件。

2. 智慧物流的概念

智慧物流的本质是智慧,物流是智慧的应用客体。智慧物流的概念自"诞生"以来,受到了专家和学者的高度关注。同时,智慧物流也入选了 2010 年物流十大关键词。然而,目前对于智慧物流的概念,学术界与物流业各企业仍存在分歧。国内较早关于智慧物流的说法是由王继祥教授于 2009 年在《物联网技术及其在现代物流行业应用》研究报告中提出的。他认为,智慧物流是利用集成智能化技术,使物流系统能模仿人的智能,具有思维、感知、学习、推理判断和自行解决物流中的某些问题的能力。它包含了智能运输、智能仓储、智能配送、智能包装、智能装卸,以及智能信息的获取、加工和处理等多项基本活动。

2010 年,在物联网的时代背景下,北京邮电大学李书芳教授指出,智慧物流是在物联网的广泛应用基础上,利用先进的信息采集、信息处理、信息流通和信息管理技术,完成包括运输、仓储、配送、包装、装卸等多项基本活动的货物从供货商向需求者移动的整个过程。其为供应方提供最大化的利润,为需求方提供最佳的服务,同时也应消耗最少的自然资源和社会资源,最大限度地保护好生态环境,进而形成完整的智慧社会物流管理体系。

2011 年,时任国家发展和改革委员会综合运输研究所所长汪鸣认为,智慧物流是指在物流领域广泛应用信息化技术、物联网技术和智能技术等,并在匹配的管理和服务技术的支撑下,使物流行业具有整体智能性并使服务对象间具有紧密智能联系的发展状态。智慧物流是一种以信息技术为支撑,在物流的运输、仓储、包装、装卸搬运、流通加工、配送、信息服务等各个环节实现系统感知、全面分析、及时处理及自我调整功能,实现物流规整智慧、发现智慧、创新智慧和系统智慧的现代综合性物流系统。

2012 年,学者邵广利在综述相关研究的基础上指出,智慧物流是将物联网、传感网与互联网整合,运用于物流领域,实现物流与物理系统的整合网络。这个整合网络中存在能力超级强大的中心计算集群,能够对整合网络内的人员、机器、设备和基础设施实施实时的管理和控制。在此基础上,人类可以以更加精细和动态的方式管理物流活动,使得物流系统智能化、网络化和自动化,从而提高资源利用率,使生产力水平达到"智慧"状态。

李芷巍教授认为,智慧物流是将互联网与新一代信息技术应用于物流业,实现物流的自动化、可视化、可控化、智能化、信息化、网络化,从而提高资源利用率的服务模式和提高生产力水平的创新形态。

北京物资学院王之泰在李芷巍教授研究的基础上,为智慧物流的概念增加了管理的内涵。他认为,"智慧"的获得并不完全是技术方面的问题,要防止把技术问题绝对化。他将智慧物流定义为:"将互联网与新一代信息技术和现代管理理念应用于物流业,实现物流的自动化、可视化、可控化、智能化、信息化、网络化的创新形态。"

中国物联网校企联盟认为,智慧物流是利用集成智能化技术,使物流系统能模仿人的智能,具有思维、感知、学习、推理判断和自行解决物流中某些问题的能力。智慧物流在流通过程中获取信息,再通过分析信息做出决策,使货物从源头开始被实时跟踪与管理,实现信息流快于实物流,可通过RFID、传感器、移动通信技术等实现配送货物的自动化、信息化和网络化。

北京交通大学王喜富教授认为,智慧物流是以"互联网+"为核心,以物联网、云计算、大数据及"三网融合"(传感网、物联网与互联网)等为技术支撑,以物流产业自动化基础设施、智能化业务运营、信息系统辅助决策和关键配套资源为基础,通过物流各环节、各企业的信息系统无缝集成,实现在物流全过程可自动感知识别、可跟踪溯源、可实时应对以及可智能优化决策的物流业务形态。

2017年5月,我国发布的《中国智慧物流2025应用展望》将智慧物流定义为:通过大数据、云计算、智能硬件等新型智慧化技术与手段,提高物流系统思维、感知、学习、分析决策和智能执行的能力,提升整个物流系统的智能化、自动化水平,从而推动中国物流业的发展,降低社会物流成本,提高物流效率。

中国物流学会何黎明会长认为,智慧物流是以物流互联网和物流大数据为依托,通过协同共享创新模式和人工智能先进技术,重塑产业分工,再造产业结构,转变产业发展方式的新生态。他还提出,当前物流企业对智慧物流的需求主要包括物流大数据、物流云、物流模式和物流技术四大领域。

综合而言,智慧物流就是能迅速、及时、灵活、正确地理解物流问题,并运用科学的思路、方法和先进技术解决物流问题,创造更好的社会效益和经济效益的物流新模式。智慧物流的核心和灵魂是提供科学的物流解决方案,为客户和社会创造更好的综合效益。智慧是活的东西,不仅要认识物流,还要解决物流问题,这决定了它是发展智慧物流的关键因素。

三、智慧物流的特征

与传统物流相比,智慧物流具有柔性化、社会化、一体化和智能化四大特征。

1. 柔性化

柔性化本来是为实现"以顾客为中心"的理念而在生产领域提出来的,即确切地根据消费者需求的改变来灵活地调节生产工艺。物流的发展同样需要柔性化,必须按照客户的需要提供高度可靠的、特殊的、额外的服务。"以顾客为中心"的服务的内容将不断增多,其重要性也将不断增强。如果没有智慧物流系统,柔性化的目的是不可能达到的。

2. 社会化

随着物流设施的国际化、物流技术的全球化,以及物流服务的全面化,物流已经不局限于一个企业、一个地区或一个国家。为实现货物国际性的流动、交换,以及促进区域经济的发展和世界资源的优化配置,社会化的智慧物流体系正在逐渐构建起来。构建智慧物流体系对于降低商品流通成本起着决定性的作用,并是智能型社会发展的基础。

3. 一体化

智慧物流活动不仅包括企业内部生产过程中的全部物流活动,还包括企业与企业、企业与个人之间的全部物流活动。智慧物流一体化是指智慧物流活动的整体化和系统化,是以智慧物流管理为核心,将物流过程中运输、存储、包装、装卸等诸环节集合成一体化系统,以最低的成本向客户提供最满意的物流服务。

4. 智能化

智能化是物流发展的必然趋势,是智慧物流的典型特征,贯穿于整个物流活动的过程。随着人工智能技术、自动化技术、通信技术的不断发展,智慧物流的智能化程度也将不断地提高。智慧物流不仅可处理库存水平的确定、运输道路的选择、自动跟踪的控制、自动分拣的运行、物流配送中心的管理等问题,随着时代的发展,它还将不断地被赋予新的内容。

第二节 智慧物流的功能与作用

一、智慧物流的基本功能

1. 感知功能

感知功能是指运用各种先进技术能够获取运输、仓储、包装、装卸搬运、流通加工、配送、信息服务等各个环节的大量信息,实现实时数据收集,使各方能准确掌握货物、车辆和仓库等信息,初步实现感知智慧。

2. 规整功能

规整功能是指把感知智慧得到的信息通过网络传输到数据中心,进行数据归档,建立起强大的数据库,并对各类数据按要求进行规整,实现数据的联系性、开放性和动态性,进而通过对数据和流程的标准化,推进跨网络的系统整合,实现规整智慧。

3. 智能分析功能

智能分析功能是指运用智能模拟器模型等手段分析物流问题。根据问题提出假设,并在实践过程中不断验证问题,发现新问题,做到理论实践相结合。在运行中,系统会自行调用原有的经验数据,随时发现物流作业活动中的漏洞或者薄弱环节,进而进行调整。

4. 优化决策功能

优化决策功能是指结合特定需要,根据实际情况评估成本、时间、质量、服务、碳排放和其他标准,评估基于概率的风险,进行预测分析,协同制定决策,提出合理、有效的解决方案,做出更加准确、科学的决策,从而实现创新智慧。

5. 系统支持功能

系统支持功能体现在智慧物流并不是各个环节各自独立、毫不相关的物流系统,而是每个环节都能相互联系、互通有无、共享数据、优化资源配置的系统,并能够为物流各个环节提供最强大的系统支持,使得各环节协作、协调、协同。

6. 自动修正功能

自动修正功能是指在前面各个功能的基础上,按照最有效的解决方案,由系统自动遵循快捷、有效的路线运行。在发现问题后,自动修正功能可实现自动修正,并且备用在案,方便日后查询。

7. 及时反馈功能

物流系统是一个实时更新的系统。反馈是实现系统修正、系统完善最关键的环节之一。反馈贯穿于智慧物流系统的每一个子系统、每一个环节,为物流相关作业者了解物流运行情况、及时解决系统问题提供强大的保障。

二、智慧物流的主要作用

1. 降低物流成本,提高企业利润

智慧物流可降低制造业、物流业等行业的成本,显著提升企业的利润。智慧物流的关键技术,如物体标识及标识追踪、无线定位等新型信息技术,能够有效地实现物流的智能调度管理,整合物流核心业务流程,加强物流管理的合理化,降低物流消耗,从而降低物流成本,减少流通费用,增加利润。

2. 加速物流业的发展,成为物流业的信息技术支撑

智慧物流的建设,将加速当地物流业的发展。智慧物流集仓储、运输、配送、信息服务等多功能于一体,协调部门利益,打破行业限制,可实现高效经营,优化社会物流资源配置。同时,智慧物流将过去分散于多处的物流资源进行集中处理,可以发挥整体优势和规模优势,并且智慧物流能实现传统物流企业的现代化、专业化和互补性。此外,通过智慧物流,物流企业不仅可以共享基础设施、配套服务和信息,还能降低运营成本和费用支出,获得规模效益。

3. 为企业生产、采购和销售系统的智能融合打下基础

随着射频识别技术与传感器网络的普及,物与物的互联互通将给企业的物流系统、生产系统、采购系统与销售系统的智能融合夯实基础,而网络的融合必将产生智慧生产与智慧供应链的融合,企业物流完全智慧地融入企业经营,打破工序、流程界限,打造智慧企业。

4. 便于消费者节约成本,轻松、放心地购物

智慧物流通过提供货物源头自助查询和跟踪等多种服务,尤其可实现对食品类货物的源头查询,能够让消费者放心购买,从而增强消费者的购买欲和购买信心,达到促进消费的目的。

5. 提高政府部门的工作效率

智慧物流可全方位地监管商品的生产、运输、销售,不仅可节省政府相关部门的工作压

力,还可使监管更彻底、更透明。随着计算机和网络的应用,政府相关部门的工作效率将大大提高。

第三节 智慧物流的应用与发展

当前,我国正处于新一轮科技革命和产业变革的关键时期。智慧物流通过连接升级、数据升级、模式升级、体验升级、智能升级和绿色升级等,全面推进供应链升级,这将深刻影响社会生产和产品流通方式,促进动能转换和产业结构调整,推进供给侧结构性改革,为物流业发展带来新机遇。

一、智慧物流的发展动因

中国经济正在转变为依靠优化经济结构和产业创新为核心驱动力来保持经济可持续发展的模式,突出表现为以提质增效为特征的"新常态"。在经济新常态中,政府从政策层面大力推动智慧物流,将促使消费升级、市场变革倒逼智慧物流创新发展,推动工业 4.0、中国智造、"互联网+"等为传统生产与物流产业注入"智慧"基因。新技术的发展为智慧物流创造了条件。

1. 国家政策

在工业 4.0 时代,客户需求高度个性化,产品生命周期缩短,智能工厂需要对生产要素进行灵活配置和调整,并能够实现多批次的定制化生产。智慧物流在智能制造工艺中有承上启下的作用,是连接供应、制造和客户的重要环节。同时,随着企业用工成本的不断攀升,经济发展速度的放缓,中国经济"高成本时代"逐渐来临,这将给企业带来前所未有的巨大压力。

我国高度重视智慧物流发展,并出台了相关政策来支持(见表 1-1)。2016 年 4 月,国务院办公厅发布《国务院办公厅关于深入实施"互联网+流通"行动计划的意见》(国办发〔2016〕24 号),鼓励发展共享经济,利用互联网平台统筹优化社会闲散资源。2016 年 7 月,国务院常务会议决定把"互联网+"高效物流纳入"互联网+"行动计划。随后,经国务院同意,国家发展改革委员会同有关部门研究并制定了《"互联网+"高效物流实施意见》,推进"互联网+"高效物流与大众创业、万众创新紧密结合,创新物流资源配置方式,大力发展商业新模式,经营新业态。2016 年 7 月,商务部发布《商务部公办厅关于确定智慧物流配送示范单位的通知》,开展智慧物流配送体系建设示范工作。

表 1-1 智慧物流相关政策汇总表

发文机构	文件名称	发文时间
国务院办公厅	《国务院办公厅关于深入实施"互联网+流通"行动计划的意见》	2016 年 4 月
	《营造良好市场环境推动交通物流融合发展实施方案》	2016 年 6 月
	《物流业降本增效专项行动方案(2016—2018 年)》	2016 年 9 月
发展改革委员会	《"互联网+"高效物流实施意见》	2016 年 7 月

续表

发文机构	文件名称	发文时间
交通运输部	《交通运输信息化"十三五"发展规划》	2016年5月
	《综合运输服务"十三五"发展规划》	2016年7月
	《关于推进供给侧结构性改革,促进物流业"降本增效"的若干意见》	2016年8月
	《关于推进改革试点加快无车承运物流创新发展的意见》	2016年9月
商务部办公厅	《关于确定商贸物流标准化专项行动第二批重点推进企业(协会)的通知》	2016年2月
	《全国电子商务物流发展专项规划(2016—2020年)》	2016年3月
	《商务部办公厅关于确定智慧物流配送示范单位的通知》	2016年7月
	《商贸物流发展"十三五"规划》	2016年2月
邮政局	《推进快递业绿色包装工作实施方案》	2016年8月
	《邮政业发展"十三五"规划》	2016年12月
	《快递业发展"十三五"规划》	2016年2月

2. 技术进步

从2015年起,大数据、物联网、云计算、机器人、Augmented Reality/Virtual Reality、区块链等新技术驱动物流技术在模块化、自动化、信息化等方向持续、快速变化(见图1-1)。

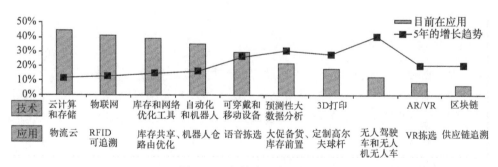

图1-1 新技术及应用趋势

大数据、物联网等新技术驱动物流变化的结果,主要体现在以下三方面:一是感应,可使物流整个场景数字化;二是互联,可使整个供应链内的所有元素相互连接;三是智能,可使供应链相关的决策更加自主、智能。

云计算和存储、预测性大数据分析等绝大多数新技术将逐渐进入生产成熟期,预计会广泛应用于仓储、运输、配送等各个物流环节。这为推动中国智慧物流的全面实现和发展提升奠定基础。

3.商业变化

传统的分工体系已经被打破,原来专业化的分工协作方式逐步被实时化、社会化、个性化所取代。众包、众筹、分享成为新的社会分工协作方式。这使物流信息资源、物流技术与设备资源、仓储设施资源、终端配送资源、物流人力资源等共享成为现实,从而在整个社会层面进行物流资源的优化配置,提高效率,降低成本。同时,技术进步也在改变着物流模式,例如 3D 打印技术的推广应用将会催生出更多的 Business to Customer 物流需求。

为应对这些变化,物流业高度重视并大力发展智慧物流。例如,根据普华永道调研,运输和物流公司将数据分析在未来的重要性看得比其他任何行业都高。

二、智慧物流的应用现状

1. 物流逐步实现在线化

近年来,随着移动互联网技术的快速发展,大量物流设施通过传感器接入互联网。目前,我国已经有超过 400 万辆重载货车(总质量为 12 吨及以上的普通货运车辆)安装北斗定位装置,还有大量托盘、集装箱、仓库和货物接入互联网。物流连接呈快速增长模式,以信息互联、设施互联带动物流互联。可见,"物流在线化"奠定了智慧物流的前提条件。

2. 物流大数据得到应用

物流在线化产生大量的业务数据,使得物流大数据从理念变为现实,数据驱动的商业模式推动产业智能化变革,大幅度提高生产效率。如菜鸟网络推出智能路由分单,实现包裹跟网点的精准匹配,准确率达 98% 以上,效率提高 50% 以上,极大缓解了仓库爆仓的压力。通过对物流大数据进行处理与分析,企业可挖掘出有价值的运营管理信息,从而科学、合理地进行管理决策。

3. 物流云服务强化保障

依托大数据和云计算技术,企业可通过物流云来高效地整合、管理和调度资源,并为各个参与方按需提供信息服务及算法应用服务。这是建设智慧物流的核心目的。近年来,各网络平台等纷纷推出物流云服务应用,为物流大数据提供了重要保障。"业务数据化"正成为智慧物流的重要基础。

4. 协同共享助推模式创新

智慧物流的核心是"协同共享"。协同共享理念通过分享使用权而不占有所有权,打破了传统企业边界,深化了企业分工协作,实现了存量资源的社会化转变和闲置资源的最大化利用。例如,菜鸟驿站整合高校、社区、便利店和物业等社会资源,有效地解决了末端配送的效率和成本问题。近年来,"互联网+"物流服务成为贯彻协同共享理念的典型代表。利用互联网技术和互联网思维,推动互联网与物流业深度融合,重塑产业发展方式和分工体系,为物流企业转型提供了方向指引。其典型场景包括互联网+高效运输、互联网+智能仓储、互联网＋便捷配送及互联网＋智能终端等。

5．人工智能

正在起步的以人工智能为代表的物流技术服务是应用物流信息化、自动化和智能化技术实现物流作业高效率、低成本的物流企业十分迫切的现实需求。其中，人工智能通过赋能物流各环节、各领域，实现智能配置物流资源、智能优化物流环节及智能提升物流效率。特别是在无人驾驶、无人仓储、无人配送和物流机器人等人工智能的前沿领域，一些领先企业已经开展试验应用。

三、智慧物流的服务需求

随着物流业的转型升级，物流企业对智慧物流的需求越来越强烈、越来越多样化，主要包括物流数据、物流云和物流技术三大领域的服务需求。综合国家经济增长及物流业发展趋势等众多因素，预计到2025年，智慧物流服务的市场规模将超过万亿元。物流数据是"智慧"形成的基础，物流云是"智慧"运转的载体，物流技术是"智慧"执行的途径。这三个部分是有机结合的整体。

1．物流数据服务

采购、供应、生产、销售的全过程供应链会产生海量的物流数据。对这些数据进行处理与分析，挖掘其运营特点、规律、风险点等信息，从而更科学、合理地进行管理决策与资源配置，是物流企业的普遍需求。物流数据服务的典型场景包括以下五个。

（1）数据共享。数据共享可消除物流企业的信息孤岛，实现物流基础数据互联互通，减少物流信息的重复采集，降低物流成本，提高服务水平和效率。

（2）销售预测。销售预测即利用用户消费特征、商家历史销售等海量数据，通过大数据预测分析模型，对大订单、促销、清仓等多种场景下的销量进行精准预测，为仓库商品备货及运营策略制定提供依据。

（3）网络规划。网络规划是利用历史大数据、销量预测，构建成本、时效、覆盖范围等多维度的运筹模型，对仓储、运输、配送网络进行优化布局。

（4）库存部署。库存部署即在物流网络中科学部署库存，智能预测补货，实现库存协同，加快库存周转，提高现货率，提升整个供应链的效率。

（5）行业洞察。利用大数据技术，挖掘、分析不同行业仓储配送等各个环节的物流运作特点及规律，为物流企业提供完整的解决方案。

2．物流云服务

伴随着共享经济、云仓、众包等新型市场关系、物流模式的发展，通过物流云来高效地整合、管理和调度资源，并为各个参与方按需提供信息系统及算法应用服务，是智慧物流发展过程中的核心需求之一。物流云服务的典型场景包括以下三个。

（1）统筹资源。统筹资源是指集聚社会闲散的仓库、车辆及配送人员等物流资源，通过仓库租赁需求分析、人力资源需求分析、融资需求趋势分析和设备使用状态分析等，合理配置，实现资源效益最大化。

(2)软件 SaaS[Software-as-a Service(软件即服务)]化服务。将 WMS(Warehouse Management System,仓库管理系统)/TMS(Transportation Managment System,运输管理系统)/OMS(Operations Management System,订单管理系统)等信息系统进行 SaaS 化,可为更多的物流企业提供更快、更多样化的系统服务及迭代升级服务。

(3)算法组件化服务。算法组件化服务是指将路径优化、装箱、耗材推荐、车辆调度等算法组件化,以便为更多的物流企业提供单个或组合式的算法应用服务。

3. 物流技术服务

智慧物流的出发点之一是降本增效。应用物流自动化及智能化技术来实现物流作业高效率、低成本,是企业的迫切需求。物流技术服务的典型场景包括以下三个。

(1)自动化设备。自动化设备即通过自动化立体库、自动分拣机、传输带等设备,实现存取、拣选、搬运、分拣等环节的机械化、自动化。

(2)智能设备。智能设备指通过自主控制技术,进行智能抓取、码放、搬运及自主导航等,使整个物流作业系统具有高度的柔性和扩展性,如拣选机器人、码垛机器人、自动引导运输车(Automated Guided Vehicle,AGV)、无人机、无人车等。

(3)智能终端。智能终端是指使用高速联网的移动智能终端设备,便于物流人员实现高效、便捷的操作,更加人性化的人机交互协同作业。

四、智慧物流的发展趋势

1. 连接升级

物联网、云计算和大数据等新一代信息技术将进入高成熟期,物流人员、装备设施及货物将全面接入互联网,发展规模呈现指数级增长趋势,形成全覆盖、广连接的物流互联网,"万物互联"助推智慧物流发展。

2. 数据升级

随着信息系统建设、数据对接协同和手持终端的普及,物流数据将做到可采集、可录入、可传输及可分析,预计未来 5~10 年,物流数字化程度将显著提升,将逐渐清除行业信息不对称和信息孤岛现象,"全程透明"强化智慧物流基础。

3. 模式升级

预计未来 5~10 年,众包、众筹及共享等新的分工协作方式将得到广泛应用。此方式可打破传统的分工体系,重构企业业务流程和经营模式,"创新驱动"成为智慧物流动力。

4. 体验升级

未来分布式的物流互联网将更加接近消费者,将全面替代集中化运作方式,依托开放共享的物流服务网络,满足每个客户个性化的服务需求,"体验经济"创造智慧物流价值。

5. 智能升级

随着人工智能技术的快速迭代,机器在很多方面将替代人工,预计未来 5~10 年,物流机器人使用密度将达到 5 台/万人左右,物流赋能将改造传统物流基因,"智能革命"将改变智慧物流格局。

6. 绿色升级

智慧物流充分利用社会闲置资源,积极减少能源耗费,以符合全球绿色和可持续发展的要求。未来几年,绿色包装、绿色运输及绿色仓储将加快推广并应用,"绿色低碳"将极大程度地提升智慧物流影响力。

7. 供应链升级

智慧物流将引领智慧供应链变革。凭借靠近用户的优势,智慧物流将带动用户深入产业链上下游,以用户需求倒逼产业链各环节强化联动和深化融合,助推"协同共享"生态体系加快形成。

第二章 智慧物流信息平台

第一节 智慧物流信息平台概述

一、智慧物流信息平台的建设意义与目标

随着物流业的转型升级,物流企业对智慧物流的需求越来越强烈,越来越多样化。目前,对于智慧物流的需求,主要包括物流数据、物流云和物流技术三大领域。2016年7月,商务部办公厅发布《商务部办公厅关于确定智慧物流配送示范单位的通知》,开展智慧物流配送体系建设示范工作。智慧物流是"中国制造2025"战略的重要基石,按照目前物流行业的发展情况来看,预测到2025年,智慧物流服务的市场规模将超过万亿元。

智慧物流信息平台的建设目标是以大数据、云计算、智能硬件等智慧化技术与手段为支撑,在物流的运输、仓储、包装、装卸搬运、流通加工、配送、信息服务等各个环节实现系统感知。

建设智慧物流信息平台,大致有以下好处:有利于提高物流系统思维、感知、学习、分析决策和智能执行的能力,提升整个物流系统的智能化、自动化水平;有利于整合供应链物流系统资源,发现、汇总、创新,实现物流规整智慧、发现智慧、创新智慧和系统智慧;有利于降低社会物流成本,提高物流效率,开拓高端产品,有效推进物流业转型升级。

二、智慧物流信息平台总体框架

智慧物流具有两大特点:一是互联互通、数据驱动,即要求物流要素互联互通且数字化,以"数据"驱动一切洞察、决策、行动;二是深度协同、高效执行,即跨集团、跨企业、跨组织之间深度协同,基于全局优化的智能算法,调度整个物流系统中各参与方高效地分工协作。

智慧物流信息平台则是一个能够体现智慧物流优势、落实企业与行业信息化发展的有效工具,可结合物流业发展战略与信息化建设需求、物流基本要素、物流企业核心业务等,体现综合化、信息化、协同化的智慧物流。

智慧物流信息平台可分为八大子系统,主要包括运输管理系统、仓储监管系统、配送管理系统、货运信息服务与发布系统、物流金融服务系统、物流增值服务系统、安全管理与应急保障系统、大数据应用服务系统。建立智慧物流信息平台,不仅能够实现各应用系统的互联

互通与信息共享,还能实现服务区域内的产业协同联动,从而降低成本,提高业务运营效率与管理水平,实现业务管控集中化、一体化、规范化、可视化与智能化的信息服务。

第二节　运输管理系统

一、运输管理系统的建设需求及意义

1. 运输管理系统建设的需求

运输管理是物流运作的重要环节,对各个环节的运输时间及运输成本十分重要。现代运输管理是对运输网络和运输作业的管理。这个网络传递着不同区域的运输任务、资源控制、状态跟踪、信息反馈等信息。运输管理系统能够利用现代计算机技术和物流管理方法将运输管理智能化、可视化,以达到克服传统人为控制运输网络信息和运输作业所产生的效率低、准确性差、成本高、反应迟缓,无法满足客户需求等问题。

具体来说,运输管理系统就是利用现代信息技术,实现对运输计划、运输工具、运送人员及运输过程的跟踪、调度、指挥等管理业务的有效管理,可解决智能化综合运输的问题。运输管理系统旨在将时间效率、便捷性、个性化需求作为衡量标准,综合各种运输方式的互补性和相互促进作用,实现整个运输系统高效运转。同时,运输管理系统能够协调各种运输方式之间的关系,进一步提高运输能力、运输速度和经济效益。

2. 运输管理系统建设的意义

运输管理系统立足物流业现状,结合物流企业的发展目标,着眼于物流业的长远发展,从提高运输管理信息化的宏观角度出发,利用新技术、新手段、新装备,实现物流企业各业务部门间的信息资源共享和协调配合,实现运输业务统一管理,对物流运输业务提供一流管理、组织和服务。

运输管理系统主要完成对运输工具和运送过程的管理。运输管理系统有利于提高物流运输的服务水平:在运输业务的智能管理方面,能够有效降低运输管理成本,提高运输过程中的服务质量,保障车辆和货品的安全并为决策支持系统提供相关依据;在保障运输体系的高效运转方面,能够实时掌控车辆、人员,以及运输任务的完成情况,合理分配任务资源,减少在运输任务密集时间内车辆、人员和车队的空置现象,高效完成运输任务,提升车辆有效运载里程;在实现社会车辆的运力整合方面,能够提高对车队、车辆的管理效率,降低管理成本,借助信息化手段和智能化管理方法,提高服务水平。

二、运输管理系统的业务流程

运输业务流程以完成运输任务为核心目标,即通过对运单信息、车辆、人员和货物进行调配,完成接收需求、编制运输计划、调度车辆、运输跟踪和反馈等环节。因此,运输管理系统应在满足客户需求的基础上,对运输过程中的核心业务环节进行信息化和智能管理,以提高服务水平、增加系统弹性和适应性、实现降低运输成本。系统功能应统筹安排运输计划,

智慧物流系统设计与应用发展研究

主要包括计划制订、计划传达、反馈修改等过程;在运输环节中,应对货物装卸作业、在途运输、相应单据接收、各部门之间信息传递进行流程化操作和管理,达到精细化控制运输过程的目标;通过实时跟踪相关信息,及时在线更新,实现对在途车辆和货物的信息反馈,以便对运输业务进行监管。

物流企业的运输业务按如下流程展开(见图2-1):事业部完成运输计划的编制,并将反馈调整后的计划传达至调度中心;调度中心根据计划完成车辆和人员的调配并生成相应单据;运输信息以单据为载体在部门间流动,运输部门实施运输作业并完成运输流程;通过系统相应技术的定位功能对货物和车辆实时信息进行反馈,保证货物和车辆信息反馈,使运输高效、快捷、安全完成。

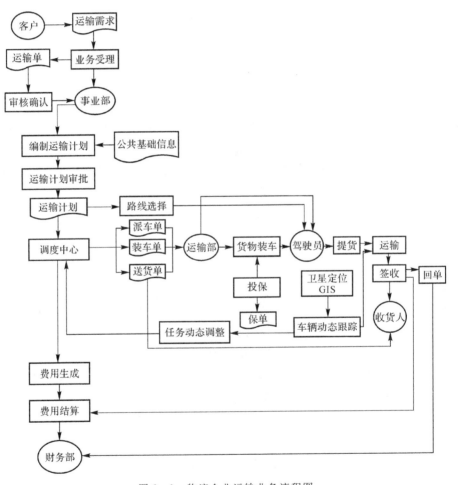

图2-1 物流企业运输业务流程图

运输业务数据流程即对系统内部数据流动构建物理模型,是由数据在各部门的传输过程来反映实际运输业务数据处理的模式。结合对运输过程中的实际操作需求进行分析和整理,将接收运输需求、编制运输计划、调度人员车辆和在途运输信息反馈等核心业务环节的数据流程作为运输管理系统的核心数据流程(见图2-2)。

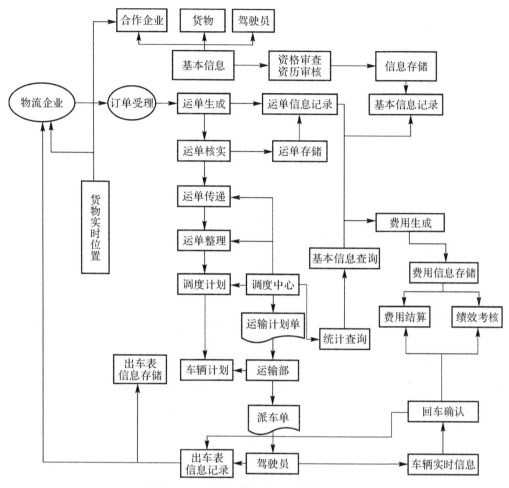

图 2-2 物流企业运输业务数据流程图

三、运输管理系统总体结构及功能描述

一般来说,运输管理系统涵盖物流企业运输相关核心业务,是提高企业综合能力、降低运输成本、发掘经济增长潜能的重要环节和切入点。运输管理系统的主要功能架构包括基础信息管理子系统、运输计划管理子系统、车辆调度管理子系统、动态实时跟踪管理子系统、车辆状态及安全管理子系统、订单管理子系统、财务和绩效管理子系统、统计与分析管理子系统等八项。

1. 基础信息管理子系统

基础信息管理子系统包括系统用户管理、车辆信息管理、货物信息管理、运输人员信息管理、客户信息管理、用户反馈信息管理等功能模块。基础信息管理子系统旨在通过对业务往来企业、车辆,以及用户反馈信息进行组织管理,在计划编制、运输和信息在各部门流通及传递提供服务。

2. 运输计划管理子系统

运输计划管理子系统包括车辆管理计划、装车计划、运输计划、车辆调度计划、运输量计划、人员分配计划等相应功能模块。运输计划管理子系统旨在通过对运输需求整合、分类、再分配，并对车辆、人员和运输业务进行初步规划，再制订相应计划，指导车辆调度作业。运输计划管理子系统在很大程度上提高了运输作业的效率，可更好地指导车辆调度工作，进而保障运输任务的顺利完成。

3. 车辆调度管理子系统

车辆调度管理子系统包括行车指导、运输车辆选择、车辆应急调度管理、司机信息管理、车辆安全与维护等功能模块。车辆调度管理子系统根据运输任务和运输计划，通过有效地调度管理，使自有车辆和社会车辆形成一个有机整体，最大限度地发挥运输潜力，并根据掌握的货物流量、流向、季节性变化等情况，针对运输计划，全面、细致地安排车辆运输任务，保证安全、高效、快速地完成运输任务。

4. 动态实时跟踪管理子系统

动态实时跟踪管理子系统包括货物和车辆实时跟踪管理、运输监控管理、货物与车辆在途状态查询、运输通信管理等功能模块。动态实时跟踪管理子系统旨在通过动态实时跟踪管理对在途车辆及其信息进行管理，反馈车辆状态和货物运输状态，对在途车辆、车载终端、运输人员等设施设备和运输货物的位置、运到时间、货物状态等进行管理和控制，实现和车辆调度的完美衔接，使运输信息传递形成完整闭环。

5. 车辆状态及安全管理子系统

车辆状态及安全管理子系统包括车辆信息采集与管理、车辆信息跟踪、车辆状态查询、车辆安全预警、车辆安全应急处理等模块。车辆状态及安全管理系统旨在对车辆状态进行管理，反馈得到车辆是否在维修、是否达到检修时限、车辆状态评估结果等信息，并且在车辆状态不合格时进行安全预警。

6. 订单管理子系统

订单管理子系统包括订单生成管理、订单状态管理、订单审核管理、订单实时查询四个模块。订单管理子系统旨在对实际运输业务订单产生、发展、建立、确认、完成、信息储存的全过程实施信息化处理，同时实现运输业务数据流程的完整性。

7. 财务和绩效管理子系统

对财务和绩效进行管理，主要是对运输成本进行核算，对运输人员及驾驶员进行绩效考核和分配。财务和绩效管理子系统实现了对运输价格的掌握，辅助绩效管理，有利于实现企业经营目标，产生良好的激励效应和对公司内业务的良好管理，实现领导层对经营事务的把握和对经营决策的正确选择。

8. 统计与分析管理子系统

统计与分析管理子系统包括运输量统计分析、运输日志管理、行车记录管理、财务指标统计分析、核心指标统计分析五个模块。统计与分析管理子系统旨在通过对日常产生的各种数据进行读取、分类、分析和计算,辅助公司决策,同时为所提供物流服务的企业提供咨询建议。

第三节 仓储监管系统

一、仓储监管系统建设需求及意义

1. 仓储监管系统建设的需求

仓储监管系统集库存管理、货物进出库管理、客户统计等功能于一体,并充分运用数据仓库、数据共享、数据挖掘等大数据技术和智能化技术来实现仓储监管。仓储监管系统可以提高仓储作业的效率,降低仓库运营成本,实现业务流程的透明化和可视化,确保信息的高效处理、有效利用和及时共享,并能运用智能终端、信息平台等手段对仓储的运作情况进行实时统计和数据分析,形成相应的仓储产品指数,指导仓储企业及上下游企业业务的合理运行。

2. 仓储监管系统建设的意义

物流企业运用现代化的信息技术建设相应的仓储监管系统,对物流过程中产生的信息进行采集、分类、传递、汇总、识别、跟踪、查询等一系列处理,使各个信息系统之间的数据相互传递、共享,并作用于仓储活动的全部业务流程,实现信息管理。仓储监管系统可实现对货物流动和在库保管过程的全方位控制,从而提高仓储监管各项业务的效率,提高业务的处理速度和规范化程度,降低仓储成本,避免出现货差货损等情况,提高服务质量,提升业务信息化水平,保证信息的高效流转和互联互通,实现物流在仓储业务方面的智能化、信息化和自动化,增强企业仓储业务方面的核心竞争力。

二、仓储监管系统的业务流程

仓储监管业务流程以在库货物的保管和管理为核心内容。这一流程是从被保管货物到达仓库开始,经过相应的保管作业,直到货物按需求送出保管场所的一系列作业流程。仓储是连接生产者和消费者之间的重要纽带,也是整个供应链中的关键一环。仓储业务的业务流程对提高物流运作效率、优化作业资源配置起着重要的影响作用。因此,仓储监管系统应在满足客户需求的基础上,对仓储过程中的核心业务流程进行细分,以提高服务水平,增加系统弹性和适应性,实现仓储业务的增值。通过对仓储监管的入库管理、库存内部管理和出库管理三个核心业务进行梳理和分析可以得知,入库管理主要包括货物检验、入库作业、入库查询、分配仓位,库存内部管理主要包括货物查询、货物盘点、仓位调整、仓位信息管理,出库管理主要包括货物检验、出库准备、拣货备货、生成出库单。

三、仓储监管系统总体结构及功能描述

仓储监管系统作为物流信息的信息枢纽，是控制库存、降低库存成本、提高经济效益的关键环节。为确保仓储管理业务的顺利开展，仓储监管系统应基于上下游企业的需求，进行有效的库存管理，并根据配送需求进行高效的出入库作业，还要为供应链上各节点企业提供相应的决策支持信息。仓储监管系统主要包括基础信息管理子系统、入库管理子系统、库存管理子系统、出库管理子系统、仓储信息监控管理子系统、仓储财务管理子系统、客户关系管理子系统、业务数据分析管理子系统。

1. 基础信息管理子系统

基础信息管理子系统主要包括四个功能模块，即权限设置管理子系统、用户信息管理子系统、库存信息管理子系统和货物信息管理子系统。基础信息管理子系统主要用于对仓储监管系统中的基础信息进行管理和统计，对各模块内系统用户提供系统权限管理等。基础信息管理子系统所包含的信息将贯穿整个仓储监管系统，是货物的入库管理、库存内部管理、出库管理和数据分析等具体业务的基础。

2. 入库管理子系统

入库管理子系统的具体功能包括货物检验、仓位分配、入库作业、入库查询四个模块。入库管理子系统主要用于对货物入库的前期准备工作和入库作业工作进行管理和记录。由工作人员根据货物采购单确定货物准确无误，再由系统根据货物的种类、货物特性、保管方法等统筹分配相应的仓位、入库时间和入库操作人员，以达到入库流程标准化、信息化的目的。

3. 库存管理子系统

库存管理子系统主要包括货物查询、库存调拨、货物盘点、仓位信息查询四个功能模块。库存管理子系统主要用于对在库货物的管理和查询，即通过货物盘点功能实时追踪仓库中货物的库存情况，为用户提供最新的货物库存信息，促进多仓库之间的货物调拨，以适应多品种货物和多仓库环境的监管要求，实现在库货物的有效管理。

4. 出库管理子系统

出库管理子系统包括出库准备、拣货备货、货物检验、生成出库单四个功能模块。出库管理子系统主要用于对货物出库前的准备工作和出库作业工作进行管理和记录。根据客户所需要的货物名称和数量，由工作人员对货物进行检验，以确定库存，再由系统根据货物的出货时间、出货种类等，统筹安排拣货备货和货物出库，并生成相应的出库单据。出库管理子系统可达到提高出库效率、改善服务水平、实现出库作业流程的标准化和信息化的目的。

5. 仓储信息监控管理子系统

仓储信息监控管理子系统分为货物基础信息、货物状态信息、设备状态信息、业务流程

信息、库存预警、作业环境监控六个功能模块。仓储信息监控管理子系统主要用于实现各种仓储信息的初步处理、展示和查询,且对仓储监管系统其他子系统中的数据进行分类处理和实时更新,以达到全方位监控货物在库、运输、移库等,提高仓储服务水平。

6. 仓储财务管理子系统

仓储财务管理子系统包括费用结算、采购管理、销售管理、结算管理和财务信息检索查询五个功能模块。仓储财务管理子系统主要根据相关法规制度,对仓库的仓储成本(仓储费用、吊装费用、转户、库存调拨费用、装卸费用等)、租赁费用等相关费用标准,企业的采购、销售需求等相关数据进行统计和计算,并按照财务管理的原则组织企业财务活动、处理财务关系,对结算情况进行分析,生成相关财务报表与业务运行统计图,以实现仓储企业财务信息的自动化管理目的,为企业决策提供服务。

7. 客户关系管理子系统

客户关系管理子系统包括客户资料、仓储报价、收款明细、合同管理、到货提醒与欠款提醒六个功能模块。客户关系管理子系统主要通过客户关系数据库对客户的历史业务数据进行统计分析和客户评价,以实现分析客户需求、提供个性化服务、改善服务质量、为决策提供支持的目的。

8. 业务数据分析管理子系统

业务数据分析管理子系统包括联机登录、容积计算、损毁登记、状态报告四个功能模块。结合数据仓库、数据挖掘与数据分析等大数据技术和智能化技术,可对仓储监管中的所有数据进行系统化分析,将库房利用率、设备利用率、中转率、货物进出量、仓储收入等信息数据以报表、图表等形式反馈给系统操作人员,旨在改善仓储业务服务水平、提高仓库利用率。

第四节 配送管理系统

一、配送管理系统建设需求及意义

1. 配送管理系统建设的需求

配送直接面对消费者,最直观地反映了供应链的服务水平。如何将产品及服务在恰当的时间、地点,以较高的服务水平和质量、较低的成本,将恰当的商品或服务提供给恰当的消费者成了物流企业要思考的配送问题,而多品类、少批量、多频次的配送则对企业的服务质量、资源和成本提出了更高要求。集约配送系统则是通过多种信息化技术手段,围绕配送一体化管理,借助于该系统的统计和分析功能,以提高配送综合效益为目标,实现配送的集约化、信息化、智能化管理,从而达到对不同商品或货品配送过程降本增效的目的。

2. 配送管理系统建设的意义

采用智慧化配送方式,可以形成集中成规模的、便于现代化的生产组织形式,能够协调各物流企业目前的运输资源,发挥集团化、规模化的优势,挖掘第三利润源泉,降低企业的物流成本。配送管理系统运用了现代组织和管理方式,充分利用了信息和网络技术,延伸了供应链管理领域的服务范围,将物流、运输、仓储、配送、信息等环节进行有效资源整合,规避了资源重复设置和浪费情况。

二、配送管理系统的业务流程

配送业务从客户委托配送任务开始,主要包括订单处理、进货、储存、分拣、流通加工、配装出货、送货等环节。

配送管理系统的主线业务流程如下:客户发出配送需求,在业务受理后进行调度派车作业,同时对货物进行定价出单并将信息转达至仓库,若缺货则进行补货;分拣人员根据订单在仓库中进行拣选分类;由配送运输部门安排车辆,选择配送路线,并对在途的车辆和货物进行监控;货物到达送货地点后,由收货人检查完毕再进行确认签收。

三、配送管理系统总体结构及功能描述

配送作业信息系统是对订单处理、备货、储存、拣货、配货、送货等作业过程中的信息进行分析和处理的信息管理系统。配送作业信息系统由订单管理子系统、进货管理子系统、储存管理子系统、理货管理子系统、配送运输管理子系统、财务管理子系统等六部分组成。

1. 订单管理子系统

订单管理包括客户订单的接收、审核、执行跟踪、终止与废止等功能,尽量满足客户需要,为客户提供周到的服务。订单接收是接收客户订单,对订单信息进行登记,包括客户信息、需求单位信息等。根据订单信息,对客户分布、商品性质、品种数量及送货频率等资料进行分析,以此确定所要配送的货物的种类、规格、数量和配送时间等,并进行信息入库,及时制订补货计划等。订单审核人员对订单的有效性进行审核,如有订单不符合规范,则进行修改或拒收。订单执行人员跟踪是对订单的执行情况进行跟踪,及时掌握订单处理状态。

2. 进货管理子系统

进货管理是配送的准备工作或基础工作,而备货工作包括筹集货源、订货及有关的质量检查、交接等。进货管理主要包括订货管理、接货管理和验收管理。配送中心首先根据客户订购的商品种类和数量、库存水平,及时向供应商订货或补货;可以根据客户需求预测情况,提前向供应商订货。确定适合的商品订货数量,既要能满足客户需求,又要尽可能地降低库存积压。随后,对不同供应商的供货时间、地点、商品种类及数量等进行跟踪管理,根据这些信息提前安排人力、物力接收货物。在此基础上,收货方根据合同条款要求和有关质量标准,对商品的种类、规格、数量、质量、包装等进行验收。商品验收合格后,由收货方办理有关登账、录入信息及货物入库手续,组织货物入库。

3. 储存管理子系统

储存管理主要包括入库管理和在库管理。入库管理包括预定入库数据处理和实际入库

数据处理。其中，预定入库数据处理主要指根据采购单上的预定入库日期、货物种类及数量，供应商预先通知的到货日期、货物种类及数量，定期打印出预定入库数据报表。实际入库数据处理主要包括根据采购单号、厂商名称、货物基本信息等，完成入库货物验收信息的记录及验收中意外情况的处理记录，制订入库月台及卸货地点安排表。

在库管理主要包括货物分类分级管理、订购批量及订购时点的确定、库存跟踪管理、盘点管理和预警管理。其中，货物分类分级管理指按货物类别统计其库存量，并按库存量排序和分类。订购批量及订购时点的确定是指根据货物名称、单价、现有库存信息、采购提前期及配送成本等数据计算、确定。库存跟踪管理主要指从现有的数据库中调用现有库存的储存位置、储存区域及分布状况等信息，生成货物库存量查询报表、货位查询报表、积压存货报表等。盘点管理主要包括定期打印各类货物盘点计划表、输入盘点数据、打印盘盈盘亏报表、库存损失率分析报表等。预警管理是对商品库存数量、保质保鲜、滞销与畅销情况等进行预警处理。

4. 理货管理子系统

理货管理子系统包括货物的分拣管理、配货管理和流通加工管理。其中，分拣管理是针对顾客的订单要求和配送计划，由配送中心迅速、准确地将商品从其储位拣取出来，并按照一定方式进行分类集中、合理规划与管理分拣。分拣管理有利于提高配送中心作业效率和降低作业成本。为了充分利用运输车辆的容积和载重能力，提高运输效率可以将不同用户的货物组合配装在同一辆载货车上，因此，在出货之前还需完成组配或配装作业。有效地混载与配装，不仅能降低送货成本，而且可以减少交通流量、改变交通拥挤状况。流通加工管理指根据客户的订单内容及拣货与流通加工资源信息，制订拣货规划、流通加工规划，记录拣货人员或流通加工人员的实际工作情况，制作并打印实际工作报表等。

5. 配送运输管理子系统

配送运输管理子系统主要包括配送计划、配载调度、车辆管理和在途车辆跟踪。其中，配送计划主要是在明确客户的配送物资品类、规格、包装形式、运量和发运时间以后，制订相应计划，包括配送时间、装载方式、车型选择和车辆安排等。配载调度模块包括线路选择、装载规划及车辆调度三个功能。配载调度是指根据运力资源的实际情况，对配送运输作业任务进行调度安排，生成相应的运输作业指令和任务。具体来说，配载调度指根据货物的重量、体积、目的地、车辆情况、驾驶员情况及线路情况，制订车辆、货物和路径的最优组合。车辆管理主要包括车辆业绩统计、车辆档案管理、车辆保养、车辆消耗、路线管理、车辆维修管理等功能。跟踪在途车辆，可以通过卫星定位系统对车辆在途状况进行监控，了解并记录车辆位置和状况，如正常行驶、故障、中途卸货、扣留等。

6. 财务管理子系统

财务管理子系统包括运单结算和人员工资管理。对已完成的运单进行结算处理是指货物出库后，配送中心根据出货数据制作应收账单，并将账单转入会计部门；当客户收到货物后，订单任务完成并进行结算。对配送各环节的人员工作情况进行统计是由财务会计部门向员工支付工资,且必须出具工资明细清单。

第五节 物流金融服务系统

一、物流金融服务系统建设需求及意义

1. 物流金融服务系统建设的需求

随着我国经济的发展和政策的逐步开放,物流金融逐渐成为经济发展的重要一环,尤其是在物流业发展迅猛的今天,物流金融已经形成巨大的市场需求。同时,物流企业也应逐步开展仓单质押、融资租赁、贸易融资、代客结算、商业保理、应收应付、车辆贸易回购等物流金融业务,有效地组织和调剂物流业务中各类存款、贷款、租赁、保险、贴现、抵押、沉淀资金,以及银行办理的各类物流业相关的中间业务的资金流动,从而为实现自身物流业务的增值创造新的利润增长点。

2. 物流金融服务系统建设的意义

物流金融服务系统可以保证物流、信息流、资金流在物流企业、金融机构、融资企业之间进行共享和无障碍流转,改善信息共享水平;可以对物流金融业务从立项开始到项目结束所有的合同、票据、贷款发放、资金流向、质押过程、保险等信息进行全程追踪,以保证监管方、银行、生产商、经销商等多方获益,提高风险管控水平;可以提高物流金融业务运转效率,提高自身的盈利能力和管理水平,拓宽中小型企业的融资渠道,提高金融机构的竞争力,实现供应链服务水平的提升。

二、物流金融服务的业务流程分析

物流金融服务常见的形式包括融资租赁业务、仓单质押业务以及保兑仓业务,具体业务流程分析如下。

1. 融资租赁业务流程

融资租赁是一种有效的资金筹措方式,是出租人根据承租人对出卖人、租赁物件的选择,向出卖人购买租赁物,提供给承租人使用,再由承租人支付租金的一种金融业务。融资租赁业务要经过申请融资租赁、项目评估、签订合同、办理贷款、合同执行等流程。

2. 仓单质押业务流程

仓单质押业务是根据货主企业要求把货物存储在仓库中,凭仓库开具的仓单向银行申请贷款,银行根据货物的价值提供一定比例的贷款。同时,由仓库代理银行监管货物,并收取一定报酬。

3. 保兑仓业务流程

保兑仓业务以银行信用为载体,以银行承兑票据为结算工具,由银行控制货权,卖方(或

仓储方)受委托保管货物并承兑票据,保证金以外的金额部分由卖方以货物回购作为担保措施,由银行向生产商(卖方)及其经销商(买方)提供的以银行承兑票据的一种金融服务。

三、物流金融服务系统总体结构及功能描述

物流金融服务系统是根据物流金融业务需求,针对相应的物流金融业务,结合金融机构实时监管的需要,设计了相应的子系统,以实现对各类基础信息、银行贷款信息、投保信息、质押过程信息等的管理,并对质押物品的价格进行实时监控,确保业务的高效运转。物流金融服务系统包括基础信息管理子系统、融资租赁管理子系统、商业保理管理子系统、代客结算管理子系统、贷款管理子系统、仓储保险子系统、质押过程管理子系统、价格监控与智能预警子系统和统计分析子系统九项。

1. 基础信息管理子系统

基础信息管理子系统包括申贷机构基础信息管理、金融机构基础信息管理、质押物基础信息管理,以及票据信息管理。基础信息管理子系统实现了对各种信息的查询、修改、添加和报表生成等业务,是对基础业务信息的集成化、标准化管理,为业务的开展和数据分析提供了数据基础。

2. 融资租赁管理子系统

融资租赁管理子系统包括审查信息管理、租前信息管理、租后信息管理和合同管理。融资租赁管理子系统主要用于车辆售后回租业务,其实现了对车辆售后回租的各个环节的信息化管理和控制,并对租赁客户、担保人、供应商的租赁信息和车况、还款信息和产权转移等流程进行可视化管理,可以提升融资租赁的效率和管理水平。

3. 商业保理管理子系统

商业保理管理子系统的具体功能包括账款管理、账款催收、信用管理和合同管理。建立商业保理管理子系统,可以实现对商业保理中的账款催收、账款转移、信用管理、合同管理等管理过程实行信息化管控,从而减少坏账,提高商业保理的业务水平和质量。此外,商业保理管理子系统也可以实现前期风险管控、明确关键时间节点、对账款进行全程追踪,进而提高业务运作水平。

4. 代客结算管理子系统

代客结算管理子系统包括代收货款、垫付货款、沉淀资金管理和合同管理。代客结算管理子系统实现了代收货款、垫付货款等流程的标准化管理和对沉淀资金的流向进行全程监控,可为客户提供优质、高效的代客结算业务,降低客户的资金交易风险,保障资金安全,并利用沉淀资金周转带来的效益提高供应链整体效益。

5. 贷款管理子系统

贷款管理子系统的具体功能包括贷款申请管理、贷款审核管理、贷款发放管理、贷后信息管理和贷款明细管理。贷款管理子系统实现了对贷款的申请、审核、发放,以及贷款跟踪

检查等环节的管理,使各环节及相关业务数据的管理规范化、高效率,从而可准确评估每笔贷款的实际价值和风险程度,追踪贷款的流量流向,降低贷款风险,提高贷款质量,增加信贷收益。

6. 仓储保险子系统

仓储保险子系统包括保单信息管理、投保管理和理赔信息管理。仓储保险子系统实现了对保单、投保、退保、理赔过程的查询和管理,可确保业务运营风险可控,降低风险事件带来的损失。同时,仓储保险子系统可销售相关仓储保险产品,为客户提供全方位的服务。

7. 质押过程管理子系统

质押过程管理子系统包括质押审核、巡查管理、解押管理和保全管理。质押过程管理子系统可以实现对质押过程中货物的审查、管理、解押、保全等业务环节的数字化、智能化管理,从而减少货物在库过程中的损失,提高质押水平,以确保仓单质押业务稳健、高效开展。

8. 价格监控与智能预警子系统

价格监控与智能预警子系统包括价格监控、价格预测和智能预警。价格监控与智能预警子系统实现了对质押物品市场情况和商业价格的实时监控与智能预警,提高了业务风险掌控能力,可减少因市场波动而造成的损失,进而保障贷款机构与申贷机构的商业利益,并为数据分析提供数据基础。

9. 统计分析子系统

统计分析子系统包括业务分析、市场分析和报表生成。对物流金融业务的活动情况和资料进行收集、整理,并结合企业发展需求和业务开展情况对数据进行相应分析,再以报表、文档的形式反馈给用户,可以帮助企业分析物流金融业务运转水平,了解市场和客户需求,从而改善自身服务水平。

第六节 安全管理与应急保障系统

一、安全管理与应急保障系统建设需求及意义

1. 安全管理与应急保障系统建设的需求

随着移动互联网和大数据的发展,各种风险、矛盾交织并存,信息安全越来越得到重视,同时在运输管理、仓储管理、配送管理及其他增值服务等日常业务中,安全及应急保障逐渐成为企业注重的内容。此时,企业需要有一个相对完善的安全管理体系,在出现突发情况时,能够快速启动应急流程,依据相关应急预案以最快的速度进行处理,将损失降到最低,切实保障智慧物流信息平台的安全性和可控性。

2. 安全管理与应急保障系统建设的意义

安全管理与应急保障系统可以为综合运输、仓储监管、集约配送等业务制定安全、有效

的处理办法,保障各项业务的顺利开展,是能够成为保障企业正常运作的重要系统支撑和保障手段。当遇到突发情况时,该系统将快速接收突发事件的相关信息,并及时通知相关管理人员,进入突发事件的应急处理程序,跟踪事件的处理过程并及时展现,以求用最有效的方式快速解决突发事件,有效提高企业事故处理、紧急响应的能力。

二、安全管理与应急保障系统的业务流程

安全管理与应急保障系统通过业务管理人员、相关监控设备等将采集到的仓储信息、运输信息、配送信息等基础信息导入到系统中,经过分析处理形成数据库,并建立综合查询功能。安全管理与应急保障系统通过安全评价、安全预警子系统,不断完善应急预案,保障企业物流运输、配送、仓储等业务的安全、可靠运行。

三、安全管理与应急保障系统总体结构及功能描述

针对物流企业智慧物流信息平台数据及系统安全,建立安全管理与应急保障系统,可完善业务管理体系。一旦出现突发情况时,安全管理与应急保障系统将快速启动应急流程,依据相关应急预案以最快速度进行处理,将损失降到最低,切实保障企业信息及业务的安全性,提升应急保障能力。安全管理与应急保障系统具体包括业务安全管理子系统、安全评价子系统、安全预警子系统、应急预案子系统。

1. 业务安全管理子系统

业务安全管理子系统主要包括业务基础设施管理、业务流程安全管理、业务人员安全管理三个模块。业务安全管理子系统主要是针对业务流程、业务人员安全权限的管理,满足企业对运输、配送、仓储等业务的安全管理需求,保障企业用户物流运输、配送、仓储等业务安全、可靠地运行。

2. 安全评价子系统

安全评价子系统包括评价指标体系建立、安全系统评价模型、安全系统评价分析三个模块。安全评价子系统主要用于对安全信息及统计信息进行安全评价,为安全预警提供相应的指标数据,并对企业的安全预警、应急预案启动起到一定的指导作用。

3. 安全预警子系统

安全预警子系统主要包括预警准则及指标生成、警情预测模型建立、警情数据分析与级别判定、安全预警决策支持等四个模块。依据预警指标体系、警源类型和警情分析模型的设立,安全预警子系统对企业物流运输、配送、仓储等业务的安全状况进行分析,确定报警类型和报警级别,并根据分析结果,对外发布警情。

4. 应急预案子系统

应急预案子系统主要包括应急预案分类管理、应急流程管理、应急预案自动生成、应急

预案调用与实施四个模块。应急预案子系统可根据报警级别或临时报警，确定是否启动应急预案，通过决策支持辅助相关人员实施应急措施，并进行事故的情况评估，同时将成功实施的对策添加到决策支持库中，提高应急响应的速度与质量。

第七节 大数据应用服务系统

一、大数据应用服务系统建设需求及意义

1. 大数据应用服务系统系统建设需求

企业的运营过程会产生大量的数据，特别是在全程物流的运输、仓储、装卸搬运、配送、物流金融等业务环节都会产生巨大的信息流。这就需要以物联网、云计算、数据仓库、数据挖掘、地理信息系统、商务智能等先进的技术为支撑，对日常物流活动运作过程中产生的数据进行汇总、分类分析，以挖掘隐藏在数据背后的潜在规律，对企业分析、预测和决策起到至关重要的作用。

2. 大数据应用服务系统系统建设意义

大数据应用服务系统能够通过实现众多系统的交互和大量信息协调，并通过对数据分析和处理来挖掘数据背后的信息，用图表的形式为企业提供深层次的业务分布和运行水平分析，并为平台其他用户提供信息服务。这就能够帮助企业了解客户的市场策略、供应链运作情况和销售策略，设计具有针对性的个性化服务，进而提高服务水平、巩固客户关系、增加客户信赖、提高客户忠诚度和客户黏性。同时，通过对业务运行数据的收集、分析处理，企业可以了解自身业务的运作情况，自身业务发展趋势，各类业务的利润水平、增长速度、市场需求量和新的业务需求方向等信息，辅助企业负责人及时调整发展策略与决策，实现低成本、高效率、优质服务、绿色环保等多元化发展目标。

二、大数据应用服务的业务流程

大数据应用服务系统主要是根据企业自身的业务开展情况，对数据库中相关业务数据进行分类、提取和转换，并将分析结果用可视化图表表示出来，实现业务报表的展示。

三、大数据应用服务系统总体结构及功能描述

根据实际业务需求，以通过云计算、数据仓库、数据挖掘与GIS等技术实现对各业务系统数据的分类、提取、汇集、整合、共享为目的，设计出大数据应用服务系统。大数据应用服务系统的主要功能是实现对业务的数字化与图形化分析与展示，为管理人员提供报表展示、业务评估及辅助决策等服务，并为上下游企业提供大数据分析服务。这一系统包括数据分类汇总子系统、统计分析子系统、预测分析子系统、运营分析子系统和商务智能子系统五项。

1. 数据分类汇总子系统

数据分类汇总子系统包括物流运输数据分析、物流仓储数据分析、物流配送数据分析和

其他相关数据分析等四个模块。数据分类汇总子系统主要用于对物流业务运作过程中所产生的数据进行分类和初步处理,通过全面梳理物流数据,使纷繁复杂的数据变得有序,为后续统计分析等打下坚实的基础。

2. 统计分析子系统

统计分析子系统包括数据计算、报表展示、业务评估等三大模块。数据来源是数据分类汇总子系统,经过汇集、过滤、整理后,通过数据计算、报表展示与业务评估,实现对业务的数字化与图形化分析,并为其他相关业务提供数据基础。

3. 预测分析子系统

预测分析子系统包括历史数据管理、预测模型管理、业务预测等三大模块。预测分析子系统主要用于历史数据管理、预测模型管理和预测分析,即根据用户相关业务的开展情况和运营数据,结合现代预测方法与技术,以为决策者提供较为可靠的预测分析结果为目的,设计并构建相应的预测分析模型,实现对核心业务、辅助业务与增值业务发展趋势的预测。

4. 运营分析子系统

运营分析子系统包括企业信息可视化决策支持、商务信息可视化决策支持、运输路线可视化决策支持、业务运行情况分析与展示等。运营分析子系统结合电子地图和GIS等技术,可实现用户的企业信息可视化,并将分析结果以图表的方式直观地展现给用户。

5. 商务智能子系统

商务智能子系统包括数据挖掘、实时查询、多维分析、辅助决策等四大模块。商务智能子系统通过数据挖掘、实时查询、多维分析,以及辅助决策等技术和方法,将业务数据转化为具有商业价值的信息,提高用户对核心业务、辅助业务与增值业务分析的智能化程度。

第三章 智慧物流装备

第一节 自动包装生产线

一、自动包装生产线概况

采用流水线进行自动包装生产,能极大地提高企业的经济效益,其中的产品结构、工艺过程相对稳定,可使产品的设计能够达到"结构的工艺性"。所谓结构的工艺性,是指产品和零件的结构能使在流水线上有可能采用最有效和最实惠的工艺程序,产品中零部件在结构方面通用化、标准化程度要高,在工艺方面可能采用典型工艺。

(一)自动包装生产线的分类

物流设备自动包装生产线的种类很多,组成生产过程的各道工序能够分类合并,以满足工序间的同期化(同步化)要求。

1. 按包装机之间的连接特征分类

(1)刚性自动包装生产线。在该生产线中,各包装机间直接用输送装置连接起来,利用一定的生产节奏完成包装作业的生产线。刚性自动包装生产线的缺点:如果任一生产环节出现故障,将会导致全线停产。

(2)柔性自动包装生产线。在该生产线在每个包装机之间均加设储料器,由其向后续包装机供料。这样就克服了刚性自动包装生产线的缺陷,即使某台包装机发生故障,也不会影响其他包装机的包装作业。

(3)半柔性自动包装生产线。该生产线将自动生产线分成若干区段,对不易出现故障的区段不加设储料器,以提高其"刚性";对经常出现故障的区段,加设储料器,以提高其"柔性"。这样即保证了生产,又降低了成本。

2. 按包装机的组合布局分类

(1)串联自动包装生产线。在该生产线中,各包装机按照工艺流程单向连接,各单机生产节奏相并联自动包装生产线。串联自动包装生产线将具有相同包装功能的设备分成数组,共同完成同一包装作业,直至完成商品包装的全部任务。在这一生产线中,一般需加设换向或合流装置。

(2)混联自动包装生产线。该生产线在一条生产线上同时采用串联和并联两种形式,其目的主要是平衡各包装机的生产节拍。然而,这样常会使自动包装生产线较长、机器数量较多,其中输送、换向、分流、合流等装置的种类也随之繁杂。

(二)自动包装生产线的组成

自动包装生产线的种类繁多,所包装的产品也各不相同。总体来讲,自动包装生产线可分为控制系统、自动包装机、输送装置和辅助工艺装置等四个组成部分。

1. 控制系统

在自动包装生产线中,控制系统将生产线中所有的设备联结成一个有机的整体。控制系统主要是由工作循环控制装置、信号处理装置及检测装置组成。随着科学技术的发展,各种高新技术如数控技术、光电控制、电脑控制等也被大量采用到自动线中,促使控制系统更加完善、可靠,效率更高。

2. 自动包装机

自动包装机是一种无须操作人员直接参与,主要由操作系统控制,可在规定的时间内各机构自动实现协调动作并完成包装作业的机器。自动包装机是自动包装生产线上最基本的工艺设备,也是自动包装生产线的主体。自动包装机主要包括完成包装材料(或包装容器)与被包装物料的输送与供料、计量、充填、包封、贴标签等作业的设备,如包装机、充填机、装盒(箱)机、捆扎机、封口机等。

3. 输送装置

输送装置是将各台完成部分包装的自动包装机连接起来,使之成为一条自动线的重要装置。输送装置担负着包装工序间的传送任务。输送装置使包装材料(或包装容器)和被包装物品进入自动生产线,并将成品脱离自动生产线。常用的输送装置大致分为重力式和动力式两类。

(1)重力式输送装置。重力式输送装置是利用物品的重力并克服输送过程中的摩擦力,从而实现输送的装置。它不需要任何驱动源,且结构比较简单。然而,重力式输送装置只能实现高处向低处的输送,且输送时间难以精确化。

(2)动力式输送装置。动力式输送装置是利用动力源(如电动机)的驱动作用使物品得以输送的装置。它是自动包装生产线中最常用的输送装置。动力式输送装置不仅可实现由高处向低处的输送,还可实现由低处向高处的输送,且输送速度稳定、可靠。

4. 辅助工艺装置

在自动包装生产线中,为满足工艺上的要求,使自动生产线能有节奏、协调地工作而配置一些辅助工艺装置,如转向装置、分流装置、合流装置等。

(1)转向装置。转向装置是为了满足包装需要,用于改变被包装物体输送状态或改变被包装物品的输送方向的装置。转向装置结构形式多样,使用时应根据不同物品、不同要求进行选择。

(2)分流装置。分流装置是为了平衡生产节奏、提高生产率,在前台包装机完成其包装作业后,将被包装物分流给其他包装机来完成后续工序的装置。常用的分流装置有挡臂式、直角式、摇摆式、活门式、导轨滑板式等。

(3)合流装置。合流装置是为了达到合流作用,用于连接前道工序多台包装机与后道工序一台包装机的装置。常用的合流装置有导板式、推板式、回转圆盘式等。

(三)典型自动包装生产线

被包装产品及包装形式种类繁多,自动包装生产线中工艺过程的安排及设备的配备也多种多样。有的自动包装生产线只需要几台包装机,有的则需要几十台包装机。

1. 纸模工业品包装生产线

纸模工业品的应用范围很广,依据原料来源可分为两大类:一是一年生成的草本植物原浆,用于加工一次性餐饮具等食品包装;二是回收废纸浆料,用于加工工业品包装,如机电产品内包装及缓冲物、医疗用品、农业育苗移植用具、蛋托、果托、工艺品包装、玻璃器皿包装等。这些纸浆模塑制品使用后仍可回收利用。《中华人民共和国固体废物污染环境防治法》对环保产品提出了严格要求,要求资源使用减量或资源重复使用。目前,我国废纸循环使用的次数已达 21 次。纸浆模塑制品完全能达到这个要求,是典型的环保产品。

纸模工业品包装生产线的工艺流程为:制浆—成型—烘干—整形—包装。生产线的主要设备组成包括碎浆机、搅拌器、磨浆机、浆泵、成型机、烘干机、整形机及配套模具等。

2. 药品包装生产线

药品包装生产线是使用不锈钢制造的全自动化设备。该生产线由输送机、理瓶机、计量充填机、旋盖机、铝箔封口机等组成,能够完成药片的输送、充填及封口过程。药品包装生产线总长仅 5 米,电机功率为 2.1 千瓦,生产能力达 120 瓶/分钟。

3. 饮料灌装生产线

饮料灌装全自动生产线专为灌装饮料而设计,可通过不同规格的玻璃瓶、易拉罐和 PET 瓶。全线由洗瓶机、等压灌装机、封口机、输送系统组成,适用于聚酯瓶、塑料瓶灌装含汽水饮料,各部分的适用瓶型采用手柄转动实现,轻松自如,简便、快捷。灌装方式采用新型的等压灌装,使灌装速度更快、更稳定。生产能力为 1 000～3 000 瓶/小时,适瓶高度 200～320 毫米,饮料灌装生产线采用先进的 OMRON 可编程控制器(Programmable Logic Controller,PLC)控制机器的自动运行,进瓶链道采用变频器调速,与主机变频器相配合使用,可使进瓶运行更稳定、可靠。采用光电检测各部件的运行状况,因此,该生产线自动化程度高,操作简便。

4. 全自动奶粉灌装生产线

全自动奶粉灌装生产线适用于各种粉末状、超细粉末状或粉粒状的物料,如奶粉、米粉、蛋白粉、可可粉、粉状药品、添加剂、糖、染料、香精、香料等。高速全自动灌装线包括:理罐机—翻罐、吹洗、杀菌机—变道输送带—自动喂罐充填包装机—封罐机(预封)—三箱抽真空充填机—封罐机—链板输送带—喷码机—翻罐器—链板输送带—压盖器—装箱平台。整线设备依据 GMP 规范进行设计,完全满足国家食品卫生要求。真正实现流水线的全自动化动作,确保整个生产过程中人员不会接触产品,生产过程完全透明,更加可靠。该系统充填速度可达 25~40 罐/分钟,充填精度可控制在±2 以内。根据不同要求抽真空充氮后残氧率可低于 3%,包装重量 10~2 000 克(变换螺旋附件)。包装容器尺寸为:直径 30~160 毫米,高 50~280 毫米。

二、自动导引车

自动导引车(Automatic Guided Vehicle,AGV)是指具有磁条、轨道或激光等自动导引设备,沿规定的导引路径行驶,以蓄电池为动力,并且装备了安全保护装置和各种辅助机构(如移载、装配机构等)的无人驾驶的自动化厂内机动车辆。自动导引车与其他物流设备有自动接口,可按设定路线自动行驶或牵引载货台至指定地点,实现全过程自动化的物料装卸和搬运。

自动导引车最早产生于美国,却在第二次世界大战之后首先在欧洲得到应用,20 世纪 50 年代,Barret 公司设计出无人驾驶卡车,就是如今 AGV 的雏形。

只有按物料搬运作业自动化、柔性化和准时化的要求,将自动导引运车与自动导向系统、自动装卸系统、通信系统、安全系统、管理系统等构成自动导引车系统(Automatic Guided Vehicle System,AGVS),自动导引车才能真正发挥作用。AGVS 是指 AGV 在中央控制计算机的管理下协调工作,并同其他物流设备实现高度集成,具备相当的柔性,而且可以通过车载计算机和网上主机与其他设备进行通信的自动化物料输送系统。

自动导引车是集智能、信息处理和图像处理为一体,涉及计算机、自动控制、信息通信、机械设计、电子技术等多个学科的物流自动化设备,是自动化搬运系统、物流仓储系统、柔性制造系统(Flexible Manufacturing System,FMS)和柔性装配系统(Flexible Assembly System,FAS)的重要装备。随着工厂自动化、计算机集成系统技术和物流业的发展,自动导引车已得到了广泛的应用。

(一)自动导引车概况

装卸搬运是物流的功能要素之一,在物流系统中操作的频率很高。在美国工业生产过程中,装卸搬运费用占成本的 20%~30%;而德国物流企业物料搬运费用占营业额的 1/3;日本物流搬运费用占国民生产总值的 17.3%。在我国物流生产中,装卸费用约占成本的 15%。

自 20 世纪 80 年代中期以来,世界平均约 57% 的自动导引车用于汽车制造业,而在德国,这一比例则高达 64%。从对国外公司物料搬运系统装配类型的统计可以看出,采用自动导引车、有轨搬运车、起重机、辊子输送机和悬挂输送机的分别占 40%、20%、10%、10% 和 11%。由此可见,自动导引车的应用在装卸搬运设备中占主导地位。

(二)自动导引车的发展过程

美国福特汽车公司使用了有轨底盘装配车。美国一家公司制造出世界上第一台采用埋线电磁感应式的跟踪路径自动导引车,也被称为"无人驾驶自动导引车"。20世纪70年代中期,具有载货功能的自动导引车在欧洲得到迅速发展和推广应用,并被引入美国用于自动化仓储系统和柔性装配系统的物料运输。从20世纪80年代初开始,新的导向方式和技术得到更为广泛的研究和开发,主要有电磁感应引导、激光引导、磁铁陀螺引导等方式。其中,激光引导方式发展较快,而电磁感应引导和磁铁陀螺引导方式也占有较大比例。

(三)自动导引车的应用领域

1. 仓储业

仓储业是自动导引车最早的应用场所。1954年世界上首台自动导引车在美国的一家公司仓库投入使用。目前,世界上约有2万台各种各样的自动导引车运行在2 100座大大小小的仓库中。海尔集团于2000年投产运行的立体仓库中,9台自动导引车组成了一个柔性的库内自动搬运系统,可成功完成每天23 400件出入库物料和零部件的搬运任务。

2. 制造业

自动导引车在制造业的生产线上应用较广泛。其可以高效、准确、灵活地完成物料搬运任务。此外,由多台自动导引车组成柔性的物流搬运系统,其搬运路线可以随生产工艺流程的调整而及时调整,使一条生产线可制造十几种产品,大大提高了生产的柔性,增强了企业的竞争力。轿车装配厂为了提高运输系统的灵活性,采用基于自动导引车系统为运载工具的自动轿车装配线,使装配时间减少了20%,装配故障减少了30%,投资回收时间减少了57%,劳动力减少了50%。目前,自动导引车在世界的主要汽车厂(如通用、丰田、大众)等的制造和装配线上得到了普遍的应用。近年来,自动导引车的应用已深入到机械加工、家电生产、微电子制造、卷烟等多个行业,并使生产加工领域成为自动导引车应用最广泛的领域。

3. 邮局、图书馆、港口码头、机场等场所

在邮局、图书馆、港口码头、机场等场所,物品的运送存在着作业量变化大、动态性强、作业流程经常调整,以及搬运作业过程单一等特点。而自动导引车的并行作业、自动化、智能化和柔性化的特点,恰好能满足上述场合的搬运需求。瑞典于1983年在大斯德哥尔摩邮局、日本于1988年在东京多摩邮局、中国于1990年在上海邮政枢纽开始使用自动导引车,进行邮品的搬运工作。在荷兰鹿特丹港口,50辆称为"Yard Tractors"的自动导引车可完成集装箱从船边运送到几百码以外的仓库等重复性工作。

4. 烟草、医药、食品、化工

对于搬运作业有清洁、安全、无排放污染等特殊要求的烟草、食品、化工等行业,可使用自动导引车满足上述要求。

5. 特种作业

在军事上,以自动导引车自动驾驶为基础并且集成其他的探测和拆卸设备,可用于战场排雷及阵地侦查。英国军方正在研制的Minder Recce是一种侦察车,具有地雷探测、销毁和航路验证能力的自动型侦察车。在钢铁厂,用于炉料运送的自动导引车,可以降低工人的劳动强度。在核电站和利用核辐射保鲜储存的场所,可以应用自动导引车来运送物品。这样就避免了操作人员遭受辐射的危险。在胶卷和胶片仓库,自动导引车可以在黑暗的环境中准确、可靠地运送原材料和半成品。

(四)自动导引车的分类

根据美国物流协会的定义,自动导引车是指具有电磁或光学导引装置,能够按照预定的导引路线行走,具有小车运行和停车装置、安全保护装置,以及具有各种移载功能的运输小车。自动导引车按照多种方式分类,具体如下。

(1)根据控制形式的不同,自动导引车分为智能型和普通型。智能型是指每台小车车载计算机的控制系统中都存有全部运行路线和线路区段控制的信息。小车只需要知道目的地和要完成的任务,就可以自动选择最佳线路完成规定的任务。普通型是指自动导引车的所有功能、路线规划和区段控制都由主控计算机进行控制。

(2)根据导向方式的不同,自动导引车可分为固定路径导向和自由路径导向。固定路径导向是指在固定的路线上设置导向用的信息媒介物,由自动导引车通过检测出它的信息而得到导向的方式,如电磁导向、光学导向、磁带导向等。自由路径导向是指自动导引车根据要求随意改变行驶路线。这种导向方式的原理是在自动导引车上储存好作业环境的信息,通过识别车体当前的方位,与环境信息相对照,自主地决定路径的导向方式,如推算导向、惯性导向、环境映射法导向、激光导向等。

(3)根据移载方式的不同,自动导引车可分为侧叉式移载、叉车式移载、推挽式移载、辊筒输送机式移载、链式输送机移载、升降台移载和机械手移载等。

(4)根据充电方式的不同,自动导引车可分为交换电池式和自动充电式。

(5)根据转向方式的不同,自动导引车可分为前轮转向、差速转向和独立多轮转向。

(6)根据运行方向的不同,自动导引车可分为向前运行、前后运行和万向运行。

(7)根据用途和结构形式的不同,自动导引车可分为无人搬运车、无人牵引车、无人叉车、牵引型拖车、托盘运载车、承载车、装配小车及堆垛机等。

(五)自动导引车的工作过程

下文以激光作为导引媒介的自由路径导引的自动导引车为例,说明自动导引车的工作过程。自动导引车在其运行区域内,规定有通信区和非通信区。在通信区域内,自动导引车通过其承载通信装置与系统控制计算机通信,报告其位置与状态,并接收工作指令。在非通信区域内,自动导引车按照小车控制器中预定程序独立行驶,不与系统控制计算机发生联系。当接收到物料搬运指令后,小车控制器根据所存储的运行地图和自动导引车当前位置及行驶方向进行计算分析,选择最佳行驶路线,通过驱动放大器自动控制自动导引车的行驶和转向,到达装载物料目标点准确停位后,移载机构动作,完成装货过程。随后自动导引车启动,驶向目标卸货点,准确停位后,移载机构动作,完成卸货过程,并向控制计算机报告其位置与状态。随之自动导引车启动,驶向待命区域,接到新的指令后再做下一次搬运。

在行驶过程中,车上的激光扫描头不断地扫描周围环境,当扫描到行驶路径周围预先垂直设定好的反射板时,即"看见了"路标。只要3个或3个以上的反射板,即可根据它们的坐标值,以及各块反射板相对于车体纵向轴的方位角,由定位计算机算出自动导引车当前在全局坐标系中的x、y坐标,和当前行驶方向与该坐标系x轴的夹角,实现准确定位和定向。

第二节 物流仓库机器人

机器人的应用是20世纪自动控制最具代表的成就之一。机器人技术综合了多学科的发展成果,代表了高技术的发展前沿。物流仓库机器人是现代机器人的一支,是由工业机器人演化发展成的专门为自动化立体仓库装备服务的机器人。

作为一门新兴的边缘学科,仓库机器人学科是机构学、仿生学、计算机技术、信息技术、电子学、控制论、检测技术和先进制造技术高度发展的综合成果,也是典型的机电一体化技术精品学科。物流仓库机器人的出现,开创了物料仓储、搬运管理自动化的崭新局面。

一、物流仓库机器人的作业特点与分类

机器人是一种自动化的机器,且具备一些与人或生物相似的智能能力,如感知能力、规划能力、动作能力和协同能力,是一种具有高度灵活性的自动化机器。

(一)物流仓库机器人的作业特点

1. 通用性

物流仓库机器人的用途非常广泛,除了具有搬运功能以外,还可以进行装配、焊接、探测等作业。

2. 柔软性

当产品的品种和规格发生变化时,物流仓库机器人要进行新的操作。这时一般不需要对机械进行修改,只需要重新编制程序。

3. 自动性

物流仓库机器人完全依据编制的程序进行工作,一般不需要人的参与,可节省大量劳动力。

4. 准确性

物流仓库机器人的各个零件制作和安装都非常精确,同时,其依据控制程序进行操作,使动作的精密度更高。

(二)物流仓库机器人的分类

关于物流仓库机器人的分类,国际上没有固定统一的标准,有的按负载重量分,有的按控制方式分,有的按自由度分,有的按结构分,也有的按应用领域分。从应用环境出发,可将机器人分为两大类,即工业机器人和特种机器人。所谓工业机器人,指面向工业领域的多关

节机械手或多自由度机器人,如进行汽车制造、摩托车制造、舰船制造、某些家电产品(电视机、电冰箱、洗衣机)、化工等行业自动化生产线中的点焊、弧焊、喷漆、切割、电子装配及物流系统的搬运、包装、码垛等作业的机器人。而特种机器人则是指除工业机器人之外的,用于非制造业并服务于人类的各种先进机器人,包括服务机器人、水下机器人、娱乐机器人、军用机器人、农业机器人、机器人化机器等。在特种机器人中,有些分支发展很快,有独立成体系的趋势,如服务机器人、水下机器人、军用机器人、微操作机器人等。目前,国际上的机器人学者从应用环境出发,将机器人也分为两类,即制造环境下的工业机器人和非制造环境下的服务与仿人型机器人。

物流仓库机器人是一种独立的不附属于某一主机的自动化装置。在立体仓库中,人们可根据任务需要编制工程程序,使其完成各项规定的操作。仓库机器人是具有物理、机械和记忆智能的三元机械。它的机体内包括信息系统、程序输入、工作设备及控制回路、程控系统、手控系统、机械系统和外界接触系统。目前,仓库机器人功能门类很多,按其用途可分为以下四种。

1. 码垛机器人

码垛机器人是能将不同外形尺寸的包装货物整齐地、自动地码(或拆)在托盘上的机器人。为充分利用托盘的面积和码堆物料的稳定性,码垛机器人装有物料码垛顺序、排列设定器。根据码垛机器人操纵机构的不同,码垛机器人可以分为多关节型和直角坐标型码垛机器人;根据抓具形式的不同,码垛机器人可以分为侧夹型、底拖型和真空吸盘型。此外,按照移动方式的不同,码垛机器人还可分为固定型和移动型。

2. 搬运机器人

搬运机器人是一种示教/再现式机器人。人们为了让机器人完成某种作业,首先由仓库操作者将物流作业各种"知识"(如空间轨迹、作业条件、作业程序)对机器人程序"示教",以期让机器人控制系统"知识"记忆,然后根据"再现"指令,逐条取出这些"知识";解读后,机器人会反复地执行各种被示教过的复杂动作。机器人代替无人搬运车,能够利用自动装卸机构将货物堆放在小车上,再自动行走到指定位置并将货物从车上卸下。无人小车装卸机构有升降式、滚轮输送带式和移载托板式等多种形式,均靠遥控实现无人化装卸。目前,国外通常在自动行走的无人搬运车上加装机械手,其手臂为6个自由度的垂直多肘节,以适应复杂搬运货物动作,需要时只要更换机械抓持机构,就可抓取多种不同货品。最让人满意的是,在抓持机构前方装有摄像机,当提取货物时,自动确认位置,实行地址码摄像自动存库、自动纠偏、自动定位。

3. 质量机器人

货物长期存储,有时会因潮湿而生锈发霉,有时也会因保管不当、搬运破散、堆放倒塌等导致物品质量下降,需要及时翻仓检查,以免造成大面积损失。尤其是食品、棉制品等物资的仓库存储,霉变出虫等险情更是严重。若仅依靠人工控制,消除虫害难度很大,借助小型质量机器人,可以出奇制胜。小型质量机器人能自动爬进被检查货物托盘的狭小空间,钻进货箱(货包)仔细检查,判断受检物品的损失程度、受害面积和受灾位置,向仓库指挥室进行无线通信报告,以期动用搬运机器人作业,送出仓库统一处理。此外,还有一种更高级的堆物质量机器人,当发现物资虫害险情时,能及时发出虫灾信号,并使用所携带的小型喷药筒放药控制虫情蔓延。

4. 库用机器人

库用机器人与自动化立库有机结合,成为柔性仓储系统的一个主要组成部分,使仓库管理向无人化、自动化方向发展。

二、物流仓库机器人的主要技术参数

工业机器人是典型的机电一体化高科技产品。自从 20 世纪 50 年代美国制造第一台机器人以来,机器人技术及其产品发展很快。它对于提高生产自动化水平、劳动生产率和经济效益,保证产品质量、改善劳动条件等具有重要作用。工业机器人代替人力劳动是必然的发展趋势。与计算机技术一样,工业机器人的广泛应用正在日益改变人类的生产方式和生活方式,而与之相关的机器人工业已成为世界各国备受关注的产业。

1. 抓取重量

抓取重量也称为负荷能力,是指物流仓库机器人在正常运行速度时所能抓取的重量。当物流仓库机器人运行速度可调时,随着运行速度的增大,其所能抓取的工件的最大重量减小。为安全起见,也有将高速时的抓重作为指标的情况。此时,物流仓库机器人会指明运行速度。

2. 运动速度

运动速度与物流仓库机器人的抓重、定位精度等参数有密切关系,同时也直接影响物流仓库机器人的运动周期。目前,物流仓库机器人的最大运行速度在 1 500 mm/s 以内,最大回转速度在 120 mm/s 以内。

3. 自由度

自由度是指物流仓库机器人的各个运动部件在三维空间坐标轴上所具有的独立运动的可能状态,每个可能状态为一个自由度。机器人的自由度越多,其结构越复杂,动作越灵活,适应性越强。一般情况下,物流仓库机器人具有 3~5 个自由度即可满足使用上的要求。

4. 重复定位精度

重复定位精度是衡量物流仓库机器人工作质量的一个重要指标。重复定位精度是指机器人的手部进行重复工作时能够放在同一位置的准确程度,其与物流仓库机器人的位置控制方式、运动部件的制造精度、抓取的重量和运动速度有密切的关系。

5. 程序编制与存储容量

程序编制与存储容量是指物流仓库机器人的控制能力,用存储程序的字节数或程序指令数表示。存储容量越大,物流仓库机器人的适应性越强,通用性越好,从事复杂作业的能

力也越强。

三、物流仓库机器人的主要结构

随着物流系统新技术开发,以物流仓库机器人中的装卸搬运机器人得到了应用。装卸搬运机器人的特点是速度高、作业准确,尤其适合有污染、高温、低温等特殊环境和反复单调的作业场合。物流仓库机器人在仓库中的主要作业是码盘、搬运、堆垛和拣选作业。在仓库中利用物流仓库机器人作业的优点是能在搬运、拣选和堆垛过程中完成任务,起到专家系统的作用。它在自动仓库入库端的作业过程:被运送到仓库中的货物通过人工或机械化手段放到载货台上,放在载货台上的货物通过机器人将其分类。物流仓库机器人具有智能系统,可以根据货箱的位置和尺寸进行识别,将货物放到指定的输送系统上。它主要由以下六个部分组成。

1. 执行机构

物流仓库机器人的执行机构可以抓取工件,并按照规定的运动速度、运动轨迹将工件送到指定的位置,然后放下工件。执行机构由以下四个部分组成。

(1)手部。手部是物流仓库机器人握持工件或工具的部位,直接与工件或工具接触。有一些机器人将工具固定在手部,就无须再安装手臂了。

(2)腕部。腕部是将手部和臂部连接在一起的部件。它的主要作用是调整手部的位置和姿态,并扩大手部的活动范围。

(3)肩部。肩部支撑着手腕和手部,是手部的范围扩大,在多关节机器人中有大臂和小臂,两者有肘关节连接。

(4)机身。机身又称立柱,是用来支撑臂部、安装驱动装置和其他装置的部件。

2. 行走机构

行走机构是扩大物流仓库机器人活动范围的机构,安装在物流仓库机器人的下部。行走机构有多种结构形式,可以是轨道式或车轮式,也可以模仿人的双腿。

3. 驱动系统

驱动系统是为物流仓库机器人提供动力的装置。一般情况下,物流仓库机器人的每一个关节设置一个驱动系统。它接受动力指令,来准确控制关节的运动位置。

4. 控制系统

控制系统控制着物流仓库机器人的运动程序,可以记忆各种指令信息,同时按照指令信息向各个驱动系统发出指令。必要时,控制系统还可以对物流仓库机器人进行监控,当动作有误或者发生故障时便发出报警信号,同时还可以实现对物流仓库机器人完成作业所需的外部设备的控制和管理。

5. 检测传感系统

检测传感系统主要是检测物流仓库机器人执行系统的运动状态和位置,并随时将执行系统的实际位置反馈给控制系统,再与设定的位置进行对比,然后通过控制系统进行调整,使执行系统以一定的精度到达设定的位置。

6. 人工智能系统

人工智能研究的一个主要目标是使机器能够胜任一些通常需要人类智能才能完成的复杂工作。不同的时代、不同的人对这种"复杂工作"的理解是不同的。人工智能系统一方面不断获得新的进展,另一方面又转向更有意义、更加困难的目标。目前,能够用来研究人工智能的主要物质手段及能够实现人工智能技术的机器就是计算机,人工智能的发展历史是与计算机科学与技术的发展史联系在一起的。人工智能系统赋予了物流仓库机器人具有"五官"的功能,使其具有学习、记忆、逻辑判断能力。

四、装卸堆垛机器人的作用与工作过程

随着物流系统新技术的不断发展,装卸搬运机器人得到了应用。在生产线的各加工中心或加工工序之间和立体仓库装卸搬运区,机械手搬运机和装卸搬运机器人能按照预先设定的命令完成上料、装配、装卸、码垛等作业。装卸堆垛机器人的作业过程主要有两项内容。

1. 码盘、搬运

被运送到仓库中的货物通过人工或机械化手段放到载货台上,放在载货台上的货物通过机器人将其分类。物流仓库机器人具有智能系统,可以根据货箱的位置和尺寸进行识别,将货物放到指定的输送系统。

2. 堆垛、拣选

仓库中作业的物流仓库机器人与典型加工制造工厂有很大的不同。在加工制造工厂,物流仓库机器人的动作是固定的,而仓库中机器人的作业会因客户要求的不同而改变。物流仓库机器人根据计算机发出的入库指令完成堆垛作业,同时可以根据出库信息完成拣选作业。

五、物流仓库机器人的应用与发展

物流仓库机器人具有显著效用,促使世界各国纷纷进行研究、开发和应用制造,并积极改进其性能,扩大其使用范围。目前,机器人科学已作为仓储技术与管理的一门重要理论与技术而得到全面发展。第一代仓库机器人,即搬运机械人,于20世纪70年代进入实用阶段,20世纪80年代进入普及阶段;智能机器人在20世纪80年代处于实验研究阶段,到20世纪90年代进入实用阶段。绝大多数仓库机器人具有5~6个自由度(独立运动数目),运动速度为1~2 m/s,定位精度小于0.6 mm,无故障时间为几千小时至上万小时。

第三节 自动分拣设备

自动分拣系统是第二次世界大战后在美国和日本的物流中心广泛采用的一种自动分拣系统。目前,自动分拣系统已经成为大中型物流中心不可缺少的一部分。当商品数量较大而要求迅速、正确分拣时,往往需要投入大量人力,才能使分拣分配到各个用户。采用分拣

系统可以完成分拣这一烦琐而又枯燥的工作。随着分拣系统规模越来越大,分拣能力越来越高,应用范围也越来越广,自动分拣已经成为物流系统中的重要组成部分。

分拣是指不同的地点和单位分配到所设置的场地的作业。按分拣的手段不同,分拣可分为人工分拣、机械分拣和自动分拣三类。

(1)人工分拣基本上是靠人力搬运,或利用最简单的器具和手推车等把所需的货物分门别类地送到指定的地点。这种分拣方式劳动强度大,分拣效率最低。

(2)机械分拣是以机械为主要输送工具,还要靠人工进行拣选。这种分拣方式用得最多的是输送机,有链条式输送机、传送带、辊道输送机等,有的也叫"输送机分拣"。这种方法是用设置在地面上的输送机传送货物,在各分拣位置配备的作业人员看到标签、色标、编号等分拣的标志,便进行拣选(把货物取出),再放到手边的简易传送带或场地上。还有一种方法称作"箱式托盘分拣",是在箱式托盘中装入分拣的货物,用叉车等机械移动箱式托盘,再用人力把货物放到分拣位置或借助箱式托盘进行分配。使用较多的是在箱式托盘下面装有车轮的滚轮箱式托盘。这种分拣方式投资不大,可以减轻劳动强度,提高分拣效率。

(3)自动分拣是从货物进入分拣系统到被送到指定分配位置为止,都是按照人们的指令靠自动分拣装置完成的。这种装置由接受分拣指示信息的控制装置,计算机网络把到达分拣位置的货物送到别处的搬运装置,在分拣位置把货物分送到不同输送机构的分支装置,在分拣位置储存货物的储存装置等构成。因此,除了用键盘或其他方式向控制装置输入分拣指示信息的作业外,其余任务全部用机械自动作业完成。可见,分拣处理能力较大,分拣分类数量也随之增大。

一、自动分拣设备的主要特点

物流自动化分拣系统工程的一大亮点就是模块化设计,其优点是可通过简单的数字化模块和升级来满足社会发展的需要,轻松解决客户的各种生产线需要增加的输送量。自动分拣系统的主要特点有以下三个方面。

1. 可连续、大批量地分拣货物

由于采用大生产中使用的流水线自动作业方式,自动分拣系统不受气候、时间、人力等因素限制,可以连续运行。同时,由于自动分拣系统单位时间分拣件数多,因此,自动分拣系统的分拣能力是人工分拣系统所不能比的。自动分拣系统可以连续运行100个小时以上,每小时可分拣7 000件包装商品。与之相比,人工分拣每小时只能分拣150件左右,且分拣人员也无法在这种劳动强度下连续工作8小时。

2. 分拣误差率极低

自动分拣系统分拣误差率的大小主要取决于所输入分拣信息是否准确,又受到分拣信息的输入机制的影响。如果采用人工键盘或语音识别方式输入,分拣误差率则在3‰以上;如采用条形码扫描输入,除非条形码本身印刷有错,否则自动分拣系统不会出错。因此,目前自动分拣系统主要采用条形码技术来识别货物。

3. 分拣作业基本实现无人化

建立自动分拣系统的目的之一,就是减少人员的使用,降低劳动强度,提高生产效率。分拣作业本身并不需要使用人员,可基本做到无人化,而人员的使用仅局限于送货车辆抵达自动分拣线的进货端时,人工接货、由人工控制分拣系统的运行、分拣线末端由人工将分拣出来的货物进行集载、装车、自动分拣系统的经营、管理与维护。

二、自动分拣系统的组成及工作过程

自动分拣系统由各类输送机、各种附加设施和控制系统等组成。货物到达分拣点以前,先要经过输送、信号设定、合流、主传送带等工作过程;到达分拣点时,通过对分拣过程进行控制,发出指令把货物传送到分拣机上,再由分拣机的瞬时动作将货物分拣到指定的滑道,使其分流。自动分拣系统由合流、分拣信号输入、分拣和分流、分运等四个阶段完成。

1. 合流

货物在进入分拣系统前,应在货物的外包装上贴上或打印上表明货物品种、规格、数量、货位、货主等标签。根据标签上的代码,在货物入库时,相关人员可以知晓入库的货位,在输送货物的分叉处,正确引导货物的流向。此外,堆垛起重机可以按照代码把货物存入指定的货位。当货物出库时,标签可以引导货物流向指定的输送机的分支上,以便集中发运。货物进入分拣系统,可用人工搬运方式或机械化、自动化搬运方式,也可以通过多条输送线进入分拣系统;经过合流逐步将各条输送线上输入的货物合并于一个汇集输送机上,同时将货物在输送机上的方位进行调整,以适应分拣信号输入和分拣的要求。汇集输送机具有自动停止和启动的功能,如果前端分拣信号输入装置偶然发生事故,或货物和货物连接在一起,或输送机上货物已经满载时,汇集输送机就会自动停止,等恢复正常后再自行启动。可见,自动分拣系统也可起到缓冲的作用。

2. 分拣信号输入

为了把货物按要求分拣出来,并送到指定地点,一般需要对分拣过程进行控制。通常是把分拣的指示信息存储在货物或分拣机上,当货物到达时,货物接受激光扫描器对其条形码标签的扫描,将货物分拣信息输入计算机,再把识别的信息与计算机下达的指令对照,向自动分拣机发出执行的信息,开动分支装置,使其分流。分拣信号输入控制方式分为外部记忆和内部记忆两种。

(1)外部记忆。外部记忆是把分拣指示标签贴在分拣货物上,工作时用识别装置进行区分,然后再进行相应的操作。

(2)内部记忆。内部记忆是在自动分拣机的货物入口处设置控制盘,利用控制盘,由操作者在货物上输入分拣指示信息,当该货物到达分拣位置时,分拣机接收信息,开启分拣装置。

3. 分拣和分流

货物离开分拣信号输入装置后在分拣输送机上移动时,根据不同货物分拣信号所确定的移动时间,使货物"行走"到指定的分拣道口,再由该处的分拣机构按照上述的移动时间自行启动,将货物排离主输送机,再进入分流滑道。大型分拣输送机可以以高速将货物分送到数十条输送分支上去。分拣机的控制系统采用程序逻辑控制合流、分拣信息输入、分拣和分流等全部作业。然而,目前更普遍采用的是个人计算机或以若干个微处理机为基础的控制方式。

4. 分运

分运是指分拣出的货物离开主输送机,再经滑道到达分拣系统的终端。分运所经过的滑道一般是无动力的,借助货物的自重从主输送机上滑行下来。在各个滑道的终端,由操作人员将货物搬入容器或搬上车辆。

三、常用的自动分拣机

根据国内外的先进经验可知,成功的仓储管理系统都具有先进的拣选系统。先进的物流拣选系统是提高配送中心作业的基础,也是现代化物流的重要标志。因此,数字化的拣选系统也成为物流信息化技术的研究重点。

1. 钢带式分拣机

钢带式分拣机是利用输送钢带载运货物完成分拣工作的机械设备,按钢带的设置形式常分为平钢带式分拣机和斜钢带式分拣机。以下主要对平钢带式分拣机的分拣过程进行介绍。

(1)分拣人员阅读编码带上的货物地址,在编码键盘上按相应的地址键,携带有地址代码信息的货物即被输送至缓冲储存带上排队等待。

(2)当计算机发出上货信号时,货物即进入平钢带分拣机,其前沿挡住物料检测器时,检测器发出货到信号,计算机控制紧靠检测器的消磁充磁装置,首先对钢带上的遗留信息进行消磁,再将该货物的地址代码信息以磁编码的形式记录在紧挨货物前沿的钢带上,成为自携地址信息,从而保持和货物同步运动的关系。

(3)在分拣机每一个小格滑槽的前面都设置了一个磁编码信息读出装置,用来读取和货物同步运行的磁编码信息。当所读信息就是该格滑槽代码时,计算机就控制导向挡板,快速地运动到钢带上方,导向挡板和钢带运动方向呈350°左右的夹角,可以顺利地将货物导入滑槽,完成分拣任务。

(4)平钢带分拣机的适用范围较大,除了易碎、超薄货物及木箱外,其余货物都能分拣。最大分拣重量可达70 kg,最小分拣重量为1 kg,最大分拣尺寸为1 500 mm×900 mm×900 mm,最小分拣尺寸50 mm×150 mm×50 mm,分拣能力可达5 000 箱/小时,甚至更高。平钢带分拣机的主要优点是强度高,耐用性好,可靠性程度高,但设置较多的分拣滑道较困难,系统平面布局比较困难,且对货物冲击较大,运行费用较高,价格较高。

2. 胶带分拣机

胶带(或塑料带、帆布带等)输送机具有结构简单、价格便宜、技术成熟等优点,采用以胶带输送机为主机的分拣机发展较快,且品种众多。胶带分拣机主要分为四种,即横向推出式胶带分拣机、斜行胶带式分拣机、斜置辊轮式胶带分拣机和转台式胶带分拣机。

(1)横向推出式胶带分拣机。其结构与钢带分拣机基本相同,只是用胶带输送机代替钢带输送机。由于分拣物与胶带的黏着力较大,因此对分拣物的质量和包装形式有一定的要求,使其应用受到较大限制。

(2)斜行胶带式分拣机。将胶带输送机向左侧或右侧倾斜,使胶带平面与水平面形成约30°倾角,另用一条不动的钢壁板与胶带平面组成一个夹角约为90°的V形槽。分拣物在V形槽内被胶带拖动,沿着钢制壁板滑行。壁板上设置若干可以向下翻转的挡板。当分拣物运行到预定的挡板处时,挡板向下翻开,分拣物滑落到对应的滑槽,达到分拣目的。

斜行胶带式分拣机克服了横向推出式胶带分拣机推出较困难的缺点,但遇到表面有突出物的分拣物时,有可能卡在挡板接缝处,而重心偏向壁板的分拣物易在胶带上打滑而影响分拣。

(3)斜置辊轮式胶带分拣机。在分拣口处,用托辊使胶带改向,形成一个下凹的U形槽。在U形槽内安装一排轴线可以向左右偏转45°的辊轮。平时辊轮轴线与胶带运行方向垂直,并处在输送平面以下,分拣物可以从U形槽上面越过。分拣时斜置辊轮轴线向左(或向右)偏转成45°,并上升至与输送平面一致,使分拣物被辊轮拖动从侧面脱离胶带输送机滑入分拣滑槽。这种分拣机不适合分拣体积较小的物品,因为太小的物品会卡在U形槽内或斜置辊轮中。

由斜置辊轮分隔的各段胶带输送机也可以由多台独立驱动的短胶带输送机连成一线组成。虽然这样增加了驱动装置(电动滚筒)的数目,但是可减少胶带弯曲的次数,延长胶带使用寿命。

(4)转台式胶带分拣机。转台式胶带分拣机由多段独立驱动的胶带输送机连成一线组成,处于分拣口处的短胶带输送机装在可以沿垂直轴旋转的转台上。当分拣物到达预定的分拣口时,转台连同短胶带输送机向左(或向右)旋转45°,分拣物即可从侧面送出,滑入分拣滑槽。

3. 托盘式分拣机

托盘式分拣机是一种应用十分广泛的机型,主要由托盘小车、驱动装置、牵引装置等部件构成。其中,托盘小车的类型又多种多样,有平托盘小车、U形托盘小车、交叉带式托盘小车等。传统的平托盘小车和U形托盘小车利用盘面倾翻的方法依靠重力卸落货物,结构简单,但存在着上货位置不准、卸货时间过长的缺点,易造成高速分拣不稳定与格口过宽的情况。

交叉带式托盘小车的特点是取消了传统的盘面倾翻、利用重力卸落货物的结构,而在车体上设置了一条可以双向运转的短传送带(称为交叉带),用它来承接从上货机输送来的货物,牵引运行到相应的格口,再由交叉带运转,将货物强制卸落到左侧或右侧的格口。而链交叉带式托盘小车有下列两个显著优点:①能够按照货物的质量、尺寸、位置等参数来确定托盘带承接货物的起动时间、运转速度的大小和变化规律,从而摆脱了货物质量、尺寸、摩擦系数的影响;②能准确地将各种规格的货物承接到托盘中部位置,扩大了上机货物的规格范围,在业务量不大的中小型配送中心,可按不同的时间段落处理多种货物,从而节省了设备的数量和场地。卸落货物时,同样可以根据货物质量、尺寸及在托盘带上的位置,来确定托盘的起动时间、运转速度等。这样可以快速、准确、可靠地卸落货物,有效地提高分拣速度,经济效益明显。托盘分拣机的适用范围比较广泛,对货物形状没有严格限制,可分拣箱类、袋类、甚至超薄形的货物,且分拣能力可达 10 000 件/时。

4. 翻板式分拣机

翻板式分拣机是用途较为广泛的板式传送分拣设备。翻板式分拣机由一系列相互连接的翻板、导向杆、牵引装置、驱动装置、支承装置等部件组成。当货物进入翻板式分拣机时,通过光电传感器检测其尺寸,连同分拣人员按键的地址信息一并输入计算机。当货物到达指定格口时,符合货物尺寸的翻板即受控倾翻,驱使货物滑入相应的格口。每块翻板都可由倾翻导轨控制向两侧倾翻。每次有几块翻板翻转,取决于货物的长短。当货物翻落时,翻板也按顺序翻转,使货物顺利地进入滑道。这样就能够充分地利用分拣机的尺寸,从而提高分拣效率。翻板式分拣机的适用范围大,可分拣箱类、袋类等货物。它的分拣能力可达 5 400 箱/时。然而,该分拣机分拣席位较少,只能直线运行,且占用场地较大。

5. 浮出式分拣机

浮出式分拣机主要由两排旋转的滚轮组成,滚轮设置在传递带下面,每排由 8 110 个滚轮组成。滚轮的排数也可设计成单排,主要根据被分拣货物的重量来决定单排或双排。滚轮接收到分拣信号后立即跳起,使两排滚轮的表面高出主传送带 100 mm,并根据信号要求向某侧倾斜,使原来保持直线运动的货物在一瞬间转向,实现分拣。

浮出式分拣机的分拣滑道多,输送带长,不可能只有一条上料输送带,而一般有 5 条左右。主传送带的速度为 100～120 m/min,比输送带的速度要快得多。浮出式分拣机对货物的冲击力较小,适合分拣底部平坦的纸箱、用托盘装的货物,却不能分拣很长的货物和底部不平的货物。

浮出式分拣机适用于包装质量较高的纸制货箱,一般不允许在纸箱上使用包装带,分拣能力可达 7 500 箱。浮出式分拣机的优点是可以在两侧分拣、冲击小、噪音低、运行费用低、耗电小,并可设置较多分拣滑道。然而,它对分拣货物包装形状的要求较高,对重物或轻薄货物不能分拣,也不适用于木箱、软性包装货物的分拣。

6. 悬挂式分拣机

悬挂式分拣机是用牵引链(或钢丝绳)作牵引件的分拣设备。按照有无支线,可将悬挂式分拣机分为固定悬挂和推式悬挂两种机型。固定悬挂式分拣机用于分拣、输送货物;推式悬挂分拣机除主输送线外还备有储存支线,并有分拣、储存、输送货物等多种功能。

(1)固定悬挂式分拣机主要由吊挂小车、输送轨道、驱动装置、张紧装置、编码装置、夹钳等组成。分拣时,货物吊夹在吊挂小车的夹钳中,通过编码装置控制,由夹钳释放机构将货物卸到指定的搬运小车或分拣滑道。

(2)推式悬挂机具有线路布置灵活、允许线路爬升等优点,较普遍用于货物分拣和储存业务。悬挂式分拣机具有悬挂在空中、利用空间进行作业的特点,适合于分拣箱类、袋类货物,对包装物形状要求不高,分拣货物的重量较大,一般在 100 kg 以上,但该机需要专用场地。

7. 滚柱式分拣机

滚柱式分拣机是对货物进行输送、存储与分路的分拣设备。按处理货物流程需要,滚柱式分拣机可以布置成水平形式,也可以和提升机联合使用构成立体仓库。

滚柱式分拣机的每组滚柱(一般由 3～4 个滚柱组成,与货物宽度或长度相当)各自均具有独立的动力,可以根据货物的存放和分路要求,由计算机控制各组滚柱的转动或停止。货物输送过程中,在需要积放、分路的位置均设置了光电传感器进行检测。当货物输送到需分路的位置时,光电传感器给出检测信号,由计算机分析,控制货物下面的那组滚柱停止转动,并控制推送器动作,将货物推入相应路向的支线,实现货物的分拣工作。滚柱式分拣机一般适用于包装良好、底面平整的箱装货物,其分拣能力较强,但结构较复杂,价格也较高。

综上所述,在运用时具体选择哪种类型的分拣机,需要综合考虑以下因素:分拣货物的形状、体积、重量、数量、输送的路线及变动性,单位时间内的处理能力、分拣量、设备费用、占地面积、周围环境等。

四、数字拣选系统

拣选工作人员利用 PDA 设备通过无线网络从中心系统下载作业单内容及最优路径;完成拣选作业后,将作业结果反馈给中心数据库系统。利用数字拣选系统,可大大提高拣选作业的效率,对提高仓储管理的智能化水平也有很好的促进作用。

1. 货架数字拣选系统

货架数字拣选系统由带电子标签的普通货架或移动式货架、运送拣选物品的传送带、主控计算机和拣选人员组成。电子标签固定在货架的每一个货位上,可显示各个货位的拣货品种和数量。传送带上有若干个容器,每个订单占用一个或多个容器。在传送带运动过程中,拣选员按订单拣选出本区段的货物置于传送带上的容器,当容器到达终点表示该订单配货完毕。这种模式货架多采用拣选式货架(如重力式货架或回辕式货架等),可提高拣货效率。货架电子标签拣选系统的控制方式一般有两种,即与传动带连动的方式和与传动带非连动的方式。

(1)信息显示与传动带连动的拣选方式。这种系统一般设有能自动定量供应空箱的供应输送机,拣货传送带能够在每个拣选货位前暂时停止运行。拣选人员根据电子标签的显示,从货位上取出物品放入传送带上的拣货箱,作业结束后按下结束按钮,传送带则启动拣货箱将货物依次传给下一个拣选人员,第二轮的拣选指示又显示在电子标签上,依次重复进行。这种系统的信息显示与拣选传送带是连动的,拣选的品种以 60～200 种为宜,适用于客户数目多、订货量少,但总发货量多的场合。

(2)信息显示与传动带非连动的拣选方式。这种系统的拣选信息显示可以分区表示,也可以全区一起显示。对于全区显示,首先显示第一个客户的物品信息,拣选人员按电子标签的指示拣选出相应的物品放在传动带上或小车上运出;显示第二个客户的物品信息,并拣选出货物放在传动带上或小车上运出,依次进行。当客户不太多、需求量参差不齐时,可采用分区显示方式,以提高拣选效率。信息显示与传送带非连动的拣选方式速度比较快,适用于多品种(一般为500~3 000种)的场合。

2. 小车式数字显示拣选系统

小车式数字显示拣选系统主要由拣货小车和拣货货架组成。小车式数字显示拣选系统不仅用于拣选作业,也可用于分货作业。拣货小车是系统中的关键设备,小车上设有显示屏、路线识别导引系统。配送中心的业务调度管理系统通过无线通信向拣选小车发出作业信息,包括需拣选的物品的种类、存储货位、拣选数量等,再把拣选路线发送给小车的控制系统。

拣选小车驾驶人员通过车上指令显示系统接收车辆行走路线指令,驾驶小车前进,小车控制系统通过路线数字传感器扫描行走路线上的路线数字编码,利用识别系统识别出路线编码,确定车辆位置。小车控制系统比较小车行走路线与当前位置,规划车辆前进方向,并显示在小车的显示屏上,指导驾驶人员操作。当车辆到达拣选货位时,则显示停车指令,驾驶员停车,并根据显示屏上显示的货位编号及其拣选物品数量进行拣货作业。该货位拣选完成后,驾驶员发出拣选完成信号给配送中心的业务调度管理系统。小车的控制系统显示下一个拣选作业的前进方向,继续进行后续作业。

3. 邮件自动分拣系统

在邮政包裹上采用条码,其目的是快速准确地识别包裹上的信息。我国邮政部门已经制定了明确的标准,要求今后在包裹上全部贴上条码,以便自动识别,提高分拣速度。邮件上采用128码字符集C,条码信息内容共22位数字,表示流水号、原寄局代码、寄达局代码、邮件种类代码等。海南省邮政运输局是我国最先配备包裹自动识别分拣系统的枢纽,包裹的信息在投递窗口输入计算机,条码打印机按照计算机的指令自动打印出条码标签,贴在包裹上。包裹装入邮袋或集装箱后,由邮车送到中心枢纽,卸车后送到由输送机组成的供包线上,再汇集到一个自动分拣机上。每条供包线上都有工人翻转包裹,使其条码标签向上,自动分拣机的上方安装有一台全方位条码扫描器,每当包裹通过时就自动识读其条码。由于包裹形状、大小各异,条码在包裹上的位置也参差不齐,因此,不仅要求扫描器能全方位识读,而且要有较大的景深。通常,邮件自动分拣系统要配备一个光幕,以测定包裹的高度。然后扫描器根据高度信息自动调整焦距,清晰地获得条码信息。自动分拣机设计有多个出口,在收到条码扫描器的识读信息后,能准确地把包裹分拨到对应的出口滑槽。

邮件自动分拣系统也可以用于其他物资的自动分拣,也适用于机场、食品、烟草等其他行业。该分拣机由制单系统、供包机、扫描器、输送系统、主控系统和监控系统组成,分拣速度有3档,分别为10 800件/时、7 200件/时和5 400件/时。

第四章 智慧物流系统设计规划

系统主要指由一组功能相互关联的要素、变量、组成部分或目标组成的统一的整体物流系统体。系统管理的一般原则：不仅要关注单个变量，还要关注多个变量作为一个整体是如何相互作用的。

智慧物流系统是在智能交通系统（Intelligent Transportation System，ITS）等相关信息技术的基础上，以电子商务（Electronic Commerce，EC）方式运作的现代物流服务体系。智慧物流系统是通过智能交通系统和相关信息技术解决物流作业的实时信息采集，并在一个集成的环境下对采集的信息进行分析和处理。通过在各个物流环节中的信息传输，智慧物流系统为物流服务提供商和客户提供详尽的信息和咨询服务的系统。

第一节 智慧物流系统设计与实施

一、智慧物流系统的概念

系统是由两个以上相互区别或相互作用的单元有机地结合起来，具有某种功能的综合体。每一个单元也可以称为一个子系统。系统与系统的关系是相对的，一个系统可能是另一个更大系统的组成部分，而一个子系统也可以分成更小的系统。由系统定义可知，系统的形成应具备以下条件：一是系统是由两个或两个以上要素组成；二是各要素间相互联系，使系统保持相互稳定；三是系统具有一定结构，保持系统的有序性，从而使系统具有特定的功能。

系统的变化是系统元素通过各种关系不断运动变化引起的。系统作为一个整体并具有一定功能，都要通过元素之间相互联系来实现。

系统具备以下四个特征。

（1）集合性。集合性指系统整体是由两个以上有一定区别又有一定相关性的要素组成的。

（2）目的性。目的性指系统内各要素是为达到一个共同的目的而集合在一起的。

（3）相关性。相关性指系统各要素之间存在相互联系、相互作用、相互影响的关系。

（4）环境适应性。环境适应性指系统是相对于环境而言的，系统必须适应环境的变化，才能生存与发展。

二、智慧物流系统的关键技术

如果将建立智能物流系统比作一个大厦工程,那么系统的结构层次就相当于大厦的设计图,实体设备等同于大厦的地基,而技术则是构建大厦的钢筋混凝土。

智能物流系统关键技术主要包括物流实时跟踪技术、集成化的物流规划设计仿真技术、物流运输系统的调度优化技术、网络化分布式仓储管理及库存控制技术。这四项技术是创建智能物流系统的基础。

(一)物流实时跟踪技术

智能物流系统与传统物流系统相比,显著的不同是智能物流系统能够提供传统物流所不能提供的增值服务。其中,向物流的全程跟踪和控制是智能物流提供的最重要的增值服务之一。物流实时跟踪技术是物流企业利用 GPS、GIS、RFID 技术,物流条形码和 EDI 技术对物流过程所涉及的货物的运输、仓储、加工、装卸、配送、销售等环节进行监控管理,及时获取货物在流通链中的信息,如数量、品种、在途情况、交货时间、发货地和到达地、货主、送货责任车辆和人员等,最大程度地提高物流速度和服务质量。

具体来说,物流实时跟踪技术就是物流企业的工作人员在企业仓库向货主取货时、在包装物流中心重新集装运输时、车辆在途中运输时、在向顾客配送交货时,利用 GPS、GIS、RFID 等现代技术,通过公共通信线路、专用通信线路或卫星通信线路把获取的货物在各状态下的信息传送到总部的监控中心进行汇总整理。这样所有有关货物流通的信息都可集中在中心数据库。企业便可获得采购、库存、生产、运输、销售等环节的信息,以及外部环境信息,如市场、供应、交通、通关等信息。这种做法增强了企业对信息的掌握度,为物流的科学管理奠定了基础。

下文以智能追踪配送系统为例,介绍物流实时跟踪技术在智能物流系统的应用。智能追踪配送系统旨在将包裹正确、迅速、及时地运送到目的地,同时节省时间和燃料。该系统由以下四个部分组成。

1. 跟踪定位装置

将跟踪客户端安装在货车驾驶员前面的一个微型计算机里,而计算机里配备 GPS 模块,用于实时定位卡车的位置。其 CDMA 无线通信模块用于连接到无线网络,可将货车的当前位置向跟踪服务器报告。

2. RFID 部件

RFID 部件由 RFID 读写器和 RFID 标签组成。将 RFID 标签贴在邮寄的包裹上,从包裹收取开始到包裹送达完成这一全过程由 RFID 阅读器进行监控。

3. 系统数据库

跟踪服务器可以实现对货车位置跟踪并监控包裹的实时状态。通过无线网络,服务器从跟踪客户端获知货车当前位置,并由 RFID 组件反映包裹当前状态。同时,这些数据可存储在系统数据库中。存储在数据库中的所有货车位置及状态信息会同步显示在服务端的电子地图上,借助电子地图,可使管理者可以及时调整、优化派送方案。

4. 包裹实时查询网站

通过输入配送包裹代码,客户可以实时追踪他们的包裹。包裹查询网站将包裹的代码输入系统数据库中查找包裹的当前位置、路线及其状态,及时反馈给客户。

国外的综合物流公司已建立自身的全程跟踪查询系统,保证物流效率的同时还为用户提供货物的全程实时跟踪查询,美国联邦快递公司 FedEx 提供准时送达服务(Just In Time Delivery,JIT-D),每天要处理全球 211 个国家的近 250 万件包裹,利用其研发的基于 Internet 的 Inter Net Ship 物流实时跟踪系统,FedEx 的准时送达服务达到了 99%。针对每一个包裹,FedEx 现在都可以实时跟踪从包裹收取开始到包裹送达完成这一全过程的每一环节。同时,公司的信息服务网络 Powership 可以使货主和收货人能够在全球通过 Internet 浏览服务器实时跟踪其发运包裹的状况。目前 FedEx 每个月要为来自全球超过 5 000 个网站的数百万查询请求提供货物实时跟踪服务。

(二)集成化的物流规划设计仿真技术

集成化的物流规划设计仿真技术,是指物流仿真借助计算机技术对物流系统进行真实模仿,通过仿真实验得到各种动态活动及过程瞬间仿效记录,进而验证物流工程项目建设的有效性、合理性和优化效果。仿真技术水平高低是企业检验其物流系统及决策是否高效的唯一可用技术。在设计一个新的智能物流系统,及对已知智能物流添加新设备或重新优化时,仿真都是非常必要的。目前,我国采用的计算机仿真技术,在物流系统还未建立起来的情况下,把系统规划转换成仿真模型,通过模拟系统运行后的性能和效果,评价规划方案的优劣。这一技术可以在系统建成之前就能发现系统存在的问题,对不合理的设计和投资进行修正,从而避免了资金、人力和时间的浪费,缩短开发周期、提高物流中心质量。根据国外应用经验,应用仿真分析改进物流系统方案后可使总投资减少 30%。物流规划设计的可视化技术应用的范围非常广泛,大到物流园区的规划设计,小到企业生产物流的规划设计,都可以利用物流规划设计仿真技术对规划和设计方案进行比选和优化。

(1)可以用三维虚拟物流中心模型来模拟未来实际物流中心的情况。

(2)使用虚拟中心仿真器可以对物流中心的建设进行较精确的投入与产出分析。

(3)在参观客户现场及参阅仓库图纸等的基础上,可以在计算机上构筑模拟仓库,并模拟各种库中作业。

(4)可以模拟生产型物流的现场作业,并提供物流作业效率的评价结果。

(5)可以在计算机上虚拟物流传输和运输业务,模拟配车计划及相关配送业务。

(6)可以灵活地变更物流作业顺序,进行物流作业过程重组分析,优化比较方案等。

集成化的物流规划设计仿真技术在美、日等发达国家发展很快,并在应用中取得了很好的效果。例如,美国的第三方物流公司 Catepillar 开发的 CLS(Common Language Specification)物流规划设计仿真软件,能够通过计算机仿真模型来评价不同的仓储、库存、客户服务和仓库管理策略对成本的影响。世界最大的自动控制阀门生产商 Fisher 在应用 CLS 物流规划设计仿真软件后,其销售额增加了70%,从仓库运出的货物量增加了44%,库存周转率提高了将近25%,且其客户对Fisher的满意度在许多服务指标上都有所增加。Fisher认为这些业绩在很大程度上归功于物流规划设计仿真软件的使用。

在我国,集成化物流规划设计仿真技术的研发目前还处在起步阶段。山东大学的物流虚拟仿真技术实验室进行了计算机图形仿真计算、生产物流系统仿真、配送中心和物流园区仿真及运输系统优化仿真的研究,并开发出IMHS(Internet Modern History Sourcebook)—Sim/Animation物流模拟软件,可对我国多个烟草、医药、电力企业实施了物流系统仿真和自动化改进。

(三)物流运输系统的调度优化技术

随着经济全球化和电子商务的发展,用户在货物处理的内容上、时间上和服务水平上都提出了更高的要求。为了顺利地满足用户的要求,物流企业必须引进先进的分拣设施和配送设备,建立起集"集货、分货、加工、送货"等功能于一体的物流配送中心。物流配送中心配载的不断增大和工作复杂程度的不断提高,都要求对物流配送中心进行科学管理。配送车辆的集货、货物配装和送货过程的调度优化技术是智能物流的重要组成部分。配送中心的智能管理体现在数据层、业务层、应用层和计划层等四个层次。

1. 数据层

数据层主要将收集、加工的物流配送信息以数据库的形式加以存储。物流配送的数据包括物流配送的商品信息,也包括配送企业自己或者要求配送相关区域的空间信息。对于配送要求比较高的配送活动,如需要控制配送的线路等情况下,配送区域的道路情况、车辆限制情况等都属于数据层中必须采集、加工的基本数据。总之,数据层是整个物流配送系统工作的基础。

2. 业务层

业务层是对合同、票据、报表等业务表现方式进行日常处理,主要是基于数据层进行数据的收集、加工和维护的简单应用层,包括订单的接收处理、配送中心仓库管理、财务管理、车辆管理及其他配送基本活动的信息收集。

3. 应用层

应用层主要是针对仓库作业计划、最优路线选择、控制与评价模型的建立,根据运行信息检测物流配送系统的状况。应用层包括配送中心的作业系统、配送最优路线的选择和物流配送的跟踪等子系统。

4. 计划层

计划层主要根据建立各种物流配送系统分析模型,辅助高级人员制定物流配送规划,如物流配送的模式改变等。这种策略对整个企业的物流配送作业过程将产生巨大的影响。如果企业的流程一经改变,那么物流配送系统的应用层必须在这种策略下随之改变。然而,实际中数据层和业务层的改变相对较少。

(四)网络化分布式仓储管理及库存控制技术

分布式库存系统由一个协调中心和若干个仓库组成,协调中心起联合库存管理作用,各仓库在地理位置上可以分布在不同地点。各位客户向协调中心发出订单,协调中心根据各客户的位置、交货期、需求量及各仓库的库存情况,指定相应的仓库为其供货。当总体库存下降到总订货点时,各仓库通过协调中心向供应商联合订货;当某个仓库库存下降到订货点,而总体库存没有下降到总订货点时,各仓库在协调中心的统一调度下互相调剂。仓储信息网络是一个通过互联网,利用自动识别技术和智能数据传输,对仓储信息进行收集、加工、存储、分析和交换的人机综合系统。

在分布式库存系统中,各个仓库为系统的终端,主要负责信息的收集和简单的加工。协调中心是整个系统的信息处理中心,负责信息的存储、分析和交换,完成系统的决策和指挥。

目前,国内外许多企业都实行了将管理、研发部门设立在市区,而将其制造环境迁移到郊区、外省、甚至国外的发展策略,形成以城市为技术和管理核心,以郊区或外地为制造基地的分布式经营、生产型运作模式。对制造企业而言,在网络化制造环境下,机件加工、产品装配和产品仓储需要对相关不同区域的仓储活动协调进行有序的管理,对其库存根据市场的变化、配送地的调整进行实时的、动态的控制,使其满足不同用户的需求。这就对其物流系统提出了很高的要求,需要网络化分布式仓储管理及库存控制技术来满足这种要求。对第三方物流企业,由于仓储位置的地域性跨度极大,通过企业间整合或联盟,可建立一种分布式库存系统,不仅可以为企业节省一笔投资,减少风险,而且可以充分运用社会上大量闲置资源,减少浪费。由此可见,网络化分布式仓储管理及库存控制技术是智能物流的一个不可缺少的部分。

国内外的 ERP(Enterprise Resource Planning)软件,如在本领域处在领先地位的美国 SAP 公司的 ERP 软件中就提供分布式仓储管理及库存控制模块,并在制造业企业中得到广泛应用。

三、智慧物流系统的构建原则

建立智慧物流体系是一项复杂的系统工程,涉及多个部门不同参与者的利益。在建立智能物流体系过程中,为了避免由于各部门、各环节各自为政而造成的重复建设、标准不统一、系统不兼容、资源浪费等混乱的局面,避免由于所建立的物流体系因管理分散不能充分发挥其应有的作用而使物流成为社会经济发展的瓶颈,需要遵循统一性、协调性、可靠性、科学性的原则。

1. 统一性原则

在经济全球化的趋势下,作为经济系统一个重要组成部分,物流系统不可能是在封闭、孤立的环境下运作的。尤其是在智能交通系统(Intelligent Traffic System,ITS)和快速分拣中心(TC)环境下,传统的物流服务已不能和快速的经济发展相适应,而高效、快捷的现代物流服务体系才能满足各经济体间广泛、频繁的经济交往。由于部门分割、地区分割的传统影响,我国的物流服务不统一、系统兼容性差,难以提高社会物流服务的经济效益。面对这一问题,在建立智慧物流体系时,必须强调参与物流的各部门、各环节要从物流发展的实际需要出发,使物流设备的规格、物流设施建设、物流信息、物流技术性能等形成统一的标准,以此来保证社会各项物流服务能在智能物流体系下具有良好的兼容性和普遍的通用性。

2. 协调性原则

物流是为整个社会经济服务的,其离不开组织物流各部门的参与。而各部门对物流服务的要求不同,在各自利益的驱使下往往会造成各种各样的矛盾。这样极易造成整个社会物流服务效率难以发挥、资源浪费的局面。当前,我国物流的各参与部门受行业壁垒的限制,缺乏有效地沟通和协调,致使我国物流无法与经济发展形成合力。为了提高物流的服务效益、加快物流的发展,在建设智能物流体系时,必须坚持协调性的构建原则,充分利用ITS和电子商务(Electronic Commerce,EC)技术加强各部门间的信息交流,兼顾各方的功能和利益,以形成一个高效的智能物流服务体系,从而使各部门从时间和空间上在物流的运输、储存、装卸搬运、包装、流通加工、配送、信息处理等各环节间实现有机衔接,最终使物流参与各方实现竞争双赢。这样就从根本上避免了物流服务混乱、效率低下现象的发生。

3. 可靠性原则

系统在正常情况下可靠运行,就是要求系统的准确性和稳定性。一个可靠的物流配送管理系统要能在正常情况下达到系统设计的预期精度要求。无论输入的数据多么复杂,只要是在系统设计要求范围内,都能输出可靠的结果。智能物流需要依据智能物流信息子系统,收集并传递大量的物流信息,对错综复杂的数据分析处理,进而对各物流环节实行智能化的管理控制。可靠性原则是智慧物流系统设计的最基本原则。智慧物流系统的正常运行是保障国民经济顺利发展的重要一环。

4. 科学性原则

科学性原则是指智慧物流体系在规划和建设时应该采用的是经济合理、技术可行的方案。这里的方案包括基础设施建设、技术选取、物流参与部门的协调、物流政策取向、物流资源的配置及管理模式的确定等内容。企业是趋利性组织,追逐经济利益是其活动的最终目的,在系统投入要做到最小投入,获得最大效益。因此,系统的开发和维护必须在保证质量和功能的情况下尽量压缩,降低物流成本。智慧物流体系直接关系到社会产业结构调整、社会物流资源整合、经济发展速度等社会问题,在进行体系建设时必须根据经济结构,运用科学的理论在技术论证、经济比较与选择的基础上进行充分的论证,以确保所建的物流体系能符合社会经济发展的实际。

四、智慧物流系统的内容

智慧物流是一个牵扯到企业竞争能力、事关全局的管理工程。不同领域、不同行业甚至不同企业的智能物流都是千差万别的,其构建和实施不能照搬行业或某企业的模式,而应针对该领域该行业的特点,结合企业自身的管理特点、经营模式、市场环境、技术能力、人员素质及组织机制,以构建和实施适合本企业特点的智能物流。此外,智能物流的构建并不是一蹴而就的,它是企业逐渐实现技术及管理智能化的产物。企业可以从以下七个方面着手构建智能物流系统。

1. 建立基础数据库

建立内容全面丰富、科学准确、更新及时且能够实现共享的信息数据库是企业信息化建设和建立智慧物流的基础。在建立基础数据库时,尤其要注意数据采集挖掘、商业智能方面,对数据采集、跟踪分析进行建模,为智能物流的关键应用打好基础。

2. 推进业务流程优化

企业传统物流业务流程信息传递迟缓,运行时间长,部门之间协调性差,组织缺乏柔性,这制约了智慧物流的发展。企业要从客户的利益和资源的节省为出发点,运用现代信息技术和最新管理理论对原有业务流程进行优化和再造。企业物流业务流程优化和再造包括观念再造、工作流程优化和再造、无边界组织建设、工作流程优化。其中,工作流程优化主要指对客户关系管理、办公自动化和智能监测等业务流程的优化和再造。

3. 重点创建信息采集跟踪系统

信息采集跟踪系统是智慧物流系统的重要组成部分。物流信息采集系统主要由RTID系统和传感器数据处理中心(Savant)系统组成。每当识读器扫描到一个电子编码系统(EPC)标签所承载的物品制品的信息时,收集到的数据将传送到整个传感器数据处理中心系统,为企业产品物流跟踪系统提供数据来源,从而实现物流作业的无纸化。而物流跟踪系统则以传感器数据处理中心系统作为支撑,主要包括对象名解析服务和实体标记语言,包括产品生产物流跟踪、产品存储物流跟踪、产品运输物流跟踪、产品销售物流跟踪,以保证产品流通安全,提高物流效率。当然,创建信息采集跟踪系统,要先做好智慧物流管理系统的选型工作,而其中信息采集跟踪子系统是重点考察内容。

4. 实现车辆人员智能管理

在车辆调度方面,提供送货派车管理、安检记录等功能,对配备车辆实现订单的灵活装载;在车辆管理方面,管理员可以新增、修改、删除、查询车辆信息,并且随时掌握每辆车的位置信息,监控车队的行驶轨迹,同时可避免车辆遇劫或丢失,并可设置车辆超速及进出特定区域告警,监控司机、外勤人员实时位置信息及查看历史轨迹;在划定告警区域,进出相关区域都会有告警信息,并可设置电子签到,最终实现物流全过程可视化管理。实现车辆人员智能管理,还要能做到高峰期车辆分流控制系统,避免车辆的闲置。企业尤其是物流企业可以通过预订分流、送货分流和返程分流实行三级分流。高峰期车辆分流功能能够均衡车辆的分布,可降低物流对油费、资源、自然的破坏,有效确保客户单位的满意度,对提高效率与降低成本的矛盾具有重要意义。车辆人员智能管理也是智能物流系统的重要组成模式,在选型采购时要加以甄别,选好选优。

5. 做好智能订单管理

推广智能物流的重点之一就是要实现智能订单管理:一是让公司呼叫中心员工或系统管理员接到客户发(取)货请求后,录入客户地址和联系方式等客户信息,管理员就可查询、派送该公司的订单;二是通过GPS定位某个区域范围内的派送员,将订单任务指派给最合适的派送员,而派送员通过手机短信来接受任务和执行任务;三是系统还要能提供条码扫描和上传签名拍照的功能,提高派送效率。

6. 积极推广战略联盟

智能物流建设的成功需要企业尤其是物流企业同科研院校、研究机构、非政府组织、各相关企业、公司等通过签订协议契约而结成资源共享、优势互补、风险共担、要素水平双向或多向流动的战略联盟。战略联盟具有节省成本、积聚资源、降低风险、增强物流企业竞争力等优势,还可以弥补建设"物流企业"所需资金、技术、人才的不足。

7. 制定危机管理应对机制

智能物流的建设不仅要加强企业常态化管理,还应努力提高企业的危机管理水平。企业尤其是物流企业,应在物联网基础上建设智能监测系统、风险评估系统、应急响应系统和危机决策系统。这样才能有效应对火灾、洪水、泥石流等自然灾害,以及瘟疫、恐怖袭击等突发事件对智能物流建设的冲击,尽力避免或减少对客户单位、零售终端、消费者和各相关人员的人身和财产造成的伤害和损失,实现物流企业健康有序发展。

五、智能系统的应用

智能物流在快递服务、零售行业、食品供应链方面已经得到比较广泛的应用,主要体现在实时跟踪、运输系统的智能调度方面。

(一)中国移动 e 物流

e物流是中国移动针对物流运输行业推出的,集全球卫星定位系统(GPS)、地理信息系统(GIS)、无线通信(GPRS)等技术于一体的软、硬件综合智能管理系统。中国移动 e 物流以车辆定位业务和条码扫描业务为两大基础应用,结合中国移动的 SMS、GPRS、MMS 等通信渠道,为用户提供实时、准确的货况信息、车辆跟踪定位、运输路径的选择、物流网络的设计与优化等服务。作为智能化的物流管理系统,e 物流具有平台管理、系统管理、权限管理、基础资料、报价管理、托运管理、调度管理、车辆管理、报表查询与统计、在线叫车、车辆地理信息、车机数据等功能模块,可对企业运输管理实行移动信息化解决方案。

基础资料模块为物流企业提供包括客户资料、车辆基础资料、仓库资料、司机资料、调度中心资料、委外厂商资料的管理及省、城市代码和部门代码的设定等功能;调度模块是针对托运业务进行车辆调度,包括车辆派遣、派车单管理、托运单跟踪、派车单跟踪、单车派遣、车辆支援、车辆排班、车辆状态管理、虚拟车号等功能;利用在线叫车模块,货主可以登录到 e

物流的网站,录入货物运输的相关信息进行网上叫车,调度人员依据叫车信息进行车辆的调度,及时响应货主的要求;车辆地理信息模块使系统通过获取车载GPS设备返回的经纬度信息,结合地图系统,准确定位车辆所在的地理位置,记录过去一段时期车辆所行驶的路线,实时跟踪车辆的行驶状况车机数据管理模块负责显示车机和调度中心交互的信息,包括调度中心发出的指令、车机定时回转的GPS信息位置和车机反馈的信息。

　　e物流被广泛应用在生产企业物流业务和快递行业中,系统来用月租付费方式,不仅免除了企业的大量投资,也免除了企业内部对物流系统的软、硬件投入,节省了营运成本,提高了企业的竞争力。中国移动e物流的运行模式可分为六种。

　　1. 货物提取

　　用户只需单击鼠标上网填写托运单,即可等待物流人员上门提货。物流公司在接到由e物流系统打印的含条形码的托运单后,交由司机提货,司机扫读货物条码后即向用户回传出车信息。

　　2. 货物运输

　　在货物运输过程中每隔一定时间,车机自动传回卫星定位数据,客户可通过登录e物流平台的地图版面,输入托运单号码即可了解货物的运输情况。e物流系统中的车辆定位功能由车载终端、无线数据和管理中心系统组成,可对车辆进行全天候、全路线动态监控,可根据管理中心收到的各地路况,及时调整外出车辆的行驶路线,确保路线为最佳路线。车载终端还配有导航功能和单向语音功能,可以给司机提供行驶路线指引,并供物流企业与司机语音联系。

　　3. 新增货物

　　e物流可通过电子地图,对车辆的实时位置一目了然。当某一时段和某一地点客户要求新增货物时,可安排就近车辆实施增补,管理中心向车载终端发出信息,调度运输人员指示运输人员实施下一个动向,运输人员可用一键回复功能与管理中心实时互动。

　　4. 货物安全

　　为了提高货物运输的安全性,车载终端还包含事故报警、防盗报警等功能,司机遇到危险只需按下报警按钮,信息便会通过中国移动的网络发送到预先设定好的系统内。此外,e物流的车厢也配有报警功能,若车门上的锁被打开,就会有报警信息发给车载终端,并同时回传给物流企业的后台管理系统。e物流还能对车辆行驶路线进行记录和监控,车辆偏离预定路线一定距离就会报警,方便监控货物的流动情况。

　　5. 到货通知

　　e物流可自动回传货品抵达信息,业务员将快件送到客户处后,可用车载的扫码枪将现场扫描采集到的货物单号码(条码)、送达时间等信息通过GPRS网络传送到管理中心,管理中心可及时地将到货信息以手机短信形式反馈给发货人。

6. 延伸服务

每月月末，e物流还能提供多种统计分析报表，如简易查询报表、客户运费统计、回报率统计，方便对企业进行理性的运营分析。

(二) 食品业的智能物流

食品安全是关系着人民群众的身体健康和生命安全、国家安定和社会稳定的重大问题。2008年"三鹿事件"发生后，整个社会对食品安全问题的关注越来越广泛，对食品行业进行监督、保障人民群众的安全食品，成为政府民生工作的重点之一。随着智能追踪技术的日趋成熟，建立智能食品物流可有效保障食品安全。传感器可以收集食品物流中需要监测的各种参数，对物流设备或运输工具进行监控，条形码和RFID标签可以为各种货物进行跟踪，并为食品溯源提供记录和证据。

(三) 沃尔玛的智能物流系统

作为全球最大的零售商，沃尔玛在智能化物流方面投资巨大。1987年，沃尔玛就发射了美国第一颗私人商业卫星，用于采集全美众多供应商和门店的销售信息，从而掌握动态的物流信息。

在2005年沃尔玛要求前100家供应商必须在出厂的商品上粘贴RFID条码，力求在第一时间和第一现场全面掌握沃尔玛商场货架上、托盘上、仓库中和运输途中的货物动态。经过实地检验，沃尔玛的零售商场和配送中心应用RFID技术后，其货物短缺率和产品脱销率降低了16%，商品库存管理效率提高了10%左右，商品补货速度较之以前提高了约3倍，商场（超市）补货效率加快63%，零售商场和配送中心的商品平均库存率降低了10%在应用RFID之前，要查对商场货架上的货物，商场工作人员需要花上几个小时，现在仅仅需要若干人在30分钟内就可以全部完成。此外，RFID还有助于卖场促销和顾客服务，顾客通过RFID手持终端，可获悉详细的产品信息，增加了顾客满意度。此外，沃尔玛还应用了最先进的智能配送系统。在此系统中，供货商可以直接操作使用沃尔玛零售公司的中心进货物流规程，实现信息共享，并且共同策划商品零售供应链管理，大幅度提高其供货效率、速度和精确率，促使供销双方都能够获得巨大的经济利益，而客户服务质量也可得到保证。正是凭借着先进的信息技术、高效的配送系统，沃尔玛大大降低了物流成本，从而实现"永远低价"的策略，在零售业始终保持领先优势。

综上所述，随着物流网的发展，智能物流系统正在应用于烟草、医疗、粮食等多个产业。我国在无锡的粮食物流中心正在探索将各种感知技术与粮食仓储配送相结合，实时了解粮食的温度、湿度、库存、配送等信息，打造粮食配送与质量检测管理的智能物流体系。

然而，物联网的技术还未成熟。这也在一定程度上限制了智能物流系统的发展。例如，在食品行业，RFID技术目前只能感知光亮、湿度、温度等常规环境参数对于农药残留、食品添加剂、污染物、细菌含量等的检测尚不支持，难以对复杂的食品物流环境进行检测。

六、智能物流系统对企业的影响

智能化是世界发展的必然趋势。建立智能物流,实现技术和管理的智能化,必将提升企业的服务质量及效率。智能物流对企业的影响体现在以下六个方面。

1. 提高企业的信息管理水平

使用智能物流系统企业可以随时获得产品在生产、仓储、加工、运输及销售等环节的详细信息,并可以实现智能决策,提高企业的信息管理水平,实现信息共享,缩短供应链周期,将物流各环节无缝衔接,减少流通时间和费用。

2. 加强车辆管理利用

智能物流的信息平台可以使多个物流企业共享运输渠道,共同使用某一物流设备或设施,不同的物流公司把相同直达目的地的货物集合到一起配送,有效降低不合理运输的发生。此外,企业可以对所运行的车辆定位跟踪,掌握路况信息,优化车辆调度,提高车载率,减少运输时间和运输距离。

3. 降低库存水平

按照JIT管理思想,库存是不确定性的产物,任何库存都是浪费。智能物流实现了商品的运输过程透明化,可以使以往难以掌握的商品到达时间、在途库存变得一目了然。基于此,企业的动态库存可实行有效管理,从而把库存降到最低程度。库存所占用的资金可降到最小程度,大大加快资本周转速度。

4. 提高服务水平,满足顾客需求

当顾客需要对货物的状态进行查询时,只要输入货物的发票号码,就可以知道有关货物状态的信息。查询作业简便迅速,信息及时准确,有利于顾客预先做好接货及后续工作的准备。企业通过货物信息可以确认货物是否在规定的时间内送到顾客手中,能即时发现有没有在规定的时间内把货物交付给顾客的情况,便于马上查明原因并及时改正,从而提高运送货物的准确性和及时性,提高服务水平。

5. 提高流通的安全性

智能物流中运输子系统的监控中心可以实时显示货物和车辆的实际位置,并可以随目标移动,使目标始终保持在屏幕上。若有异常现象发生,屏幕则会发出报警,避免危及人、车、货的现象发生。

6. 加强企业对客户需求的反应能力

智能物流使企业可以及时、准确地获得产品的需求信息,从而根据产品需求制定合适的企业计划,增加了企业供应链管理的敏捷性。

第二节 智慧物流设计存在的问题

随着我国经济增长方式由量的扩张到质的提高，市场竞争环境日趋激烈，越来越多的企业认识到现代物流的重要作用，要求对物流系统采取优化管理，逐步建立起既满足当前物流需求水平，又具有较高服务水平的现代物流网络体系。同时，第五代计算机即智能计算机的研发，用于模拟、延伸和扩展人的智慧。其理论、技术、方法及其应用系统的人工智能和相关技术也日益发展，并在商业、农业、建筑业、交通业得到了广泛应用，产生了智能商业、智能农业、智能建筑、智能交通等系统。交通运输作为物流的重要功能，其智能化的思想诞生于20世纪60年代美国通用和福特汽车公司倡导和推广"现代化公路网"的构想。这预示着物流系统向智能化迈进了一大步。20世纪70年代，我国开始引进智能运输系统，主要应用于重要运输线路。20世纪90年代以来，我国更加重视运输信息网络的建设，并开始在运输过程中应用智能技术，取得了显著进步。然而，公认的智能物流系统的概念至今尚未被提出。

虽然运输等物流功能的智能化技术或子系统已被开发，但是智能物流系统设计的研究成果甚少。我国现代物流业是适应我国经济快速发展和对外开放、市场竞争日益加剧的形势，在中国传统计划经济体制下的物资计划分配和运输体制的基础上发展起来的新兴产业。随着经济全球化、信息化进程的加快，我国现代物流业有了较快的发展。

一、我国智能物流系统设计现状

1. 物流基础设施建设取得长足进展

新中国成立以来，我国基本建成了由铁路、公路、水运、民航和管道运输组成的物流运输基础设施体系。2003年，我国铁路营业里程7.3万千米，比1978年增加41%。公路里程达179.6万千米，比1978年增加102%。其中高速公路3万千米；内河航道里程12.2万千米。我国还建成了一批铁路、公路站场和货运枢纽、海运和内河港口、机场。2003年沿海港口万吨级及以上深水泊位近600个。运输线路和作业设施有了较大的改善。以发展现代物流为核心的物流园区、物流中心、配送中心等大批涌现。随着经济发展和技术进步，在共用通信网的规模、技术层次、服务水平方面都发生了质的飞跃。2003年，电话用户总数达5.32亿户，其中，固定电话2.63亿户，移动电话2.69亿户。电话普及率达到42部/百人。互联网上网人数达7 950万人，上网计算机达到3 089万台，网站总数达到59.6万个，互联网的应用逐步普及。

2. 现代物流技术逐步得到应用

为适应市场竞争的需要，一些大型工业企业已经重视现代物流技术的应用，以订单为中心改造现有业务流程，在生产组织、原材料采购及产品销售、配送和运输等方面实行一体化运作，降低库存，减少资金占用。商业企业则加快改制重组，发展连锁经营、统一配送和电子商务。

3. 专业化物流企业迅速发展

近几年来,通过改造传统国有运输、仓储企业,发展民营物流企业,积极引进外资物流企业,以及实现生产流通企业物流社会化等途径,专业化物流企业发展迅速并逐步形成了不同所有制形式、不同经营模式和不同经营规模的专业物流企业共同发展的格局。物流的服务功能增强,服务水平提高。

二、我国现代物流业发展中的主要问题

尽管我国物流发展较快,但还处于起步阶段,总体发展水平仍难以满足市场需求。这其中的问题如不引起重视,就会影响我国物流业快速、健康、持续的发展。

1. 市场需求基础限制

目前,我国仍有相当多的企业保留着传统的经营组织方式,其物流活动主要依靠企业内部组织的自我服务完成。这种以自我服务为主的物流活动模式在很大程度上限制和延迟了高效率专业化物流服务需求的产生和发展。在企业优化内部物流管理、提高物流效率的过程中,也存在着企业内部物流活动逐步社会化的发展趋势及其对社会化物流的潜在需求。然而,由于市场发育和现代企业制度改革的不完善,企业无法将其内部低效率的物流设施和组织实施有效地剥离。这就使企业不得不继续沿用以往的物流方式。

2. 服务质量和管理水平缺陷

尽管我国已出现了一些专业化物流企业,但物流服务水平和效率还比较低。目前,多数从事物流服务的企业只能简单地提供运输和仓储服务,而在流通加工、物流信息服务、库存管理、物流成本控制等增值服务方面,尤其在物流方案设计,以及全程物流服务等更高层次的服务方面还没有全面展开。另外,物流企业经营管理水平较低,多数从事物流服务的企业缺乏必要的服务规范和内部管理规程,经营管理粗放,难以提供规范化的物流服务。

3. 基础设施和技术装备落后

我国物流基础设施和装备条件与经济以及物流产业的发展要求相比,仍然有较大的差距,我国交通运输基础设施总体规模仍然很小,物流集散和储运设施较少,发展水平较低;各种物流设施及装备的技术水平和设施结构不尽合理,设施和装备的标准化程度较低,不能充分发挥现有物流设施的效率。

4. 管理体制和机制障碍

在物流行业中,我国实行的是按照不同运输方式划分的分部门管理体制,从中央到地方也有相应的管理部门和层次。这种条块分割式的管理体制将全社会的物流过程割裂,在一定程度上影响和制约了物流产业的发展。不同程度的政企不分现象,也影响着政府公正地行使政府职能和企业市场竞争能力的提高。在多头管理、分段管理的体制下,政策法规相互之间有矛盾且难以协调一致,也直接影响了各种物流服务的发展。

5. 物流专业人才匮乏

我国在物流研究和教育方面相较于日、美等国仍然落后,物流知识远未得到普及。物流企业对人才也未予以足够重视,从事物流的人员相应地缺乏业务知识、业务技能,不擅长管理。物流教育水平不高主要表现在缺乏规范的物流人才培育途径。与物流相关的大学本科教育尚未得到国家教育主管部门的认可,而企业的短期培训仍然是目前物流培训的主要方式。

第三节 智慧物流系统评价

一、智慧物流系统评价概述

1. 定义

评价是根据明确的目标来测定对象系统的属性,并将这种属性变为客观定量的计值或者主观效用的行为过程。这一过程包括三个步骤:一是明确评价的目的;二是建立评价指标体系;三是选择评价方法并建立评价模型。系统评价是对系统设计提供的各种可行方案,从社会、政治、经济、技术的角度予以综合考查,全面权衡利弊,从而为系统决策提供科学依据。智慧物流系统综合评价在物流系统工程中是一个非常重要的问题,同时也是一项非常困难的工作。

所谓系统评价就是根据系统确定的目的,在系统调查和系统可行性研究的基础上,主要从技术、经济、环境和社会等方面,就各种系统设计方案能够满足需要的程度与为之消耗和占用的各种资源进行评审,并选择出技术上先进、经济上合理、实施上可行的最优或最满意的方案。

在系统开发过程中,应用系统工程的思想、程序和方法,不仅能提出许多开发系统的替代方案,而且还要通过系统评价技术从众多的替代方案中找出所需的最优方案。然而要决定哪一个方案"最优"却未必容易,对于像智能物流系统这样的外延模糊的复杂系统更是如此。这是因为对于复杂的智能物流系统来说,"最优"这个词的含义并不十分明确,而且评价某个智能物流系统方案是否为"最优"的尺度(标准)也是随着时间而变化和发展的。

2. 智能物流系统评价的对象

智能物流系统评价不仅要在实施之前对智能物流系统方案进行评价,还要对实施过程中的方案进行跟踪评价,并对实施完成后的智能物流系统进行回顾评价,对已投入运行的智能物流系统进行运行现状评价。在实施之前,对各智能物流系统方案进行评价就是对智能物流系统方案实施后可能产生的后果和影响进行评价,对后果和影响产生的可能性进行评价及对各方后果和影响及其可能性进行综合评价。

智能物流系统付诸实施后,为了及时发现问题,必要时采取措施使智能物流系统方案进一步完善,进行调整和控制,还需要经常对实施过程和结果进行跟踪评价。此外,为了总结经验、吸取教训,发现新现象、新规律,改进以后新智能物流系统的规划、设计和实施,有必要在智能物流系统方案实施阶段结束后进行回顾评价。有些智能物流系统在使用多年后,为了更新改造或为了建造智能物流系统而收集有关数据,也需要进行评价。对智能物流系统运行现状的评价,在经常性和工作量方面不低于对新智能物流系统的评价。

二、智能物流系统评价的目的

对智能物流系统进行综合评价,是为了从总体上寻求智能物流系统的薄弱环节,明确智能物流系统的改善方向。智能物流系统评价的目的主要有以下两个:第一,在明确智能物流系统目标的基础上,提出技术上可行、财务上有利的多种方案之后,要按照预定的评价指标体系,详细评价这些方案的优劣,从中选出一个可以付诸实施的优选方案。智能物流系统评价工作的好坏将决定选择智能物流系统决策的是否科学。第二,智能物流系统建立后,定期的评价也是必不可少的。通过对智能物流系统的评价,可以判断智能物流系统方案是否达到了预定的各项性能指标,如环境的变化对系统提出了哪些新的要求,能否在满足特定条件下实现智能物流系统的预定目的,以及系统如何改进等。评价可以便于理解问题的结果,把握改善的方向,寻求主要的改善点。

三、智慧物流系统评价的重要性

系统评价的主要任务就在于,从评价主体根据具体情况所给定的可能是模糊的评价尺度出发,进行首尾一贯的、矛盾的价值测定,以获得对多数人来说均可以接受的评价结果,为正确决策提供所需要的信息。由此可见,系统评价和决策是密切相关的。为了在众多的替代方案中做出正确的选择,就需要有足够丰富的信息,其中包括足够的评价信息。可以说,系统评价只有和方案决策和行为决定联系起来才有意义。系统评价是为了系统的决策,系统的决策需要系统的评价。

可以说,系统评价是系统决策的重要依据,没有正确的评价就不可能有正确的决策。系统评价既是系统工程的重要组成,也是系统决策的十分重要的组成部分,甚至评价本身就是一种决策形式。有时候,系统评价和系统决策被当作同义词使用。

然而,在实际问题上,由于评价与决策的目的不同,两者仍有区别。评价与决策的主要区别表现在:第一,系统评价是一项技术工作,是由分析者即系统工程人员承担的,而系统决策则是领导工作,是领导者在系统工程人员的辅助下完成的。第二,系统评价是系统决策的主要依据,而重大问题的决策往往还有"看不见的"因素在起作用。这些因素往往难以纳入系统工程人员的评价工作之中。

四、智慧物流系统评价的原则与程序

1. 智慧物流系统评价的原则

智能物流系统是一个非常复杂的人造系统,涉及范围广,构成要素繁多并且关系复杂。

这都给系统评价带来了一定的难度。为了对智能物流系统做出正确的评价,可遵循下列基本原则。

(1)要保证评价的客观性。评价的目的是为了决策,因此评价的质量影响着决策的正确性。也就是说,必须保证评价的客观性,必须弄清楚资料是否全面、可靠、正确,并防止评价人员具有倾向性,注意人员的组成应具有代表性。

(2)坚持技术上先进实用、经济上合理的原则。智能物流系统功能的发挥、目标和要求的实现,在很大程度上取决于物流技术本身的先进性和实用性。这是因为物流技术的先进性是影响物流速度高低、系统可靠性强弱的主要因素。经济上的合理性反映了智慧物流系统的物化劳动和活劳动消耗情况,以尽可能少的消耗获取良好的经济效果是经济管理工作的出发点和落脚点。这也是智能物流系统的目的。

(3)坚持局部效益服从整体效益的原则。智慧物流系统由若干子系统或要素构成,如果每个子系统的效益都是好的,则整体的效益也会比较理想。在某种情况下,有些子系统是效益好的,却从全局看却不佳。这种方案理所当然是不可取的。反之,在某种情况下,从局部看某一子系统的效益不好,但从全局整个系统看却是较好的。这种方案是可取的。因此,我们所要求的是整体效益化和最优化,要求局部效益服从整体效益。

(4)指标系统的建立要坚持先进合理和可操作性原则。影响智慧物流系统功能发挥的因素是非常多的。因此,在建立智慧物流系统指标体系时不可能面面俱到,但在突出重点的前提下,既要可行又要可比。可行性主要是指标设置要符合智能物流系统的特征和功能要求。在具体指标确立上,不能脱离现有的技术水平和管理水平而确定一些无法达到的指标,制定的评价标准不能过高、过严,也不能过低,应以平均水平为依据。可比性主要指评价项目的内容含义确切,便于进行比较,评出高低。

(5)坚持定性分析和定量分析相结合的原则。在定性分析的基础上坚持定量分析,对系统做出客观合理的评价结果。在对智慧物流系统评价时,应该坚持定性分析与定量分析相结合的原则,并且在定性分析的基础上,以定量分析为主,既要反映智慧物流系统实现功能的程度,又要确定其量的界限,这样才能对其做出客观、合理的评价结果,确定最优方案。

(6)注重智慧物流系统评价的特殊性。与其他系统不同,智慧物流系统运行中的一个典型特点是存在"效益背反"现象,即物流系统不同主体、不同活动之间可能在目标、运作上存在着冲突。具体表现在以下两点:

1)不同活动之间的目标冲突。整个智慧物流系统的运行是运输、仓储等一系列活动的统一,在此情况下,不同活动之间可能在目标上存在冲突。例如,出于降低运输费用的考虑,在运输方式上往往倾向于批量运输,这必然使库存的压力增大,增加成本。为了降低包装成本,所采用的简易包装对运输、搬运、储存提出了更高的要求。

2)不同产权主体间的利益冲突。由于不同产权主体具有复杂性,一个完整智能物流系统的建立和运行需要多个具有相对独立经济利益的产权主体的联合协作。其中,每个产权主体都以维护自身利益最大化为目标,而系统论的一个重要结论是个体的利益最大化追求可能带来整体的无效运行。

2. 智慧物流系统评价的程序

系统评价的质量影响着系统决策的正确性,为了使系统的评价更加有效,必须保证评价的客观性,为此必须保证评价资料的全面性和可靠性,保证评价人员具有普遍的代表性。此外,还要保证系统方案具有可比性和一致性。系统评价的重要依据是评价指标的数量值,因此,评价指标的确定是系统评价的一项重要内容。

除上述原则外,系统评价的步骤也是有效进行系统评价的保证。智能物流系统的评价一般要遵循下述五个步骤。

(1)评价系统的分析。评价系统的分析具体包括分析评价系统的目的、界定评价系统的范围、熟悉所提出的系统方案及系统要素。智慧物流系统评价的目的是为了更好地决策,具体而言是为了使系统结构或技术参数最优,或者是为预测和决策提供参考信息,或者是对复杂问题的分析与综合。系统的范围主要是指评价对象涉及的领域和部门,以便在评价中充分考虑各部门的利益,尽可能吸纳各方的人员参加评价。

(2)确定评价指标体系。指标是衡量智慧物流系统总体目的的具体标志。对于所评价的系统,必须建立能够对照和衡量各个方案的统一尺度,即评价指标体系。指标体系由评价目标与实际情况共同确定,是在大量的资料调查与分析的基础上确定的。智慧物流评价指标体系必须科学地、客观地、全面地考虑各种因素。

(3)确定评价函数。评价函数是使评价指标定量化的一种数学模型。不同问题使用的评价函数可能不同,同一个评价问题也可以使用不同的评价函数,因此,对选用什么样的评价函数本身也必须做出评价。一般应选用能更好地达到评价目的的评价函数或其他更适宜的评价函数。

评价函数本身是多属性、多目标的,尤其当评价目的为形成统一意见或进行群决策时,在确定评价函数时会产生不同的看法。因此,在对系统评价之前,应该在有关人员之间进行充分的无拘束的讨论,否则难以获得有效的评价。

(4)评价值的计算。评价函数确定后,评价尺度也随之而定。在评价值计算之前,还需确定各评价项目的具体比例。总之,评价尺度和评价项目的具体比例情况应保证评价的客观正确和有效。

(5)综合评价。首先进行单项指标(如功能、经济效益、社会效益等方面)的评价,再按照一定的综合公式,将各单项指标值进行综合,得出更高层次的指标的价值,最后综合成大类指标的总价值。评价一个智慧物流系统,一般有经营管理、技术性能、市场反应、时间效率、经济效益、社会效益等多个方面。

第四节 智能物流评价体系的建立

一、物流系统评价指标的选择

指标是什么?就是衡量系统总体目的、目标的具体标志。评价一个物流系统,总要想到系统的价值。然而,"价值"本身是一个至今仍无法衡量的解决的问题。例如,"一杯水和一颗钻石,哪个更有价值?"评价者所处的环境不同,其答案会截然不同。根据价值的哲学含义推断,物流系统价值其实是评价主体对某个待评价的物流系统方案的主观认识和估计。从经济学讲,价值常被理解为"效用"。可见,对物流系统价值的衡量,也就是对物流系统效用的度量。

对某一具体的物流系统,由于评价主体的立场、观点、环境等的不同,对其价值的评定也会有所不同。即使对同一个评价主体,同一评价对象的价值也会随着时间的推移而发生改变。评价对象的价值并不是系统本身所固有的,而是评价对象及其所处环境的相互关系规定的属性,不应该有价值的绝对尺度。因此,在系统评价时,采用多种尺度进行相互比较,是必不可少的,这种尺度就是评价指标。既然指标是衡量系统总体目的的具体标志,且系统目的的指标也不止一个,而应该是具有层次结构的一个体系。这就是系统的评价指标体系。

在物流系统的构成要素中,既有定性因素,又有定量因素。因此,在物流系统评价的指标体系中,既有定性的指标,也有定量的指标,应根据评价的目的和物流系统特点,认真确定评价指标体系。这是物流系统评价的一项重要工作。

从系统的观点来看,系统的评价指标体系是由若干个单项评价指标组成的有机整体。它应反映出评价目的和要求,并尽量做到全面、合理、科学、实用。为此,在建立物流系统综合评价的指标体系时,应选择有代表性的物流系统特征值的指标,以便从总体上反映物流系统的现状,发现其中存在的主要问题,明确改善方向。

物流系统的结构互不相同,所执行的物流服务功能和目的也有很大的差异。因此,物流系统的评价对象、评价标准、考虑的指标因素、使用的方法,以及评价过程都是多种多样、互不相同的。一般来说,物流系统的评价指标具备以下三个必要条件。

1. 可查性

任何指标都应该是相对稳定的,可以通过一定的途径、方法观察、得到。物流系统是极其错综复杂的,并不是所有的指标都可以轻易地得到。在物流系统中,由于自身管理和核算基础工作的欠缺,也会导致无法把握许多重要的指标的情况。因此,易变、无法把握的指标都不能列入评价指标体系。

2. 可比性

不同方案间的同一项指标应该是可比的,这样的指标才具有代表性。此外,指标的可比性还包括在不同的时间、不同的范围上进行比较。

3. 定量性

评价指标应该是可以进行量化描述的,因为只有定量的指标才能进行分析评价。定量性也是为了适应建立模型进行数学处理的需要指标。当然,在物流系统的评价指标中,也不可避免地会有一些定性性指标。对于缺乏数据的指标,可改用其他相关可计量的指标,也可进行软数据的硬化。

物流系统具有复杂性和差别性,不同的系统具有不同的评价指标。同一系统在不同的条件和评价目的下往往也有不同的评价指标。一般而言,一个物流系统大多包含着经济、技术和生态环境等诸方面的因素,为了使物流系统评价过程条理化,必须建立一个评价指标体系。在进行物流系统评价指标体系的选择时,应该注意以下四点。

(1)影响物流系统评价的因素很多。在选择评价指标时,要根据实际情况,选择那些主要的并能够反映物流系统或物流系统设计方案优劣的因素来进行评价。

(2)评价要素的主次因物流系统不同而不同。对于不同的物流系统,一些要素的主次地位可能是不同的,例如某一评价因素对一个物流系统来说是主要的,而对另一个物流系统来说可能就是次要的。

(3)当物流系统评价因素确定之后,就要把这些因素量化成评价指标体系,并使用统一的标准尺度。

(4)所确定的指标体系必须将物流系统内相互制约的、复杂因素之间的关系进行层次化、条理化,并能够区分它们各自对评价结果的影响程度。

二、物流系统的评价标准

一个物流系统的优劣,可以从以下六个方面来进行评价。

(1)系统应该有明确的目标。如果是多层次的系统,应该有总目标和分目标,且总目标和分目标要协调一致。

(2)系统的内部结构要合理。只有合理的结构才能从根本上保证系统目标的实现。

(3)系统各项功能齐全。系统应该具备实现系统目标所必需的各项功能。

(4)系统的工作效率要高。要能用最少的人力、物力、财力和时间来实现系统目标。

(5)系统应该具有稳定性。即使受到外部因素的干扰,系统也能保持和恢复稳定的状态。

(6)系统应该具有适应外部环境变化的能力。在外部环境发生改变时,系统能够调节自身结构和功能,以适应环境的变化。

三、物流系统评价指标体系确立的原则

制订物流评价指标体系是一项较困难的工作。一般来说,物流系统评价指标范围越宽,指标数量越多,方案间的差异则越明显,就越有利于判断和评价。然而,确定指标的大类和指标的权重就越困难,处理过程和建模过程也就越复杂,歪曲方案本质的可能性也就越大。可见,评价指标体系既要全面反映出所要评价的系统的各项目标要求,又要做到科学、合理且符合实际情况,同时还要具有可测、简易、可比等特点。此外,指标总数要尽可能地少,以降低评价负担。具体来说,物流系统评价指标的确立要遵循以下六条原则。

1. 系统性原则

系统性原则指物流指标体系应能全面地反映被评价对象的各方面情况,并且要善于从中抓住主要因素,使评价指标既能反映系统的直接效果,又能反映系统的间接效果,以保证

综合评价的全面性和可信度。

2. 可测性原则

可测性原则指每项评价指标的含义应该明确,使数据资料的收集方便,计算简单,易于操作。

3. 层次性原则

层次性原则指评价指标体系要有层次性。这样才能为衡量系统方案的效果和确定评价指标的权重提供便利。

4. 简易性原则

简易性原则指在制订评价指标体系时,要言简意明,避免烦琐,一定要使各个指标相互独立、互不重复,避免冗余。例如,企业费用和投资费用、折旧费用和成本,在使用中的交叉处必须明确划分和规定。

5. 可比性原则

可比性原则指评价指标的选择要保持同趋势化,以保证其具有可比性。

6. 定性与定量相结合原则

综合评价物流系统既包括技术经济方面的指标,又包括服务水平、社会环境等方面的指标。前者易于定量化测度,后者却很难用定量化的指标衡量,如安全性、快速反应、顾客满意度等。要使得评价更具有客观性,就必须坚持定量指标与定性指标相结合的原则。

四、物流系统的一般评价指标

物流系统的一般评价指标体系主要可以从稳定性、技术性、经济性、速度性、社会性和安全性六方面进行考虑。

1. 稳定性评价指标

物流系统的稳定性是系统充分发挥其职能、完成服务项目的有效保证。对稳定性的评价,可以看物流系统参与主体的稳定性和物流运营人员流动率两个指标。这两个指标分别反映了物流运营主体及其参与人员的稳定性情况。

2. 技术性评价指标

技术性评价指标是指物流系统的技术及主要性能指标,如物流设施设备的性能、可靠性和安全性,物流系统的服务能力等。

3. 经济性评价指标

物流系统的经济性评价指标主要是指系统的服务质量水平和物流成本之间的关系,包括物流系统方案成本(有时还应考虑物流系统生命周期的总成本)分析、财务评价、国民经济评价、区域经济影响分析等因素。物流系统是为整个经济大系统服务的，它的效益不仅体现在经济方面，还体现在社会方面。即使是经济效益，也有企业内部效益和外部效益之分，并且有时外部效益会远远超过系统内部效益。例如，良好的物流系统不仅可给企业自身带来明显的经济利益，还会给供应链上的其他企业带来经济效益，进而对促进区域经济的发展起到重要作用。

4. 速度性评价指标

速度对于物流系统来说是非常重要的。速度性评价指标包括资金周转率、配送及时率、服务响应时间、平均收发货时间等。

5. 社会性评价指标

社会性评价指标包括社会福利、社会节约、综合发展、生态环保等因素。其中，生态环保是现代产业的一项基本要求，它的评价主要包括原材料废品回收率、产成品回收率、废弃包装物的回收率等。

6. 安全性评价指标

物流中的货物必须保证安全性，保证其安全运输和安全储存。安全性评价指标主要包括运输货损货差率、仓储货损货差率、安全防护措施等因素。

第五节　智能物流评价方法

一、物流系统评价的经济分析法

物流系统评价的经济分析法主要用于对物流系统各方案进行财务和技术方面的评价。经济分析法的因素一般可以量化。常用的经济分析法有成本效益法和追加投资回收期法。

（一）成本效益法

物流系统各方案都需要付出代价之后才能够带来效益。有的方案代价很高，效益也相当显著；有的方案代价不高，效益也比较低。因此，要评价物流系统方案的经济效果，不能单看其中的一个指标，而要综合考虑成本和效益两个方面。最直接的办法就是比较效益与成本的大小，这就是成本效益法。

（二）追加投资回收期法

比较同一物流系统的两个技术方案时，经常会遇到A方案投资虽然比B方案大，但是日常运营费用却比B方案少的情况。在这种情况下，就应该对两个方案的投资与运营费用进行全面比较，得出最优方案。其中，比较的主要指标是追加投资回收期。追加投资回收期法是指表明A方案比B方案多增加的投资能在多长的时间内通过A方案比B方案少付出的运营费用回收。

二、物流系统的综合评价方法

物流系统的形成与发展是涉及众多因素的规划、设计和实施的过程,既包括硬件部分,也包括软件部分。从国际物流、全国物流、区域物流、城市物流、多企业协作物流到企业物流系统及项目的评价,都是涉及多目标的综合评价系统。这就需要采用能够综合考虑各类因素、融合各方面意见的多目标、多层次、多因素的综合评价方法,即物流系统的综合评价方法。

(一)物流系统综合评价指标体系

物流系统是社会经济系统中的组成部门。对物流系统的基础设施、移动设备、运行机制等项目的规划方案,需从社会、经济、技术、功能、自然环境、人文景观等方面进行评价,涉及多目标、多层次、多因素的物流项目综合评价。

(1)对运输枢纽站场、物流中心(配送中心)、仓库等项目建设规划方案的综合评价,必须明确其评价的目的与要求,并依次设计综合评价的指标体系。

(2)对于具体的物流设施(货运枢纽站场、物流中心)、城市集配中心(配送中心)项目规划方案的综合评价,还必须增设货运与集散一体化、延伸服务功能、建设规模等方面的评价指标。如设施功能的完备性、最大货物吞吐量等,以及与社会环境、人文景观、服务功能相关的评价指标。

(二)经济评价法

对物流系统的评价,可以是涉及技术性、经济性、社会性、环境保护等方面的单项或多项的评价。经济评价方法主要用于评价物流系统各方案在财务和技术方面的比较。其主要分析方法有成本效益法、追加投资回收期法、功效系数法和价值分析法。评价的方法有单项评价,也有综合评价。当然,即使是单项的评价,其指标体系也由多个层次、多个属性构成。

当物流系统有多种性能指标或功效时,可用物流系统的价位来衡量物流系统的综合功能。其基本思路:首先对每一个性能的价值予以量化;然后对物流系统综合功能的贡献大小予以量化,作为权重乘各个量化了的性能价值;最后把所有加权后的性能求和,就得到某一物流系统的综合评价。

1. 可行性分析法

可行性分析法是对项目的事先研究、事先评价的方法。可行性分析法要求在可行性研究的时候,设想所研究项目建成后会处于怎样的一种环境之中,将来如何运行,可获得哪些经济效果,以及之后将会产生什么社会影响等。这种设想越符合将来的实际,就越能为做出正确的评价提供可靠的依据,也就越能为做出正确的决策奠定坚实的基础。

进行可行性分析必须先对系统的目标、关键要素及达到目标的各种方案进行分析。可行性分析法的一般过程:确定系统目标和方向,收集资料,预测和初步分析,提出技术经济评价初步方案,优化比较,确定方案及决策报告。

上述过程不是一步成功的。当初步分析后认为不能得到可行方案时,则没有必要进行下一步工作,需马上返回去重新修订目标,重新确定方向,并补充必要的资料,再行预测。提出初步方案后,对方案做出初步评价和审核,若方案不可行,需重新进行初步分析,并修改影响初步分析结果的各个因素。下面以某港口物流中心建设项目的可行性研究为例,说明可行性分析的具体内容。其主要内容应包括以下十点。

(1)总论。总论说明项目的背景,物流中心建设的必要性和意义分析,研究工作的依据和范围。

(2)周边经济发展现状及评价。周边经济发展现状及评价主要对项目辐射地的经济、交通、货物中转、集散等的发展现状进行分析和评价。

(3)市场需求和拟建规模。市场需求和拟建规模指调查、收集资料,对社会经济发展趋势、交通发展趋势及物流量进行预测。据此确定拟建项目的规模和功能。

(4)对物流中心所在地的自然条件、地质条件、气象条件、交通条件等进行分析和评价。

(5)设计方案。方案应包括物流中心的总体功能设计、作业功能规划、平面布局方案,以及主要设施、设备选型等。

(6)物流中心信息系统设计。物流中心信息系统设计指确定信息系统方案及软硬件投资规模。

(7)环境影响分析与评价。环境影响分析与评价指分析、评价项目建设期和运营期间对生态环境、周边环境的影响,提出环保措施。

(8)投资估算和成本估算。投资估算和成本估算包括各单项工程及外部协作配套工程的资金估算和建设资金的总和,生产成本估算,生产流动资金的估算,资金来源、筹措方式、数额和利率估计,以及贷款的偿还方式等。

(9)经济效益和社会效益评价。经济效益和社会效益评价包括财务评价、国民经济评价和社会效益评价。对建设项目的经济效果要进行静态分析和动态分析,不仅要计算项目本身的微观效果,而且要衡量项目对国民经济发展所产生的宏观效果和影响。

(10)结论。结论通过可行性分析完成。可行性分析:从市场、技术、财务等方面,对一个项目是否可行而进行的研究、分析和评价,以决定是否投资;探讨投资能否满足社会需要,并最大限度地获得经济效益。

可行性分析的最后阶段,还应通过一组完整的指标,衡量所确定方案的经济效果。这一过程不仅要看工程自身的经济效果,还应考核其社会的经济效果。同时,要分析项目投产运行后技术的先进与运用程度、经济上的合理程度、管理上的科学程度、质量上的可靠程度和产品的竞销能力等一系列因素。

2. 层次分析法

层次分析法是一种能将定性问题的分析量化,并使定量与定性分析结合起来运用的科学评估与科学决策方法。层次分析法较完整地体现了系统分析和系统综合的原则,可将涉及多因素、多目标的复杂评价和决策问题分解为若干个层次的系统,并在这些层次上进行因素分析、比较、量化和单排序,进而逐级进行排序,最终实现总排序,以综合评价物流项目方案的优劣,为决策提供依据或做出最终决策。因为物流系统是多层次人工系统,所以采用层次分析法对物流系统及项目进行综合评价,是比较适宜的。

层次分析法的主要步骤分为四个:建立评价指标层次结构;构造判断矩阵;层次单排序及一致性检验;层次总排序及一致性检验。

3. 模糊综合评价法

模糊综合评价法是解决模糊现象、不清晰因素的主要方法。由于复杂的物流系统包括了许多模糊因素和模糊关系,采用模糊综合评价法,可以使模糊、不清晰的研究对象的综合评价更接近客观实际。

第五章　智慧仓储

在传统仓储管理中，人工录入数据、人工点验、人工仓储作业的方式效率低下，差错率高，无法快速响应用户需求。这些问题主要是由信息产生、处理方式等造成的。实施智慧仓储项目，可实现仓储信息的快速生成、自动识别及智能处理，全面提高货物出入库、盘库、移库环节的效率与效果，降低管理成本，提升仓储管理智慧度。

第一节　智慧仓储的概念与特点

一、仓储概述

（一）仓储的概念

仓储是物流活动的重要组成部分，也是各种物资周转、储存的关键环节，担负着物资管理的多项业务职能。

"仓"即仓库，是存放、保管、储存物品的建筑物和场地的总称，包括房屋建筑、洞穴、大型容器或特定的场地等，具有存放和保护物品的功能。"储"即储存、储备，表示收存以备使用，具有收存、保管、交付使用的意思。由此可见，"仓储"是指利用特定场所对物资进行储存、保管及相关活动的总称。

现代"仓储"不同于传统意义上的"仓库""仓库管理"，而是指在经济全球化与供应链一体化背景下的仓储，是现代物流系统中的仓储，表示一项活动或一个过程，在英文中对应的词是"Warehousing"。现代仓储可以定义为：以满足供应链上下游的需求为目的，在特定的有形或无形的场所，运用现代技术对物品的进出、库存、分拣、包装、配送及其信息进行有效的计划、执行和控制的物流活动。从这个概念可以看出，仓储包含以下六个基本内涵。

（1）仓储是一项物流活动，或者说物流活动是仓储的本质属性。仓储不是生产，也不是交易，而是为生产与交易服务的物流活动中的一环。可见，仓储只是物流的活动之一，物流还有其他活动，仓储应该融于整个物流系统之中，应该与其他物流活动相联系、相配合。

（2）仓储活动或者说仓储的基本功能包括了物品的进出、库存、分拣、包装、配送及其信息处理。其中，物品的出入库与在库管理是仓储最基本的活动，也是传统仓储的基本功能。物品的分拣与包装，以往就有，只不过现在的更普遍、深入、精细，甚至已经与物品的出入库及在库管理相结合共同构成现代仓储的基本功能。

（3）仓储与物流配送紧密衔接。现代仓库正在向配送中心发展，"配送"成为仓储的基本功能之一。配送是仓储的自然延伸,也是仓库发展为配送中心的内存要求。如果没有配送,仓储也就仍然是孤立的仓库。

(4)仓储的目的是为了满足供应链上下游的需求。这与以往仅仅满足"客户"的需求在深度与广度方面都有区别。谁委托、谁提出需求,谁就是客户。客户可能是上游的生产者,可能是下游的零售业者,也可能是企业内部。然而,仓储不能仅仅满足直接"客户"的需求,也应满足"间接"客户即客户的客户需求;仓储应该融入供应链上下游之中,并根据供应链的整体需求确立仓储的角色定位与服务功能。

(5)仓储的条件是特定的有形或无形的场所与现代技术。特定是因为每个企业的供应链是特定的,仓储的场所自然也是特定的;有形的场所就是指仓库、货场或储罐等,在现代经济背景下,仓储也可以在虚拟的空间进行,也需要许多现代技术的支撑。离开了现代仓储设施设备及信息化技术,也就没有现代仓储。

(6)仓储的方法与水平体现在有效的计划、执行和控制等。计划、执行和控制是现代管理的基本内涵,而科学、合理、精细的仓储离不开有效的计划、执行和控制。

(二)仓储的功能

1. 基本功能

仓储的基本功能是指为了满足市场的基本储存需求,仓库所具有的基本的操作或行为,包括储存、保管、拼装、分类等基础作业,其中,储存和保管是仓储最基础的功能。通过基础作业,货物可以得到有效的、符合市场和客户需求的仓储处理。例如,拼装可以为进入物流过程中的下一个物流环节做好准备。

2. 增值功能

仓储的增值功能则是指通过仓储高质量的作业和服务,使经营方或供需方获取额外的利益,这个过程称为附加增值。增值功能是物流中心与传统仓库的重要区别之一。增值功能的典型表现方式有两点。

(1)提高客户的满意度。当客户下达订单任务时,物流中心能够迅速组织货物,并按要求及时送达,以此提高客户对服务的满意度,从而增加了潜在的销售量。

(2)促进信息的传递。在仓库管理的各项事务中,经营方和供需方都需要及时而准确的仓库信息。

3. 社会功能

仓储的基础作业和增值作业会给整个社会物流过程的运转带来不同的影响,良好的仓储作业与管理则会带来正面的影响。理解仓储的社会功能,可以从以下三方面入手。

(1)时间调整功能。一般情况下,生产与消费之间会产生时间差,而仓储可以克服货物产销在时间上的隔离。

(2)价格调整功能。生产和消费之间也会产生价格差,供过于求、供不应求都会对价格产生影响,而仓储可以克服货物在产销量上的不平衡状态,达到调控价格的效果。

(3)衔接商品流通的功能。商品仓储是商品流通的必要条件,为保证商品流通过程的连续,就必须有仓储活动。仓储可以防范突发事件,保证商品顺利流通。

(三)现代仓储的地位与作用

随着物流向供应链管理的发展,越来越多的企业强调仓储是作为供应链中的一个资源。仓储在物流和供应链中的角色定位主要体现在以下四个方面。

(1)仓储是物流与供应链中的库存控制中心。库存成本是供应链的主要成本之一。因此,管理库存、减少库存、控制库存成本就成为仓储在供应链框架下降低供应链总成本的主要任务。

(2)仓储是物流与供应链中的调度中心。仓储与供应链的效率和反应速度直接相关。人们希望现代仓储处理物品的准确率能达到99%以上,并能够对特殊需求快速做出反应。当日配送已经成为许多仓库所采用的一种业务方式。客户已成为仓库管理人员不断提高精确度、及时性、灵活性和对客户需求的反应程度等内容的目标。

(3)仓储是物流与供应链中的增值服务中心。现代仓储不仅提供传统的储存服务,还提供了与制造业的延迟策略相关的后期组装、包装、打码、贴标、客户服务等增值服务。客户满意度是供应链上的服务水平的体现。可以说,物流与供应链中的绝大部分增值服务都体现在仓储上。

(4)仓储是现代物流设备与技术的主要应用中心。供应链一体化管理是通过现代管理技术和科技手段的应用而实现的,而软件技术、互联网技术、自动分拣技术、光导分拣、声控技术等科技手段和设备的应用,为提高仓储效率提供了实现的条件。

二、传统仓储向智慧仓储的发展情况

随着现代物流技术的发展和设备的更新应用,仓储向智慧化方向不断发展,从发展过程上看,传统仓储向智慧仓储的发展主要经历了三个阶段。

1. 机械化阶段

在机械化阶段,物资的输送、仓储、管理、控制主要是依靠人工及辅助机械来实现。物料可以通过各种各样的传送带、工业输送车、机械手、吊车、堆垛机和升降机来移动和搬运,用货架托盘和可移动货架存储物料,通过人工操作机械存取设备,用限位开关、螺旋机械制动和机械监视器等控制设备来运行。机械化满足了人们对速度、精度、高度、重量、重复存取和搬运等方面的要求,具有实时性和直观性的优点。

2. 自动化阶段

自动化技术对仓储技术和发展起了重要的促进作用。20世纪50年代末以来,自动导寻小车(自动导引车)、自动货架、自动存取机器人等自动化设备相继被研制和采用。到20世纪70年代,旋转式货架、移动式货架、巷道堆垛机和其他搬运设备都加入了自动控制行列,然而,这一时期各个设备的局部自动化并各自独立应用,被称为"自动化孤岛"。

随着计算机技术的发展,仓储管理的工作重点转向对物资的控制和管理,要求实时、协调和一体化。计算机之间、数据采集点之间、机械设备的控制器之间,以及它们与主计算机之间的通信可以及时地汇总信息,如仓库计算机及时地记录订货和到货时间,显示库存量,由计划人员可以方便地做出供货决策,方便管理人员随时掌握货源及需求。

到20世纪70年代末,自动化技术被越来越多地应用到生产和分配领域。"自动化孤岛"需要集成化,于是便形成了"集成系统"的概念。在集成化系统中,整个系统的有机协作,可使总体效益和生产的应变能力大大超过各部分独立效益的总和。集成化仓库技术作为计算机集成制造系统(Computer Integrated Manufacturing System,CIMS)中物资存储的中心受到人们的重视。

3. 智慧化阶段

随着现代工业生产的发展,柔性制造系统、计算机集成制造系统和工厂自动化对自动化仓储提出了更高要求,需要更可靠、实时的信息,并且工厂和仓库中的物流必须伴随着并行的信息流。

在自动化仓储的基础上继续研究,实现与其他信息决策系统的集成,向着智能和模糊控制的方向发展,这是智慧仓储的发展趋势。人工智能推动了仓储技术的发展,并产生了智慧仓储。在智慧化物流阶段,当生产计划被做出后,系统会自动生成物流和人力需求,可以查看存货单和购货单,规划并完成物流,如物料不够,无法满足生产要求,系统会自动推荐修改计划以便生产出等值产品。

应用智慧仓储,可保证货物仓库管理各个环节数据输入的速度和准确性,确保企业及时、准确地掌握库存的真实数据,合理保持和控制企业库存。通过科学的编码,智慧仓储还可对库存货物的批次、保质期等进行便捷化管理。射频数据通信、条形码技术、扫描技术和数据采集越来越多地应用于仓库堆垛机、自动导引车和传送带等运输节点上,而移动式机器人也作为柔性物流工具在柔性生产中、仓储和产品发送中发挥着重要作用。实现系统柔性化,采用灵活的传输节点和物流路线是实现物流和仓储智能化的趋势。

三、智慧仓储的概念

智慧仓储是智慧物流的重要节点,是指仓储数据接入互联网系统,通过对数据的提取、运算、分析、优化、统计,再通过物联网、自动化设备、仓储管理系统(Warehouse Management System,WMS)、仓库控制系统(Warehouse Control System,WCS),实现对仓储系统的智慧管理、计划与控制。

智慧仓储系统是智慧仓储的实现形式,由仓储设备系统、信息识别系统、智能控制系统、监控系统、信息管理系统等两个及以上子系统组成的智能自动执行系统,具有对信息进行智能感知、处理和决策,对仓储设备进行智能控制和调度,自动完成仓储作业的执行与流程优化的功能。

随着"互联网+"的兴起,智慧仓储成为仓储业发展的热点。社会日益增长的仓储需求,依靠传统仓储管理和运作模式处理是无法完成的。这就推动了仓储管理向自动化、智慧化发展。物联网是智慧仓储的技术基础。物流需求的不断增长,促使物联网技术在物流行业应用不断深入。物联网与云计算、大数据、移动互联网等现代信息技术的不断融合,形成了一个适应物联网发展的技术生态,并呈现出多种技术联动发展的局面。

物联网技术为智慧仓储系统的设计提供了一种架构,使智慧仓储系统具有了信息感知、数据传输和信息运用的功能。其中,应用智能机器人,能够提高仓储系统的自动化水平;多机器人的协调是实现自动化仓储的基础;智能算法能够有效处理仓储信息,提高作业的准确率和效率;智能控制技术使仓储设备具有了决策和执行的能力,能够更好地适应各类复杂的工作环境和更高的工作强度。这是仓储智能化的基础之一。

智慧仓储能够有效利用仓储信息,提高仓储任务分配和执行的效率,优化仓储作业的流程,节约人力和物力,为企业管理者提供决策依据。智慧仓储设备的应用使人与仓储设备之间的交互更加便捷,减少了人为操作错误,提高了工作人员的操作准确率。智能优化算法和智能控制技术的使用在保证仓储作业效率的基础上,通过对仓储设备和人力、物力的合理调配,能够有效降低能耗,节约成本,合理保持和控制企业库存。仓储信息的流通性得到加强,可促进供应链上下游的衔接能够更加畅通,促进企业的发展。

四、智慧仓储的特点

1. 仓储管理信息化

仓储作业会产生大量的货物信息、设备信息、环境信息和人员信息等,实现对信息的智能感知、处理和决策,利用信息对仓储作业的执行和流程进行优化,实现仓储管理信息化,这是智慧仓储研究的重点之一。智慧仓储是在仓储管理业务流程再造的基础上,利用RFID射频识别、网络通信、信息管理系统,以及大数据、人工智能等技术,实现入库、出库、盘库、移库管理的信息的自动抓取、自动识别、自动预警及智能管理功能,以此来实现降低仓储成本、提高仓储效率、提升仓储智慧管理能力的目的。智慧仓储能实现仓储信息的自动抓取、自动识别、自动预警,并以此实现物流仓储环节的智能化管理,提高货物的出库、入库和移库的效率。

2. 仓储运行自动化

仓储运行自动化主要是指仓储运行的硬件部分自动化,如自动化立体仓库系统、自动分拣设备、分拣机器人,以及可穿戴设备的应用。自动化立体仓库包括:立体存储系统、穿梭车等的应用;分拣机器人主要为关节机器人、机械手、蜘蛛手的应用。使用智慧仓储设备和智能机器人,能够提高作业的效率,提高仓储运行的自动化水平。智能控制是在无人干预的情况下能自主地驱动智能机器并实现控制目标的自动控制技术。对仓储设备和机器人进行智能控制,使其具有像人一样的感知、决策和执行的能力,可促进设备之间的沟通和协调,促进设备与人之间的交互功能,大大减轻人力劳动的强度,提高操作效率。自动化与智能控制的研究应用是实现智慧仓储系统运作的核心。

3. 仓储决策智慧化

仓储决策智慧化主要是互联网技术,包括大数据、云计算、AI、深度学习、物联网、机器视觉等技术在仓储中广泛的应用。利用这些数据和技术进行商品的销售和预测,调拨智能库存,可发掘个人消费习惯,能够实现根据个人的消费习惯进行精准的推荐。目前,已有企业可成熟地运用大数据进行分拣。在仓储管理过程中,各类仓储单据、报表快速生成,问题货物实时预警,特定条件下货物的自动提示,都可通过信息联网与智能管理,形成统一的信息数据库,为供应链整体运作提供可靠依据。

第二节 智慧仓储的体系构成

一、智慧仓储信息系统

智慧仓储信息系统主要包括仓库管理系统(WMS)和仓库控制系统(WCS)。

1. 仓库管理系统

仓库管理系统是对批次管理、物料、对应、库存盘点、质检管理、虚仓管理和即时库存等仓储业务进行综合管理的管理系统,可有效控制并跟踪仓库业务的物流和成本管理全过程,实现或完善企业的仓储信息管理。仓库管理系统可以独立执行库存操作,也可与其他系统的单据和凭证等结合使用,为企业提供更为完善的企业物流管理流程和完整的财务管理信息。

仓库管理系统一般具有以下几个功能模块:订单处理及库存控制、基本信息管理、货物管理、信息报表管理、收货管理、拣选管理、盘点管理、移库管理、打印管理和后台服务管理。

仓库管理系统系统可通过后台服务程序实现同一客户不同订单的合并和订单分配,并对基于电子标签拣货系统(Picking To Light,PTL)、RF拣选系统、纸箱标签方式的上架、拣选、补货、盘点、移库等操作进行统一调度和下达指令,并实时接收来自PTL、RF拣选系统和PC终端的反馈数据。整个软件业务与企业仓库物流管理各环节吻合,可实现企业对库存商品管理的有效控制。

仓库管理系统的基本系统模块包括以下四项内容。

(1)基本信息管理。基本信息管理包括对品名、规格、生产厂家、产品批号、生产日期、有效期和箱包装等商品基本信息进行设置,通过货位管理功能对所有货位进行编码并存储在系统的数据库中,使系统能有效地追踪商品所处位置,便于操作人员根据货位号迅速定位到目标货位在仓库中的物理位置。

(2)上架管理。上架管理指通过自动计算最佳上架货位,提供已存放同品种的货位、剩余空间的信息,并根据避免存储空间浪费的原则给出建议的上架货位并按优先度排序,由操作人员可以直接确认或人工调整。

(3)拣选管理。拣选管理指可根据货位布局和确定拣选指导顺序,系统自动在终端的界面等相关设备中根据任务所涉及的货位给出指导性路径,以此避免无效穿梭和商品找寻,提高单位时间内的拣选量。

(4)库存管理。库存管理支持自动补货,通过自动补货算法,确保拣边面存货量,也能提高仓储空间利用率,降低货位蜂窝化现象出现的概率。库存管理还能够对货位进行逻辑细分和动态设置,在不影响自动补货算法的同时,有效提高空间利用率和控制精度。

2. 仓库控制系统

仓库控制系统是仓库控制系统的简称,是介于仓库管理系统系统和可编程逻辑控制器(Programmable Logic Controller,PLC)系统之间的一层管理控制系统,可以协调各种物流设备如输送机、堆垛机、穿梭车、机器人及自动导引车小车等物流设备之间的运行。仓库控制系统主要通过任务引擎和消息引擎,优化分解任务、分析执行路径,为上层系统的调度指令提供执行保障和优化,实现对各种设备系统接口的集成、统一调度和监控。

二、智慧仓储技术

1. 自动化立体仓库

自动化立体仓库(Automated Storage and Retrieval System,AS/RS)系统,指利用自动化存储设备同计算机管理系统的协作来实现立体仓库的高层合理化,存取自动化及操作简便化。自动化立体仓库主要由货架、巷道式堆垛起重机(堆垛机)、入(出)库工作站台、调度控制系统及管理系统组成。

其中,货架一般为钢结构或钢筋混凝土结构的结构体。货架内部空间作为货物存放位置,由堆垛机穿行于货架之间的巷道中,可由入库站台取货并根据调度任务将货物存储到指定货位,或到指定货位取出货物并送至出库站台。

自动化立体仓库的计算机管理系统可以与工厂信息管理系统(如 ERP 系统)及生产线进行实时通信和数据交换,这样自动化立体仓库成为 CIMS 及柔性制造系统(Flexible Manufacture System,FMS)必不可少的关键环节。结合不同类型的仓库管理软件、图形监控,及调度软件、条形码识别跟踪系统、搬运机器人、自动导引车小车、货物分拣系统、堆垛机认证系统、堆垛机控制系统、货位探测器等,不仅可实现立体仓库内的单机手动、单机自动、联机控制、联网控制等多种立体仓库运行模式,还可实现了仓库货物的立体存放、自动存取、标准化管理,大大降低储运费用,减轻劳动强度,提高仓库空间利用。

自动化立体仓库系统自动化及信息化程度高,其叉车通道窄,堆高机由计算器终端自动控制运作,配合全自动堆垛机,将托盘存库及出库。配合仓库管理系统仓库管理软件,可使仓库内基本不需要人工操作。自动化立体仓库系统采用集成化物流管理计算机控制系统,并应用激光定位技术、红外通信、现场总线控制技术、条形码扫描、RF 系统等技术,功能齐全,性能可靠,在各行各业的仓库和配送中心发挥出越来越重要的作用的目的。

2. 仓储机器人

在智慧仓储作业中,各种类型不同功能的机器人将发挥越来越重要的作用,如自动搬运机器人、码垛机器人、拣选机器人、包装机器人等,其中,自动化立体仓库中的穿梭车也可以看作是搬运机器人的一种。

仓储机器人以最高的效率、昼夜不歇地在仓库内作业,完成货物搬运、拣选、包装等作业。如近两年备受关注的 KIVA 机器人,因其自动化程度高、实施周期短、灵活性强等特点成为众多无人仓自动化仓储解决方案的首选。

KIVA 机器人系统由成百上千个举升搬运货架单元的机器小车组成。货物开箱后放置在货架单元上,通过由货架单元底部的条码,将货物与货架单元信息绑定,再由仓库地面布置条码网格,由机器小车应用两台摄像机分别读取地面条码和货架单元底部的条码,在编码器、加速计和陀螺仪等传感器的配合下完成货物搬运导航。仓储机器人的核心是控制小车的集中式多智能体调度算法。

3. 多层穿梭车系统

多层穿梭车系统采用立体料箱式货架,可实现货物在仓库内立体空间的存储。入库前,货物经开箱后存入料箱,通过货架巷道前端的提升机将料箱送至某一层,然后由该层内的穿梭小车将货物存放至指定的货格内。货物出库时,可通过穿梭车与提升机的配合实现完成。多层穿梭牢系统的核心在于通过货位分配优化算法和小车调度算法的设计,使各巷道之间及单个巷道内各层之间的任务量实现平衡,提高设备间并行工作时间,以发挥设备的最大工作效率。

4. 细胞单元系统

KIVA 机器人系统中的自动导引车小车实现地面搬运,而多层穿梭车系统中的穿梭车可实现货架轨道上的搬运,两者技术的融合就是新型细胞单元小车。

当在货架或提升机上时,细胞单元小车按照传统多层穿梭车的工作方式在轨道上运动。当离开货架到达地面时,细胞单元小车可以切换至自动导引车小车的工作方式在地面运行。其在地面上的导航方式不同于 KIVA 机器人系统,采用的是基于无线传感网测距、激光测距仪测革和推测航行法的传感器融合技术,由无线传感网实现信息通信及全局定位,而激光测距仪测量和推测航行法实现位置跟踪和定位精度校正。细胞单元小车与 KlVA 机器人相比,其系统地面标签配合惯性导航的方式更加灵活。细胞单元系统将立体货架存储空间与地面平面存储空间无缝链接在一起,代表了可扩展、高柔性化的小车群体技术的未来发展方向。

5. 自动输送系统

自动输送系统如同整个智慧仓储系统的血管,连通着机器人、自动化立体库等物流系统,可实现货物的高效、自动搬运。与自动化立体库和机器人系统相比,自动输送系统技术更趋成熟。在智慧仓储系统中,自动输送系统需要跟拣选机器人、码垛机器人等设备进行有效配合,同时,为了保证作业准确性,输送线也要配备更多的自动检测、识别技术、感知技术。例如,在京东无人仓中,输送线的末端、拣货机器人的前端增加了视觉检测工作站,通过信息的快速扫描和读取,为拣货机器人提供拣货指令。

6. 人工智能算法与自动感知识别技术

人工智能算法与自动感知识别技术是智慧仓储系统的大脑与神经系统。机器人之间、机器人与整个物流系统之间、机器人与工人之间的紧密配合、协同作业,必须依靠功能强大的软件系统来指挥。其中,自动感知技术和人工智能算法可谓重中之重。在智慧仓储模式下,数据是所有动作产生的依据,而数据感知技术如同为机器安装的"眼睛",通过将所有的商品、设备等信息进行采集和识别,并迅速将这些信息转化为准确、有效的数据上传至系统,进而由系统再通过人工智能算法、机器学习等生成决策和指令,指导各种设备实现自动完成物流作业的任务。其中,基于数据的人工智能算法需要在货物的入库、上架、拣选、补货、出库等各环节发挥作用,同时人工智能算法还要随着业务量及业务模式的变化不断调整优化作业。可见,算法是智慧仓储技术的核心与灵魂。

三、智慧仓储管理

1. 智能分仓

智能分仓是指利用大数据分析,掌握用户消费需求特点及需求分布,提前将需求物品预置到离用户最近的仓库中,实现智能预测、智能选仓、智能分仓,减少库存及配送压力,给商家提供完全无缝连接的智能补货能力,保证分拣和有序调拨。智能分仓的实现过程主要有以下四点。

(1)基于商品的大小、重量、离消费者的路径调动智能路由,获取相关的履行路由的路径和线路,拿到线路后可能有多个候选集。

(2)对履行成本的决策,即基于时效、成本的综合决策来选择最终的调度方案。

(3)通过平台来调度物流资源的服务商。

(4)把所有数据记录下来,输入供应链管理平台,实现对商家需求能力的计划及供给计划的优化,让商家能够更好地进行销量预测,对仓储选择、品类规划进行优化,把商品推送到离消费者最近的货仓。

2. 智能货位布局

在仓储物流管理中,要想用有限库容和产能等资源达到高出库效率,需要精心安排商品库存分布和产能调配。其中,仓储货位分布将变得尤为重要,而货位布局可以考虑以下三方面。

(1)热销度。应用大数据分析技术,预测商品近期热销程度。企业将热销商品(出库频次高的商品)存储于距离出库工作台近的位置,降低出库搬运总成本,同时提升出库效率。

(2)相关度。针对海量历史订单进行数据分析。不同商品同步下单的概率存在一定的精合性,企业可根据这种商品相关度的分析发现商品之间的存储规律,令相关度高的商品存储于相同货架,优化拣货路径,减少搬运次数,从而节省仓储设备资源,提高机器人的工作效率。

(3)分散存储。应用运筹优化等技术,可实现全仓库存分散程度最大化,将相同或相似商品,在库区进行一定程度的分散存储,从而避免由于某区域暂时拥堵影响包含该商品订单出库,这样可以随时动态调度生产,实时均衡各区生产热度。

将以上原则制定为最优库存存储规则时,一旦由于因素变化(如热销度变化、相关度变化)或货架上商品库存变化等,系统会自动调整库存分布图,并对出库、入库、在库作业产生相应的最优决策指导。自动导引车小车将自动执行相应搬运指令,将对的货物(库存)送至对的位置,完成库存分布的动态调整。

3. 仓库动态分区

当订单下传到库房后,如果没有一个合理的订单分区调度,可能会引起不同区域订单热度不均的问题。这个问题会导致以下两个现象:一是各区产能不均衡,从而导致部分区域产能暂时跟不上;二是部分区域过于拥挤,从而导致部分区域出库效率混乱且效率低下。

为解决这个问题,企业需要实时动态分析仓库订单分布,应用分区技术,动态划分逻辑区,从而使各区达到产能均衡的目的,使设备资源利用率达到最大化和避免拥堵,进而提升仓库整体出库效率。

4. 作业资源匹配与路径规划

当仓库管理系统从 ERP 接受客户订单时,企业运用生产调度运筹优化模型,建立仓内货架、拣选设备、出货口等供需最优匹配关系,合理安排作业任务,可使全仓整体出库效率达到最大化。当作业设备接收搬运指令时,要将货物快速、准确地送达目的地,就需要规划出最合理的路径。应用大数据等技术,协调规划全仓作业设备整体搬运路线,可使全仓作业设备有条不紊地进行,最大程度地减少拥堵。

第三节 智慧仓储的应用与发展

一、国内外关于智慧仓储的发展现状

关于智慧仓储技术层面的应用,主要集中体现在四个方面:一是传统仓储设施的智能化与网络化,这是实现仓储设施互联的基础;二是仓储设备的自动化和标准化,这是实现仓储作业智能化的基础;三是系统平台对接的应用,这是仓储系统与其他上下游系统互通互联的基础;四是物流大数据推动仓储资源整合与协作。这是实现集团公司内部优化配置仓储资源的基础。

目前,我国智慧仓储技术与设备进入快速发展阶段。近年来,在仓储设施互联网方面,仓储设施资源联网应用进入快速发展阶段,仓库库区视频联网监控技术发展较快,仓储信息化技术应用最为广泛,以云计算模式为主的智慧仓储信息系统的应用处于快速增长期。

仓储系统自动与智能化作业方面技术发展最快,主要体现在自动化立体库、WCS 自动控制系统、智能穿梭车、透明感知设备、巷道堆垛机、分拣技术设备、自动导引车机器人搬运、输送机系统等方面。在自动立体库建设领域,市场需求增长极快;智能穿梭小车与密集型货架系统前几年处于爆发增长阶段,目前增长速度有所下降;物流机器人是世界机器人的七大应用领域之一,近年来机器人搬运、机器人堆码等技术装备都进入快速发展阶段;机器人分拣发展速度最快。

在智能追溯领域,应用最普遍的物联网感知技术是 RFID 技术和 GPS 移动追踪定位技

术。在手持终端扫描设备领域,目前的创新方向是小型化向可穿戴智能技术方向发展。国内市场规模庞大,相关智能技术和设备居于世界领先水平,形成了一个基本完整的产业链。智慧仓储已变成物流仓储行业前进的重要动力,其不仅降低了物流仓储成本,还促进了整个产业的升级。

在物联网技术、自动化设备应用方面,德国的麦德龙、美国的沃尔玛等大型零售企业都宣布了自己的智慧仓储计划,准备进行巨额投资,同时相应带动它们的供应商在智慧仓储市场的投入。例如:联邦快递、联邦包裹等这些大的物流公司对供应链跟踪和智慧监控技术的应用,拉动Alien科技、SUN、微软、惠普在内的硬件及软件供应商的投入,进而形成物联网、自动化设备的巨大市场和完整产业链;数据算法模型技术在欧美、日本等地区已经实现了在多个领域的应用,已形成了完整的产业链;TNT运用云计算技术来提升运营效率、供应链可见性及客户服务质量,产生了很好的效益;仿真技术和三维规划在日本、韩国得到很好的应用;在物流自动化设施、协议和信息标准化方面,欧美国家的物流企业已做了很多工作。

一些发达国家也为国内智慧仓储的发展创造了良好的政策环境:一是采用政府、银行和企业共同投资社会标准化运营的机制来建设和运营网络、政府公共信息平台等物流基础设施;二是开放市场,创造公平合理的市场竞争环境;三是通过企业战略规划、政府政策支持及采取了一系列促进国内政府、地方区域、企业等各方面有机地协调与合作的机制,以促进智慧仓储的国际化、标准化。

二、智慧仓储的典型应用——无人仓

(一)无人仓的概念

关于无人仓的概念,目前物流行业内并没有统一的看法。单从字面意思来看,无人仓指的是货物从入库、上架、拣边、补货,到包装、检验、出库等物流作业流程全部实现无人化操作,是高度自动化、智能化的仓库。

此外,基于高度自动化、信息化的物流系统,在仓库内即使有少量工人,实现人机高效协作,仍然可以视为无人仓。还有学者认为,在货物搬运、上架、拣选、出库等主要环节逐步实现自动化作业,也是无人仓的一种表现形式。综合上述观点可知,无人仓的发展方向是明确的,即以自动化设备替代人工完成仓库内部作业。

从市场需求来看,随着以智能制造为代表的制造业物流升级发展,电商行业海量订单处理对更高效率自动化系统的需求越来越大、要求越来越高,传统的物流系统已经难以满足;随着土地成本及人工成本的不断上涨,"机器换人""空间换地"成为趋势,仓库无人化成为必然趋势。

从物流技术本身的发展来看,仓储系统自动化、信息化、智能化程度的不断提高,不仅大幅降低了物流作业人员的劳动强度,还可替代人工实现更加准确、高效的作业,因此其作业效率、准确性优势不断凸显。同时,设备大量替代人工,可使物流作业成本大幅降低,并且随着无人仓技术越来越成熟,应用越来越广泛,其成本也将得到有效降低。

综上所述,智能制造特别是电商企业的需求直接推动了无人仓技术的发展升级。无人仓是市场需求和物流技术发展双重作用的结果,是供需双方联合创新的典范。

(二)无人仓的技术标准

目前,无人仓的技术标准可从作业无人化、运营数字化和决策智能化三个层面理解。

1. 作业无人化

在作业无人化方面,无人仓要具备三极能力,即无论是单项核心指标,还是设备的稳定性,各种设备的分工协作都要达到极致化的水平。

无人仓使用了自动立体式存储、360视觉识别、自动包装、人工智能、物联网等各种前沿技术,兼容并包,可实现各种设备、机器、系统之间的高效协同。

2. 运营数字化

在运营数字化方面,无人仓需要具备独自感知的能力。在运营过程中,与面单、包装物、条码有关的数据信息要靠系统采集和感知,出现异常时,无人仓需做到独自判断。

在无人仓模式下,数据将是所有动作产生的依据,而数据感知技术如同为机器安装了"眼睛",通过将所有的商品、设备等信息进行采集和识别,并迅速将这些信息转化为准确、有效的数据上传至系统,再由系统通过人工智能算法、机器学习等生成决策和指令,指导各种设备自动完成物流作业。其中,基于数据的人工智能算法需要在货物的入库、上架、拣选、补货、出库等各环节发挥作用。同时,无人仓还要随着业务量及业务模式的变化不断调整优化作业。因此,可以说,算法是无人仓技术的核心与灵魂所在。

3. 决策智能化

在决策智能化方面,无人仓能够实现成本、效率化服务、体验的最优,可以大幅度地减轻工人的劳动强度,且无人仓效率是传统仓库的十倍。

(三)无人仓的主要构成部分

无人仓的目标是实现入库、存储、拣选、出库等仓库作业流程的无人化操作,这就需要其具备自主识别货物、追踪货物流动、自主指挥设备执行生产任务、无须人工干预等条件。此外,无人仓还要有一个"智慧大脑",可针对无数传感器感知的海量数据进行分析,精准预测未来的情况,自主决策后协调智能设备的运转,并根据任务执行反馈的信息及时调整策略,形成对作业的闭环控制。无人仓需具备智能感知、实时分析、精准预测、自主决策、自动控制、自主学习的特征。

无人仓的构成包括硬件与软件两个部分。

1. 硬件

硬件对应存储、搬运、拣选、包装等环节有各类自动化物流设备。其中,存储设备的典型代表是自动化立体库。搬运设备的典型代表包括输送线、自动导引车、穿梭车、类KIVA机器人、无人叉车等。拣选设备的典型代表包括机械臂、分拣机(不算自动化设备)等。包装设备的典型代表包括自动称重复核机、自动包装机、自动贴标机等。

2. 软件

软件主要是仓库管理系统和仓库控制系统。

仓库管理系统时刻协调存储、调拨货物、拣选、包装等各个业务环节,根据不同仓库节点的业务繁忙程度动态调整业务的波次和业务执行顺序,并把需要做的动作指令发送给仓库控制系统,使得整个仓库高效运行。此外,仓库管理系统记录着货物出入库的所有信息流、数据流,可知晓货物的位置和状态,确保库存准确。

仓库控制系统接收仓库管理系统的指令,调度仓库设备完成业务动作。仓库控制系统需要支持各种类型、各种厂家的仓库设备,并能够计算出最优执行动作,如计算机器人最短行驶路径、均衡设备动作流量等,以此来支持仓库设备的高效运行。仓库控制系统的另一个功能是时刻对现场设备的运行状态进行监控,当出现问题时立即报警提示维护人员。

此外,无人仓支撑仓库管理系统、仓库控制系统进行决策,让自动化设备有条不紊地运转,代替人进行各类操作(行走、抓放货物等),背后依赖的是运用人工智能、大数据、运筹学等相关算法和技术,以此实现作业流、数据流和控制流的协同的"智慧大脑"。智慧大脑既是数据中心,也是监控中心、决策中心和控制中心,从整体上对全局进行调配和统筹安排,最大化优化运行效率,充分发挥设备的集群效应。

总之,无人仓是在整合仓库业务、设备选型定制化、软件系统定制化前提下实现仓库作业无人化的结果。从理论上来说,仓库内的每个业务动作都可以用机器替代人,关键是要把所有不同业务节点的设备连通,形成一套完整高效的无人仓解决方案。

(四)无人仓的主要实现形式

虽然无人仓代表了物流技术发展趋势,但真正实现仓储作业全流程无人化并不容易。从仓储作业环节来看,无人仓的主要实现形式主要有以下四种。

1. 自动化存储

卸货机械臂抓取货物投送到输送线,货物自动输送到机械臂码垛位置,在自动码垛后,从系统调度无人叉车送至立体库入口,由堆垛机储存到立体库中。需要补货到拣选区域时,系统调度堆垛机从立体库取出货物,送到出库口,再由无人叉车搬运货物到拣选区域。

2. KIVA 机器人拣选

KIVA 机器人方案完全减去补货、拣货过程中员工行走动作,由机器人搬运货物到指定位置,而作业人员只需要在补货、拣选工作站根据电子标签灯光显示屏指示完成动作,具有节省人力、效率高、出错少的优点。KIVA 机器人方案分"订单到人"和"货到人"两种模式。

3. 输送线自动拣选

货物在投箱口自动贴条码标签后,对接输送线投放口,由输送线调度货物到拣选工作站,可通过机械臂完成无人化拣选,或者由人工根据电子标签灯光显示屏进行拣货。

4. 自动复核包装分拣

自动复核包装分拣指拣选完成的订单箱输送到自动包装台,通过称重及 X 光射线透视等方式进行复核,复核成功后由自动封箱机、自动贴标机进行封箱、贴面单,完成后输送到分拣机自动分拨到相应道口。

(五)无人仓的运行机理

1. 无人仓之眼

无人仓之眼是无人仓的数据感知部分。由人、设备和流程等元素构成的仓库作业环境会产生大量的状态信息,以往这些信息只能通过系统中数据的流转来进行监控,缺乏实时性,也难以指导业务流程。而传感器技术的进步,带来了最新的数据感知技术。传感器技术让仓库中的各种数据都可以迅速、精准地获取,再将传感器获取的信息转化为有效数据,而这些数据成为系统感知整个仓库各个环节状态的依据,通过大数据、人工智能等系统模块生成决策指令,指导库内作业单元工作。

2. 无人仓的四肢

无人仓的四肢是无人仓的机器人。从商品入库、存储到拣货、包装、分拣、装车等各个环节,通过无人仓参与,都无须人力参与,形态各异的机器人成了无人仓的主角。机器人融入是无人仓的重要特色之一。

占据仓库核心位置的立体货架可以充分利用空间,让仓储从"平房"搬进"楼房",有效利用土地面积。在狭窄货架间运转自如的料箱穿梭车是实现高密度存储、高吞吐量料箱进出的关键。立体货架在轨道上高速运行,将料箱精准放入存储位或提取出来,再送到传送带上,可实现极高的出入库速度。

从立体货架取出的料箱会传送到一个机器人下面进行拣选,机器人可迅速把商品置入相应的包装箱内。这种灵巧、迅捷的机械手是并联机器人,其具备精度高、速度快、动态响应好、工作空间小等优点,可保证整个无人仓生产的高效率。

无人仓中的自动导引车自动导引小车可通过定位技术进行导航,并结合系统的调度,实现整个仓库的合理安排。相较于传统的输送线的搬运方案,通过自动导引车小车实现"货到机器人"的方式具有更高的灵活性。

六轴机器人可实现拆码垛,即堆放和移动商品。在码垛算法的指导下,每种商品都可以自动生成个性化的垛型,由机器人自动适配对每种商品,进行自动码垛。

3. 无人仓的大脑

无人仓的大脑由人工智能算法实现。除了丰富、及时的数据和高效执行的机器人,核心算法是无人仓的"软实力"所在。例如,在上架环节,算法将根据上架商品的销售情况和物理属性,自动推荐最合适的存储货位。在补货环节,补货算法可让商品在拣选区和仓储区的库存量分布达到平衡。在出库环节,定位算法将决定最适合被拣选的货位和库存数量,而调度算法将驱动最合适的机器人进行货到"人/机器人"的搬运,并可匹配到最合适的工作站进行生产。

(六)无人仓的主要应用领域

随着各类自动化物流设备的快速普及与应用,机器取代人工的可能越来越大,由此促使各行各业对于无人仓的需求越来越强烈。目前,无人仓的主要应用领域有以下五种。

(1)劳动密集型且生产波动比较明显的行业。如电商仓储物流,对物流时效性要求不断提高,受限于企业用工成本的上升,尤其是临时用工的难度加大,采用无人仓能够有效提高作业效率,降低企业成本。

(2)劳动强度比较大或劳动环境恶劣的行业。如港口物流、化工企业,引入无人仓能够有效降低操作风险,提高作业安全性。

(3)物流用地成本相对较高的企业。如城市中心地带的快消品批发中心,采用无人仓能够有效提高土地利用率,降低仓储成本。

(4)作业流程标准化程度较高的行业。如烟草、汽配行业,标准化的产品更易于衔接标准化的仓储作业流程,实现自动化作业。

(5)对于管理精细化要求比较高的行业。如医药行业、精密仪器,可以通过软件+硬件的严格管控,实现更加精准的库存管理。

其中,电商行业是无人仓落地相对较多的行业。第一,电商行业对于无人仓是刚性需求,这主要体现在随着电商物流的飞速发展,人工成本一直占据着所有成本里的最高比例,而成熟的无人仓技术可以有效降低这一成本。第二,电商行业对各类无人仓技术响应积极。电商是一个对创新思维相对开放的领域,一直不断地在进行着各类新设备的引进和先进技术的创新研发。第三,电商行业也是无人仓技术的最佳实验场。各类特征表明,如果能够解决电商领域的高流量、多品类的复杂场景,那么无人仓技术的全面推广就相对比较容易。

三、智慧仓储的典型应用——智慧云仓

随着互联网和电商的快速发展,特别是近年来大型电商活动,促使快速递包裹增多。商家希望包裹能够精准安全地送到消费者手中,而消费者则关心快递的速度。快递的前端是物流。那么如何在如此庞大的物流量下,实现快件的准确快速细分,并且高效将快递完好无损地送到消费者手中?基于此背景,大数据、云计算和现代管理技术等信息技术的"智慧云仓"应运而生。

(一)智慧云仓的概念及特征

1.智慧云仓的概念

智慧云仓属于物流仓储的一种,却不同于传统仓、电商仓。"云"的概念来源于云计算,是一种基于互联网的超级计算模式。在远程的数据中心里,成千上万台计算机和服务器连接成一片计算机云,对外提供算力服务。智慧云仓正是基于这种思路,在全国各区域中心建立分仓,由公司总部建立一体化的信息系统,用信息系统将全国各分拣中心联网,实现配送

网络的快速反应。因此,智慧云仓是利用云计算及现代管理方式,依托仓储设施进行货物流通的全新物流仓储体系产品。

由此概念可知,智慧云仓是一种全新的仓库体系模式,它主要依托科技信息平台,充分运用全社会的资源,做到迅速、快捷地选择理想的仓储服务。在这一模式下,快件可直接由仓储到同城快递物流公司的公共分拨点,实现就近配送,极大地减少了配送时间,提升用户体验。此外,这也给那些对物流水平需求极高的企业带来了新的机遇。

2. 智慧云仓与传统仓储的区别

智慧云仓与传统仓储(含电商仓)相比,主要区别在于仓内作业的高时效及精细化管理,以及自动化装备和信息化系统的应用。先进的技术及管理的使用会使智慧云仓的建设成本比较高。在智慧云仓的作业流程中,入库与出库速度非常快。据悉,京东的智慧云仓出库作业,即从接到订单,到拣货再到出库,基本只需要 10 分钟,并且每一步都可在后台系统显示,这就为消费者提供了极佳的购物环境。这一过程不仅速度快,而且准确率高。

(1)管理种类及配送范围方面的变革。传统仓储因受仓库面积等客观因素的制约,存储货物种类有限,而智慧云仓则由于其一体化的信息管理系统可将全国各区的分仓进行集中管理,理论上仓库可以无限扩大。因此,其所存储管理的货物种类较传统仓储多,且由于信息化的资源整合和设施设备配套,可实现订单的智能化拣选和配送,大大提升仓储管理及配送的规模和效率。

(2)管理模式方面的变革。传统仓储管理主要涉及出入库及库内管理,而智慧云仓在满足传统仓储管理的同时,对仓储作业的时效性和准确性也提出了更高要求。智慧云仓通过其扁平化的供应链管理,实现近距离高速交接的作业模式。如京东自营商品,系统从距离客户最近的仓库进行发货,每一步都可通过系统进行实时监控,同时将物流信息反馈给客户。这样做不仅速度快,而且准确率高,极大地提升了消费者的购物体验。

(3)设施设备方面的变革。传统仓储的发货特点多为大批量、小批次,且作业机械简单,对设施设备的信息化要求不高,而智慧云仓特别是电商仓储,对多批次、小批量的处理要求较高。因此,为了保证仓储作业的整体效率,除了实现仓储的信息化管理之外,还需要通过仓储设施设备的智能化来辅助仓储信息化管理,如 WMS 仓储管理系统、RFID 信息处理等信息系统,扫码设备、自动分拣机、巷道堆垛起重机等自动化设备。

(二)智慧云仓的类型

目前,智慧云仓主要有电商平台类、物流快递类、互联网化第三方仓储云仓等类型,前两类直接为商家提供云仓服务,而互联网化第三方仓储云仓致力于云仓供应链的解决方案。

1. 电商平台云仓

建立电商平台云仓的成本比较高。目前,一些电商已通过多地仓储协同实现资源整合优化,大大提升了时效性和准确性。通过大数据分析,建立准确的预测机制,更好地实现快速反应,增强客户体验。

(1)菜鸟云仓。菜鸟把自己定位为物流大数据平台,菜鸟网络未来或可能组建全球最大的物流云仓共享平台。菜鸟搭建的数据平台,以大数据为"能源",以云计算为"引擎",以仓储为节点,编织一张智慧物流仓储设施大网,覆盖全国乃至全球,共享给平台上其他商家。

(2)京东云仓。京东自建的物流系统已经开始对社会开放,京东物流依托自己庞大的物流网络设施系统和京东电商平台,从供应链中部向前后端延伸,为京东平台商家开放云仓共享服务,提升京东平台商家的物流体验。此外,利用京东云仓完善的管理系统,跨界共享给金融机构。京东云仓推出"互联网+电商物流金融"的服务,利用信息系统全覆盖,实现仓储、配送一体化,加之金融支持,能满足电商企业的多维度要求。

2. 快递云仓

快递云仓主要是指物流快递企业自建的云仓,主要目标是为了建立仓配一体化,实现快递企业高效配送。

(1)百世云仓。百世云仓是百世汇通建设的"云仓"。百世云仓依托在全国30个中心城市建设的众多云仓,从商品的订单接收开始,到订单分拣、验货包装、发运出库,避免货物的重复操作,将商品与消费者之间距离缩到最短,可最大化地提升配送的效率。百世云仓在全国有100个分拨中心,10 000余个站点延伸至乡镇各级服务网点,通过近1 500条省际、省内班车,超过50 000余人的速递团队全流程管理,构建了一个快速安全的信息化物流供应链,已为国内外的上百家企业提供服务,而在这一过程也可促进传统物流产业升级。

(2)顺丰云仓。顺丰利用覆盖全国主要城市的仓储网络,加上其差异化的产品体系和市场推广,让顺丰实现仓配一体化服务。顺丰围绕高质量的直营仓配网,以及优化供应链服务能力,重点向手机、运动鞋服行业、食品冷链和家电客户开放共享其云仓服务。

此外,国有快递企业EMS宣布,将实施云仓战略,为电子商务企业和商家提供全景供应链协同服务,减少电商大型活动期间的"爆仓"风险。

3. 互联网化第三方仓储云仓

互联网化第三方仓储云仓主要代表为发网、中联网仓等。在电商快速发展的同时,电商的竞争也越来越激烈,在大型电商活动的背后将产生海量的快递邮件需要在短时间内进行配送。在这种情况下,部分快递企业常常会发生爆仓或者货物迟迟无法发出的情况,货物漏发、错发、破损等现象发生频率也大幅增加,为后续工作的开展带来巨大麻烦。互联网化第三方仓储云仓应运而生,其自动化、信息化和可视化的物流服务为上述问题提供了有效解决方案,虽然第三方云仓在配送环节还相对较弱,但是目前通过与快递企业进行无缝对接,也能达到满意的效果。

(三)智慧云仓的实施

实施智慧云仓的关键为预测消费者的需求分布特征。只有把握了需求分布,才能确定出最佳仓库规模,并进行合理的库存决策,从而有效降低物流成本,获得良好的利益,达到较高的服务水平。

1. 智慧云仓实施条件

(1)技术支撑。实施智慧云仓的技术条件,即一个能连接电商信息平台的云物流平台。

当订单下达时,云物流平台能够迅速汇总并传达到云仓储平台,然后再由各仓储中心处理客户的订单需求,经过信息的汇总再下达最终的配送指令直至抵达客户终端。

(2)专业的仓储人员。构建平台的同时就需要招募或培养相关人员。平台搭建完成即可安排到岗进行分工,使之各尽其责。

(3)政府的大力扶植。政府可调动相关资源,并推广宣传,使更多企业入驻云仓储平台,极大地降低成本,提高资源利用率。

(4)信息反馈和监督运行机制和组织。信息反馈和监督运行机制和组织主要监控云仓储的运行和突发问题的处理协调,以及进行系统的改进。

2. 智慧云仓实施思路

云仓储的理念就是在全国区域中心建立分仓,形成公共仓储平台。商家通过该平台就近安排仓储,从而可以就近配送,将信息流和物流重新结合。

(1)建立实体分仓,实现就近配送。我国各种电商企业,可以建立社会化的公共分仓,实现货物的就近配送。

(2)完善社会化信息系统,实现货物信息共享。一般来说,实体分仓是由电商企业联合打造的。实施了这样的分仓后,下面便是资源整合的问题,把全国的区域城市通过物流信息系统串联,实现各种物流资源的完全共享,通过这样的公共信息平台和公共分仓,实现全社会的顺畅物流。

(3)云仓的技术处理。云仓的基本问题和一般的仓库体系是一样的,主要包括仓库选址、仓库数量及规模、库存决策等问题。首先,云物流平台可掌握各个需求点之间的需求流量,确定各个需求点的需求量。其次,仓储平台依据这些需求点建设一定数量的配送中心,建立新的仓储配送体系。最后,平台根据以往的交易信息和消费者的需求分布特征,确定出仓库的最佳规模,并进行合理的库存决策,达到有效地降低物流成本,获得较好利益和较高的服务水平的目的。

(四)智慧云仓的发展趋势

随着互联网和电商的发展,客户对物流的要求越来越高。一般来说,客户需求主要为两点:"快速"和"准确"。要做到以上两点,就需要在客户下单后,货物能快速准确地从就近仓库出库,并以最优的线路、以最短的时间送到客户手中。为实现此目标,需要大数据+云计算的支持,实现仓配一体化、智能化,实现供应链中不同环节数据实时共享、指令一步下达、自动匹配、智能优化、精准预测等目标。

可见,未来智慧云仓的发展便会向着分散集中化(仓库分散、数据集中)、智能化(自动分拣、预警预测、路径优化、信息反馈)、可视化(库存可视、状态可视、信息跟踪)等方向发展,以适应不断发展的物流市场新形式。

智慧云仓模式将面临四个维度的裂变:核心城市云仓+城市云仓+社区云仓+跨境全球云仓,最终将形成"天下无仓"的社会需求。未来的云仓模式需求大致有四种。

(1)多层级云仓平台运营需求。任何商品进入云仓平台时,国内核心城市和非核心城市,都面临多仓跨层级平台的需求。

(2)社区云仓是O2O(Online To Offline)的必争之地。最后一公里的快速响应,需要动态的云仓库存支持,以迅速满足末端订单的响应。

(3)三四线云仓,是渠道下沉的核心。目前,我国的电商企业高度重视三四线城市和农村市场的渠道下沉。据统计,中国三线以下城市及乡镇地区的消费人群规模高达9.34亿人,电商在这一市场具有72.8%的高渗透率,让其成为一个孕育了万亿规模商机的潜力市场。未来强大的购物需求在三四线和农村市场,因此,这一层的云仓需求是必然的趋势。

(4)跨境云仓是跨境电商的触角。所有跨境电商都离不开云仓的支撑,如果谁能提前布局全球核心国家的跨境云仓,完全可以对国外电商带来巨大的冲击。

第六章 智慧运输

智慧运输是智慧物流的重要组成部分,是对传统运输方式和理念的创新。本章从智慧运输的定义及特点、发展历程及趋势出发,在综合控制层面、车辆层面和业务操作层面介绍智慧运输相关技术,并简要描述了相关设施设备。在智慧物流的大背景下,本章分析如何进行关键流程的决策,包括运输方式选择、运输能力在线配置和实时路径优化。

第一节 智慧运输概述

一、智慧运输的概念

运输是物流的主要功能之一。物流是物品实体的物理性运动,其中,运输承担了改变物品空间状态的主要任务,是改变物品空间状态的主要手段。运输系统包括铁路、公路、水路、航空、管道等运输方式。各种运输方式的主要设备、设施和建设技术都与智慧运输有关,而各运输系统、综合运输及多式联运的运输能力、组织与管理、规划与评价、配置与协调也与智慧运输密切相关。

1. 智慧运输的定义

智慧运输是指在运输管理业务流程再造的基础上,利用 RFID、网络通信、GIS 等智能技术,使用先进的管理方法,完成运输过程中的智慧配载、实时调度、智慧派车、路径优化及实时交互等任务,降低运输成本,提离运输效率,提升智慧运输管理能力。智慧运输可从运输效率和运输成本两个方面助力智慧物流的发展。

(1)运输效率。为适应智慧物流的需要,必须进一步发展、创新运输基础设施建设、运输组织管理模式、货运服务方式、企业组织形态和政府管理等。同时,企业要加快转变物流服务与运输组织相分裂的传统思维,进一步优化运输组织管理,不断创新运输组织方式,全面提升物流运输服务效率,助力智慧物流发展。

(2)运输成本。影响物流成本的因素有运输流程合理性、服务体系的便利性和有效性等。围绕这些因素,必须考虑基础设施的配置、运输方式的组合、流程节点的简化,以及体制与机制的灵活性、商业模式的支持度等,这实际上就是一个综合物流服务体系建立的过程。在互联网时代下,物流行业与互联网的深度结合,改变了物流行业原有的业务流程与市场环境,推动产生了新的物流和业态模式,如车货匹配、众包运力、多式联运等。

2.智慧运输和传统运输的区别

智慧运输旨在使传统的运输活动变得更加有效率,更加人性化。此外,智慧运输的一个重要的特点是它可以模拟出人的一些重要能力,如记忆与思维能力、感知能力、自适应能力和表达与决策能力等。可见,智慧运输在功能上应具有感知、判断、推理和学习等功能。

3.智慧运输与智慧交通的区别

智慧交通是在智能交通(ITS)的基础上,在交通领域中充分运用物联网、自动控制、移动互联网等技术,汇集交通信息,使交通系统在区域、城市甚至更大的时空范围内具备感知、互联、分析、预测、控制等能力,以充分保障交通安全、发挥交通基础设施效能、提升交通系统运行效率和管理水平,为通畅的公众出行和可持续的经济发展服务。

智慧交通是在整个交通运输领域充分利用物联网、空间感知、云计算、移动互联网等新一代信息技术,综合运用交通科学、系统方法、人工智能、知识挖掘等理论与工具,以全面感知、深度融合、主动服务、科学决策为目标,通过建设实时的动态信息服务体系,深度挖掘交通运输相关数据,形成问题分析模型,实现行业资源配置优化能力、公共决策能力、行业管理能力、公众服务能力的提升,推动交通运输安全、高效、便捷、环保、舒适地运行和发展,以带动交通运输相关产业转型、升级。

智慧运输必然会利用智慧交通的一些便利条件和基础设施来辅助进行货物运输活动,完成物流过程中的空间转移。智慧交通在智能交通系统的基础上,融入了先进的信息技术和管理方法的概念,主要从交通科学角度出发,包含货运和客运以及其他非商业用途。而智慧运输则是侧重于货运的智慧化发展趋势。

二、智慧运输的发展历程及趋势

智慧运输需要依靠具备智慧化特点的交通与运输系统。在此基础上,对智慧化的管理模式与方法进行研究,才能推动智慧运输的实践与发展。

(一)智慧运输在我国的发展历程

改革开放至20世纪90年代初,随着国内商品流通和对外贸易的不断扩大,我国生产制造企业开始重视合理化研究和实践,逐步设立专门的物流部门,并慢慢发展为第一方物流企业。此时的货物运输服务功能单一,管理模式落后,远远达不到智慧运输的要求。

进入21世纪,第三方物流兴起并发展,物流发展靠专业化分工驱动。信息化技术的提高驱动了物流逐渐向智能化发展。"十五"期间,科技部将"智能交通系统关键技术开发和示范"作为重大项目列入国家科技攻关计划,在交通控制系统、交通监视系统、交通管理系统、信息动态显示系统、电子收费系统等方面取得了较大进步。"十一五"期间,设计了交通运输物联网发展框架。"十二五"期间,我国初步进入物联网时代,发展符合我国国情的车路协同系统。目前,我国正处于"智慧化"运输服务成长阶段。物流业发展靠先进技术驱动,先进技术与物流业深度融合,改变传统产业的运营模式,为消费者、客户及企业自身创造增量价值。我国智慧物流发展过程中的一大特征是"互联网+"高效运输,通过构建互联网平台,实现货运供需双方信息的在线匹配和实时共享,将分散的物流运输市场进行有效整合,改进运输的组织方式,从而大幅提升运输的运作效率。"十三五"以来,我国货运市场上相继涌现了一批"互联网+"物流的新模式,如"互联网+"车货匹配、"互联网+"甩挂运输、"互联网+"专业物流等,涌现出了一批以"运满满""货车帮""卡行天下"为代表的典型企业。

(二)智慧运输未来的发展目标

(1)提高用户服务质量。智慧运输可以按照客户偏好提供适合的运输服务,及时提供客户所需信息,提高客户满意度并加强客户忠诚。

(2)运用新技术提升运输效率,实现降本增效,同时降低对环境的不良影响。通过分析来自运输环节实时产生的数据,可以判断运输设施设备状况,改进相关技术,及时提供维修服务,降低事故发生率和维修成本。采用对环境更友好的运输设施设备,减少污染排放。

(3)发展信息和通信技术,提升运输安全水平。基于更先进的信息和通信技术,智慧运输应该实现事故率更低、各种运输方式更为协同发展的目标,实现多种运输方式协同和效能提升。

(4)提升运输流程管理水平。物联网、云计算、智慧城市等新技术和概念的发展,将进一步提升运输环节的信息处理和服务水平。低成本、高可靠性的基础信息获取和交互活动,将为运输过程的可视化提供支持,可以实现状态感知、实时监管,可以实现对集装箱运输、甩挂运输、危险品运输的流程优化和可视化监管,提升管理水平。

(5)运输服务更加智能化、个性化。运输过程的无人化是发展趋势,智能化设施设备的引入使得运输服务更加智能化,而各个终端收集的海量数据和无障碍通信系统能够保障运输服务提供者为客户提供更加个性化的运输服务。

第二节 智慧运输的设备及技术

一、智慧运输相关技术

现有智慧运输相关技术可划分为三个层面,即宏观的综合控制层面的智慧运输技术、中观的车辆层面的智慧运输技术,以及微观的业务操作的智慧运输技术层面。

(一)综合控制层面的智慧运输技术

1. 车联网技术

车联网技术是综合控制层面的智慧运输技术之一。车联网技术,即"汽车移动物联网技术",是指装载在车辆上的电子标签通过无线射频等识别技术,实现在信息网络平台上对所有车辆的属性信息,静、动态信息提取和有效利用,并根据不同的功能需求对所有车辆的运行状态进行有效地监管和提供综合服务的技术。车联网技术可以实现车与车之间、车与建筑物之间,以及车与基础设施之间的信息交换,甚至可以帮助汽车和行人、汽车和非机动车之间实现"对话"。就像互联网把每个单台的电脑连接起来,车联网技术能够把独立的汽车联结在一起。

车联网技术在物流领域的应用十分广泛。在物流领域,车联网的主要应用是车辆安全、事故管理、车辆监控、车辆调度和 ETC 等。近年来,车联网技术的出现和相关产品的逐渐普及,为降低物流成本、提高管理水平提供了一个有效的途径。

2. 定位与导航技术

定位与导航技术是综合控制层面的智慧运输技术之一。全球卫星导航系统(Global Navigation Satellite System,GNSS)是能在地球表面或近地空间的任何地点为用户提供全天候的三维坐标、速度及时间信息的空基无线电导航定位系统。常见系统有美国的 GPS、我国的北斗卫星导航系统(BDS)、俄罗斯的格洛纳斯(GLONASS)和欧盟的伽利略(GALILEO)四大卫星导航系统。最早出现的是美国的 GPS,现阶段技术最完善的也是 GPS。近年来,北斗卫星导航系统、格洛纳斯系统在亚太地区的服务全面开启。北斗卫星导航系统已在多个领域得到成功应用,并发挥了重要作用,包括通信、水利、减灾、海事、海洋渔业、交通、勘探、森林防火等领域。

定位与导航技术在物流领域使用范围很广泛,如公路巡检、贵重货物追踪、汽车防盗、电动车摩托车防盗、银行押运、危险品运输、企业车辆管理等都有涉及。近年来,物流行业发展迅速,行业里的一些问题也逐渐凸显出来:订单丢失、货物损坏或错漏、车源不能很好地调度利用等现象严重。而定位与导航技术能改善这类问题。定位监控平台是调度指挥系统的核心,也是远程可视指挥和监控管理平台,可对所有现场车辆实施实时监控。在监控中心的电子地图上可以显示车辆所在的直观位置,并通过无线网络对车辆进行监控管理,同时监控中心也可对可控范围的运营车辆进行实时、集中、直观地监控、调度和指挥。

3. 地理信息系统

地理信息系统(Geographic Information System,GIS)有时又被称之为"地学信息系统"。地理信息系统是处理地理数据的输入、输出、管理、查询、分析和辅助决策的计算机系统,是在计算机硬、软件系统的支持下,对整个或部分地球表层(包括大气层)空间中的有关地理分布的数据进行采集、储存、管理、运算、分析、显示,以及描述的技术系统。地理信息系统结合了地理学与地图学、遥感技术和计算机科学等方面的技术,已经被广泛地应用在不同的领域。

在现代物流信息传送系统中,地理信息系统发挥着重要作用,主要体现在协助物流公司选择恰当的物流运输中心、方便物流系统进行传输分配、妥善解决突发状况,以及构建宏观物流调控系统。

(1)选择恰当的物流运输中心。目前,地理信息系统中地理位置选取方式主要为动态规划、运输规划等,其还能同时将周围影响物流行业的因素进行概括、呈现,把相关的建设资金展现给用户,方便对方根据自身企业的规模与资产的拥有量选取恰当的位置,而且便于物流运输中心的工作人员准确地了解负责范围内的地理情况。

(2)方便物流系统进行传输分配。地理信息系统可以加快物流运输的速度,这缘于 GIS 已经具备了现代人工操作不具备的优势,比如通过大数据分析来决定运输的先后顺序,对突发状况进行宏观研究并做出决策等。近年来,有许多研究物流运输地理信息系统的专业工作者研发了新型传送系统,该系统可以针对当地的物流传送途径制订一个最短距离的运输计划,可加快物流速度,提高运输准确性,提高客户满意度。此外,在物流运输专员到各地派送商品时,地理信息系统可自行记录位置,并寻找最适合物流派发的中心点供后期研究,同时在定位中侦察合适的能源开发中心,帮助物流公司节约成本。

(3)妥善解决突发状况。在运输过程中,会有各种各样的紧急情况发生。地理信息系统能够保持对物流运送车辆的实时跟踪,保证在任何情况下都能妥善解决问题。例如:在堵车的状况下,地理信息系统可以定位到道路畅通的地带,督促派送车辆尽快到达指定地点;保鲜食品等在运送时要避免损害,这就要求地理信息系统提前进行道路查询,在开始运送前就制订好预备方案,保证商品在要求时间内到达客户手中。

(4)构建宏观物流调控系统。地理信息系统会采集各种渠道中的位置信息,使人员能够在物流开始前就可了解全部信息。计算机提供的位置信息会被分享给物流派发人员的工具中,并随着派送的地址变化做出相应的调整措施。研发人员甚至可以在地理信息系统自动定位的过程中不断研制新功能,如优化网络传送途径、提高定位精确值、快速选择通常道路等,避免地理信息系统出现失误,同时又可指出正确方向,引导物流管理的顺利开展。

(二)车辆层面的智慧运输技术

车辆层面的智慧运输技术主要是汽车自动驾驶技术。

汽车自动驾驶系统(Motor Vehicle Auto Driving System),又称自动驾驶汽车(Autonomous Vehicles 或 Self-pilotingautomobile),也称无人驾驶汽车、电脑驾驶汽车或轮式移动机器人,是一种通过车载电脑系统实现无人驾驶的智能汽车系统。自动驾驶汽车技术的研发从20世纪开始,目前已呈现出接近实用化的趋势。

汽车自动驾驶技术在物流行业已有较为广泛的应用。自动驾驶技术解放双手、不限里程,便于驾驶员让车辆在高速公路上自动行驶。通过计算何时加速、制动、转向,自动驾驶车辆也会更加节油,自动驾驶技术可预测巡航控制则可以自行判断下一阶段的道路状况,方便驾驶员决定在哪儿加速、在哪儿以最经济的方式沿岸行驶。

(三)业务操作层面的智慧运输技术

业务操作层面的智慧运输技术主要体现在智能装箱算法上。

1. 智能装箱算法简介

随着工业4.0和智能制造时代的来临,在工业生产、物流运输等领域,加快生产线的装箱速度、降低生产成本、提高生产效率等工作越来越重要。智能装箱算法能够提高运输工具利用率,降低成本,提高企业效率。装箱问题是复杂的离散组合最优化问题。所谓组合优化,是指在离散的、有限的数学结构上,寻找一个满足给定条件并使其目标函数值达到最大或最小的解。装箱问题也不例外,它同许多组合最优化问题,如旅行商问题、图的划分问题等一样属于 NP-hard 问题。经典的装箱问题要求把一定数量的物品放入容量相同的一些箱子中,每个箱子中的物品大小之和不超过箱子容量并使所用的箱子数目最少。

2. 智能装箱算法在物流领域的应用

菜鸟网络的算法专家,通过大数据和大规模优化技术,推出了一套"智能打包算法技术"。这套算法通俗地讲,就是可以利用算法优化,帮助仓库用更小的箱子装下所有的货品。在订单生成的那一刻,系统会自动计算出这个订单需要多大的箱子,几个箱子来装,找到最省材料的包装方法。从成本上,由于每个箱子装得更满,空间利用更合理,且系统计算非常快,每个订单的配送成本可省 0.12 元,耗材费用可节省 0.16 元。以一个日均 10 万单的仓库来说,一年至少节省 1 000 万元。智能装箱算法更大的意义在于对环境的保护。以 2015 年天猫"双 11"当天产生的约 4.67 亿个包裹数来算,如果用上这个技术,一天能节省 2 300 万个箱子,可以少砍伐 8 万颗树木;再以 2015 年全中国产生的 200 多亿件快递测算,这个技术一年可以节省约 10 亿个包装箱,保护 324 万棵树木。菜鸟将要实现包装的定制化,根据仓库内商品的特性,结合消费者购买组合习惯,定制最适合仓库使用的包装,可使快递包装耗材进一步降低 15% 以上,这会为整个行业降低成本。目前,市场上已有的智能装箱软件有装箱大师(Loadmaster)、集装箱优化装箱软件(CubeMaster)等。

(1) 装箱大师。装箱大师是由北京达纬恒通信息技术有限公司开发的一款集装箱智能优化装箱软件。装载规则即货物能够以何种方式装入货柜或集装箱等容器,而是否具有丰富而切合实际需求的装载规则是判断一款装箱软件优劣的重要标准。装箱大师系统支持的装载规则如下:①货物方向设置。②最大堆码层数。③承重能力设置。④悬空处 ONP 为 Non-deterministic Polynominal 的简写,为非确定性多项式。如果所有 NP 问题可在多项式时间内转化成某个问题,则该问题称为 NP-hard 问题。⑤自定义货物装柜方式。⑥是否可承载自身。⑦自动躲避角件。⑧设置优先级。⑨手动编辑。

(2) 集装箱优化装箱软件。集装箱优化装箱软件是一个通过快速而且高效的算法来优化货物装箱,从而节约集装箱运输成本的装箱软件解决方案。它通过智能装载和优化空间利用率来达到提高装箱率、减少运输成本的目的,支持货车、航空集装箱、海运集装箱,以及托盘和纸箱。装载的货物类型支持长方体、圆柱体和托盘,在集装箱优化装箱、拼箱、装柜方面提供了强大的计算和分析功能。

二、智慧运输设施设备

1. 无人机

无人机是一种由动力驱动、机上无人驾驶、可重复使用的航空器的简称,英文常用 Unmanned Aerial Vehicle 表示,缩写为 UAV。无人机分为军、民两用。其中,民用无人机多数是多用途无人机装载民用任务载荷的变型机,按用途可分为民用通信中继无人机、气象探测无人机、灾害监测无人机、农药喷洒无人机、地质勘测无人机、地图测绘无人机、交通管制无人机和边境控制无人机等。世界上主要国家的军用无人机研究主要是长航时无人机、作战无人机和微型无人机。在运输领域,军用无人机主要关注固定翼无人机在干线运输中的应用。

空域活动不同于路面运输,空域的任何活动均需要小心翼翼。工业与信息化部发布的

《关于促进和规范民用无人机制造业发展的指导意见》(2017)和国家民航局运输司发布的《民用无人驾驶航空器从事经营性飞行活动管理办法(暂行)》(2018)为民用无人机暂时制定了规则和规范。我国各大物流公司都在进行无人机干线运输的尝试。在空域审批上,京东、苏宁、顺丰等公司均取得了一定的进展。2017年12月,顺丰在云南一座机场开展了一次无人机试飞投递。与小型无人机不同的是,试飞的是一架大型固定翼无人机,机长10 m,翼展长20 m,可以承载1.2 t的货物,航程可以达到3 000 km。顺丰已先后实现了水陆两栖无人机、大吨位无人机的试飞工作。2017年6月,成都市双流区政府与顺丰签署了一份合作协议书,要在该区打造一个大型的物流无人机总部基地。2018年,京东自主研发的第一架重型无人机——京东"京鸿"大型货运无人机在西安正式下线,这是首个真正意义上基于物流运输场景需求研发的大型原生无人机,具有全天候全自主的飞行能力。其翼展长10.12 m,全机长7.01 m,机高2.635 m,满载航程超过1 000 km,巡航速度超过200 km/h,巡航高度3 000 m,升限5 000 m。可见,无人机会成为航空货运的重要组成部分。

2. 无人货车

无人货车是指利用无人驾驶技术进行长途运输和配送的物流车辆。一方面,无人驾驶的研发和推广能解除驾驶员端产生的不确定因素,大幅度减少交通事故发生率和伤亡率,将物流行业的交通风险降至更低。另一方面,无人驾驶可解决驾驶员夜间出行等安全隐患,从而实现全天高速不间断物流,解放整体运力,提升行业效率,降低物流成本。干线物流自动驾驶可能需要5~10年实现成熟的规模化商业运营。在突破技术难关并应用后,自动驾驶还要在资本层面、法律政策层面、基础设施的系统支持层面做到配套发展,才能迎来大规模商业化的应用。随着国家政策支持力度的加大,自动驾驶领域已得到了广泛的关注。科技企业、物流公司和互联网巨头正在这一领域开展相关工作。与自动驾驶汽车相比,自动驾驶货车更容易落地和实现商业化,也成为各大公司发展的"兵家必争"之地。

3. 传感器

传感器是能感受到规定的被测量物体并根据一定的规律将之转换成可用于输出信号的器件或装置。现代传感器不仅包含模数转换,有的还包括处理功能,其集成化程度正在逐步提高。广义的传感器是指能感知到某一物理量或化学量、生物量等的信息,并能将它们转化为有用的信息的装置。狭义的传感器是指能将各种非电量转化成电信号的部件。按传感原理来看,运输中常用的传感器主要包括磁性传感器、图像传感器、雷达传感器、超声波传感器、红外传感器等。传感器在公路货运中的应用主要在车辆检测、车辆识别、车辆控制、环境信息检测、危险驾驶警告等方面。传感器在铁路运输中的应用主要是安全检测,利用分布在铁路沿线的线路、桥梁、隧道、信号、供电等基础设备或移动车辆上的多种安全监测设备,自动采集货物装载状态、列车运行状态、线路、桥隧、信号、电网、气象、自然灾害等监测信息,对各类可能对铁路运输安全生产造成影响的设备、设施及其运行状态进行在线自动检测,并通过智能化分析实现在线集中监控、安全预警及安全管理,提供安全信息综合分析及决策支持,确保铁路运输安全。此外,传感器也是组成物联网系统的重要硬件之一。

第三节 智慧运输决策

运输计划阶段的智慧运输决策及在途过程的信息快速接收和处理是智慧运输最重要的两个特点,本节主要对运输计划阶段的智慧运输决策进行介绍。

一、智慧运输决策的运输流程

传统运输的工作流程主要包括以下六点。

(1)接单,对订单进行审核归类,及时将有误订单返回给客户。

(2)调度员将客户订单重新拆分再组合,根据客户要求选择合适的运输方式。

(3)调度员选定运输方式后,根据车辆装载要求重新组合货物,确保装载率的最大化。

(4)选择合适的线路。

(5)按照选定线路发送货物,并处理异常情况。

(6)调度员对外埠运输的车辆进行实时跟踪监测,以确保货物能够安全、准确地到达目的地。

在上述运输工作流程中,智慧运输要使用先进的技术和管理手段,根据客户需求,选择最适合的运输方式,然后根据运输能力限制和货物特点进行运输能力配置,包括运输工具分配和运输工具内部资源利用等。货物装运好之后,利用物联网结合云计算等技术,进行实时的路径优化和运输工具调度,以保障运输服务各方的利益。

二、运输方式的选择

运用高新技术和管理办法提升货运效率,对多种运输方式进行综合考虑是智慧运输需要解决的问题之一。因此,对于智慧运输决策中的运输方式选择,主要在解决多式联运问题。

利用智慧运输决策进行运输方式的选择时,需要考虑影响节点运营、托运人、联运承运人选择等因素。在选择具体的运输方式时:可以通过行为模型描述运输方式的联合选择,行为模型中可以考虑上述各方的目标;节点运营方寻求最大化吞吐量;多式联运承运人寻求利润最大化;托运人寻求最大限度地降低物流成本。

三、运输能力在线配置

本书将运输能力在线配置划分为运载工具内部空间配置和运载工具在不同地点的配置。智能装箱算法和物联网可以用于解决运载工具内部空间配置问题,用于货运的车辆、船舶、飞机、集装箱等运载工具,可以通过动态规划和路径优化算法进行资源配置。

下文以航运中的空箱问题和港口内部运载资源配置为例,对运输能力在线配置问题进行说明。由于国际贸易活动的不平衡,航运公司在进口主导的港口往往会积累大量不必要的空箱,同时在出口占主导地位的港口又会产生大量空箱需求。这种情况下,航运公司面临的挑战之一便是如何管理和控制其集装箱在各个港口的分配量。此外,空集装箱的内陆重新定位也是一个至关重要的问题。航运公司拥有的集装箱可分为自有集装箱和租赁集装箱两种,多港口空集装箱分配问题涉及从供应港口到需求港口的空集装箱的分配,需要考虑服务水平、运输成本和持有成本等因素。现有的多式联运集装箱(货运)运输规划方法主要基于两个方向:基于最短路径的方法和基于动态编程的方法。基于最短路径的方法及其不同变形,已经开发了许多模型算法,如最短路径过程、时间依赖的联合最优路径算法,以及基于传输网络的分解计算全局最短路径解决方案的并行算法。基于动态编程的方法,即根据动态需求和动态交通状况,建立动态运输规划模型,来解决如内陆货物运输中深海码头与内陆码头之间的联运集装箱流量分配问题。

四、实时路径优化

车辆路径问题(VRP)作为运筹学和组合优化领域中最经典的问题,对解决城市道路交通拥堵的问题,起着十分重要的作用。在解决车辆路径问题中常见的算法有遗传算法、粒子群算法、禁忌搜索算法、神经网络算法、蚁群算法等。对于动态车辆路径问题,目前相关研究多采用插入新需求点和调整部分线路的局部优化方法,尽量减少原有配送线路的变动程度。

以 GPS、GIS、车联网等技术为基础,实现车辆路径实时优化,可以降低运输成本,节约运输时间。尤其是生鲜产品和危化品等具有特殊要求的物品的运输保障,是智慧运输的关注点。实时优化主要体现在需求量在配送途中发生变化、需求点增减、道路交通拥堵、运输节点交通管制、车辆在行驶过程中出现故障等动态事件情形下的路径优化。实时的城市配送需要借助 GIS、GPS、ITS、移动电子商务平台(MC)和全球移动通信系统(GSM)等技术工具实时地获取动态信息,而调度中心要不断地合并新信息,在每个动态事件发生时刻生成新的配送计划。实时路径优化时,信息获取过程如下:移动电子商务平台用于获取顾客需求量和需求点位置信息,ITS 用于获取实时交通道路信息,车辆使用 GPS 进行定位,GIS 用于获取任意两个运输节点的实际距离。全球移动通信系统用于保证通信的安全性和及时性。

对于可能的动态事件,要实现实时路径优化,目前的主流方式是采用启发式算法。其中,遗传算法是最为常用的启发式算法。现代化的物联网技术和车联网技术可以实时、准确地收集关于需求信息、车辆运行状况、天气、路况、交通管制信息、运输节点变动等信息,且能够高精度地预测交通网络中任意两节点的行程时间。因此,当车辆到达路网中任意一个节点时都可以更新路段行程时间,而采用遗传算法可以很容易地计算得到当前配送节点到下一个节点的瞬时最短路径。

第七章 智慧配送

配送是物流整个过程中最贴近消费者的环节,其服务质量与服务效率影响着用户的体验感。配送也是城市交通中重要的组成部分,对其进行合理的规划是城市交通管理的重要环节。以"互联网+"为代表的现代技术正在加速对智慧配送的技术研发与投入,这也是物流行业发展趋势。智慧配送以"降本增效"和"用户体验"为核心,紧紧围绕消费者需求,依托物联网、大数据、云计算等新一代信息技术,通过一系列智能算法,可在配送环节中充分利用无人设备,提高配送效率,提升消费者满意度。

第一节 智慧配送概述

一、智慧配送的产生背景

我国经济正在从高速发展转向高质量发展,产业结构和管理模式不断升级,社会化分工越来越细。其中,电子商务等新型商业被人们青睐,配送市场需求旺盛,"最后一公里"的配送工作也成为焦点。如今,配送已经被企业上升到了战略层次,物联网、大数据、云计算和人工智能等新技术可以有效地适应物流行业的发展并使配送服务满足消费者的需求综合上述条件,智慧配送产生。

1. 用户需求逐渐多元化、复杂化、高标准化

(1)用户需求在空间与时间上具有差异性。从空间上看,目标客户不集中在某一个区域,而是处以一种有规则的分布。对于企业而言,通过增加运力来满足这些分散开的配送需求的方法已经无法解决问题。从时间上看,客户需求也逐渐显示出"潮汐"特征,对配送服务的弹性化需求较高。物流企业既需要持有运力资源来满足如"双11"购物节等活动引发的配送需求高潮,同时也面临着在需求低谷时的资源闲置问题。客户需求的时空差异,意味着物流企业需要负担很高的经营成本,来支撑企业对于物流效率及服务质量的诉求。

(2)用户要求掌握更加精确、透明的货物流动信息。受到成本与技术的制约,信息化水平较低的配送服务无法对商品货物信息进行全程跟踪,这造成了客户无法即时掌握货物动态,影响客户服务体验。而透明化的用户信息可以在配送过程中为用户给出相应的提示,减少用户对配送企业的质疑,维护自身的品牌与服务。

(3)用户对配送服务安全提出了新的诉求。企业为降低成本,降低配送人员的待遇,导

致配送人员工作不稳定,影响配送。此外,配送员自身素质与业务水平参差不齐,会让客户产生对货物财产安全以及客户人身安全的担忧。

2.技术发展解决用户新增需求

(1)数据分析与新型算法解决用户需求的时空差异性。随着大数据分析、云计算与人工智能的各类算法在智慧物流中的应用,智慧配送能够即时感知各地区分散的物流需求并实时分析需求数据,以此推荐最佳的配送方案。智慧配送中的共享思维、平台经济则可为企业提供解决客户不同时间上需求差异的方式。

(2)物联网技术可以向客户提供更透明的货物流动信息。在物联网信息通信技术的支持下,智慧配送能够做到配送流程可视化。在登录终端后,客户可以查询到货物的实时位置,即时了解货物动态和预计到达时间,这有助于客户统筹安排其他工作,增强客户体验。

(3)无人技术提供配送服务安全保障。智慧配送通过结合遥感控制、无人机、无人车等软硬件技术,实现了机器与人结合配送,精简配送人员,使配送员队伍保持稳定,提升配送员素质修养。同时,无人技术可对配送者进行信号追踪,精准执行配送任务,以此减少客户对货物安全及人身安全的忧虑。

3.智慧配送拥有非常深厚的政策土壤

我国的物流业正在向着数字化和信息化转变,辅以各项政策的出台,推动了智慧配送的快速发展。政府出台各类政策,主要内容涵盖了推动智能产品在经济社会的集成应用,夯实人工智能产业发展的软硬件基础,培育、推广智能制造新模式,完善人工智能发展环境等。这一政策实施为智慧配送装备的快速发展营造了良好的环境。

如今,国家大力倡导智能、智慧,促使各个与智能、智慧相关的科技企业如雨后春笋般涌现。如果国家能够有效地引导相关科技企业对配送环节进行投入,就可以解决智慧化配送设备稀少、落后等不足。另外,智慧配送作为一个新兴的行业,也有利于国家拟订发展规划并制定相关政策,以此取得全球领先的话语权。

二、智慧配送的发展

1.配送的三种模式

(1)共同配送,即多个配送企业联合起来,为某一区域的客户提供集中配送服务的物流形式。

(2)设立取货点,如企业在便利店或其他类型的网点设置储物柜,与其形成终端物流合作。

(3)自设终端模式,即不依赖于其他机构,企业自身广泛建立终端物流中心。

在经济转型、消费升级,以及技术革新的推动下,智慧配送呈现出更多的新模式,如建立并普及快递智能柜,使用无人机、末端无人快递车或智能无人车进行配送。

智慧物流应用物联网、大数据、云计算、人工智能等新技术,促进了线上线下的融合,推动了新零售的发展,也带来了配送体系的变革。智慧配送的大数据技术可以用来预测客户需求,提前对货物进行调配,减少随机和零散需求的配送压力及货物搬运次数,可实现客户下单后就近配货的需求,缩短了物流包裹的配送距离。同时,智慧配送有着去中心化的趋势,传统的零售门店成为离消费者最近的末端配送网点。这些去中心化的店仓末端网络互联互通,根据销售实际情况通过智能调度,可实现不同门店间货物的互补:即通过智慧配送服务实现门店间的智能调配,有货的门店可以直接把货就近调拨到缺货门店。

随着技术的发展,智慧配送与智慧仓储之间的链接不断深化,其表现为:大量物流设施设备接入互联网,以设施互联、信息互通的方式带动了仓储与配送间的信息资源共享;整合末端人力、物力资源与智能终端;实现资源的合理布局与共享利用;提升配送效率与用户服务体验。

近年来,各级政府和行业协会都开始注重智慧物流的发展,这推动了智慧配送技术与设备创新:高速联网的移动智能终端设备,让物流人员的操作更加高效、便捷;人机交互协同作业更加人性化;送货机器人和无人机研发已经开始在校园、边远地区等局部场景进入了实用测试,取得巨大进展。在电子商务物流领域,菜鸟通过智慧物流技术打造自动化的流水线、AGV机器人、智能缓存机器人、360运行的拣选机器人、带有真空吸盘的播种机器人、末端无人车等高科技产品,提升了配送效率,让物流行业的当日达、次日达成为快递的标准速度。

2. 智慧配送的概念

在中华人民共和国国家标准 GB7T18354—2006《物流术语》(2007年5月1日起实施)中,配送的定义为:配送是在经济合理区域范围内,根据客户要求,对物品进行拣选、加工、包装、分割、组配等作业,并按时送达指定地点的物流活动。2015年7月,商务部办公厅下发的《商务部办公厅关于智慧物流配送体系建设实施方案的通知》指出,智慧物流配送体系是一种似互联网、物联网、云计算、大数据等先进信息技术为支撑,在物流的仓储、配送、流通加工、信息服务等各个环节进行系统感知、全面分析、及时处理和自我调整等功能的现代综合性物流系统,具有自动化、智能化、可视化、网络化、柔性化等特点。

发展智慧物流配送,既是适应柔性制造、促进消费升级、实现精准营销、推动电子商务发展的重要支撑,也是今后物流业发展的趋势和竞争制高点。智慧配送是为了适应智慧物流发展的新要求,升级原有的配送设备,应用大数据、人工智能算法和无人机等新型软硬件技术,对配送的全流程进行信息化、透明化管理,实现无人配送、即时配送和主动配送的物流活动。智慧配送可以降低配送成本,提升配送效率,增加客户对配送服务的满意度。

3. 智慧配送的种类

(1)"送货上门"的无人配送服务。配送的工作量大,需要实现送货到家的服务水平需要进行自主判断的情况多,因此,工作人员需求量大、人力成本居高不下。无人配送通过人工智能算法与无人配送设备这样软硬结合的方式,在人工智能的决策判断下,增加对硬件设施的使用率,减少人员参与。相比于需要大量配送员进行作业的配送模式,智慧配送可以实现

"送货上门"配送服务的无人化。

（2）基于客户满意的即时配送服务。与智慧仓储和智慧运输相比，智慧配送更加注重客户体验。业务量过多时，需要在一定的时间点收集前一时间段的所有订单，然后进行统一配送。这对于客户来说就产生了或多或少的滞后，有时下单时间仅仅相差五分钟，收货时间却相差一天，严重影响用户体验。新零售所带来的产业升级已经成为人与货、时间与距离的赛跑，用户与货物之间的距离变得越来越近，时间变得越来越短。可以说，新零售为配送市场带来机会的同时也让竞争变得异常激烈。

智慧配送是用户在所提供可以在线下单的互联网平台，客户在下单之后，互联网平台系统将线上线下的订单信息数据化，通过算法匹配，自动将配送任务信息发送到最合适的配送员的移动终端或配送设施的接收器上。配送者取件后，直接送达到指定的目的地，无任何中转环节，真正实现即取即送。

即时配送是基于智能交互与需求共享理念下，调动闲置的配送资源，发挥现有配送资源的最大化使用效率，通过短链、无人化等智慧物流技术，实现收派一体、即取即送等一系列配送服务。智慧配送具有及时性，可为广大私人用户、企业及商业办公人群打造高效、便捷、安全的加急件和私人物品专业化服务。

（3）小范围内的主动配送服务。配送不是单纯的运输或输送，而是运输与其他活动共同构成的组合体。配送所包含的那一部分运送范围较小，可以进行需求预测。

近年来，市场竞争日益激烈，未来的配送发展的新趋势是一场关于人、环境、大数据和效率的革命。如果不及时采取有效措施去适应市场环境的变化，势必会逐渐失去原有的销售优势，逐渐失去市场份额。基于此，各企业均在想方设法地通过不同途径、采用各种方式抢占市场。许多企业通过不断优化零售网络，提升商品的质与量，为客户提供标准化、专业化和个性化的优质服务，培养自身的服务品牌，提高顾客的忠诚度，抢夺市场份额。

主动配送是在配送过程整体优化的基础上，依靠互联网技术、物联网大数据的支持，基于对一定市场范围内需求的预测和库存变化的判断，满足消费者个性化需求，对主动配送网络布局优化，实现先发货后下单的主动式配送服务。在客户感受到缺货前，主动将商品配送到客户处，其体现了智慧配送的主动性特点。

三、智慧配送的应用

1. 智慧配送在新零售中的应用

新零售表现为对人、货、场三者关系的重构，消费者对购买商品的便捷性和最终获得产品的及时性有着更高的要求并同时要求有更好的和商家的交互体验，具体到商品的配送环节，就是终端客户对配送的时效性和对服务全过程的要求越来越高。

目前，商家自建配送体系、整合平台众包和临时加盟形式并存的即时物流服务，以及配送网络下沉、配送中心前置的策略等综合解决方案，正深刻地影响着当今的消费方式和终端消费者的偏好，并逐步演变为新零售模式下的典型配送服务方式。

在新零售发展的今天，首先的变化就是顾客购买将呈现出频率高、部分商品下单时间比较集中等特点,那么门店的配送系统也会呈现出特定时间段订单激增、时效性变短、最终配送地点多为居民区等特征。其次是配送半径大幅缩短,配送半径基本在 5 km 以内。再者是服务要求高,基本上都要求配送人员送货到家,并与客户当面进行货物交接。最后是配送商品以生鲜类为主,商品自身的价值周期短,对配送服务的要求高,不仅需要及时配送,还需要一定的保鲜、保值的专用设备或附加服务。

在新零售的配送环节中引入智慧的因素,可以有效应对这些新特点。智慧配送在新零售中的应用主要体现在以下三点。

(1)终端客户配送服务的及时性大幅提升,从接收订单到配送完成,基本要求在 30 min 内。商家与现有配送平台进行合作,利用其终端配送能力覆盖 3 km 的范围,实现即时配送。

(2)对于除生鲜、熟食等类商品外时效性较长的商品,可以总结客户购买规律,运用主动配送的方式提升时效性。

(3)充分利用如丰巢快递柜、速递易等智慧配送终端资源,解决居民区配送"最后一公里"问题。

2. 智慧配送在特殊物流保障中的应用

智慧配送最典型特点之一是无人化。其中,无人机配送代表了物流行业向自动化、智能化方向发展。智慧配送中的无人机主要应用于灾害应急、医疗应急和区域性快件投递。根据事件类型及货物类型确定无人机机型,对无人机配送的专用线路、运输规则、商业模式、监管机制,以及人员培训等设计系统性方案,保障特殊物流需求。设计系统性方案时,要对无人机的载重、续航时间、服务半径、环境适应性等方面做好前期规划,严格把控好产品的研发和生产测试等环节,做到精细管理。

在紧急救援和运输应急物资等方面,无人机便体现出常规运输工具无法比拟的优势,可将现场信息第一时间传至指挥中心。

3. 地下物流

地下物流系统的末端配送方式是将物流主干道与客户所处地区建筑底下的运输管道物相连,最终构成一个连接城市各办公楼或生活小区的地下物流管道网络,再运用云计算、大数据等技术,达到高度智慧化。

用户通过互联网下单后,由商家接受订单,将商品通过搭建的地下管道传送至物流中心进行分拣,然后通过地下物流管道搭配智能智慧系统进行运输或配送。

来自于各处的商品在经过主干道的地下运输后,集中在各个地区的物流仓。以综合管廊的物流仓为中心,建立多条次干道,增加输送功能。可利用现代电子信息识别技术对商品进行自动分拣,通过现在日趋成熟的自动运输与导航技术,完成从集散点经过次干道至各小区各建筑物的派送。地下物流的智慧配送系统与园区地产结合,通过楼宇的自动化机械完成到户到家的终极目标。

智慧配送应用在地下物流中,不仅使配送具有高效率、高准确度等优势,而且可以避免城市交通拥堵问题,减少了机动车辆带来的环境污染,提高城市商品配送的服务质量。

第二节 智慧配送的设备与设施

一、智慧配送站

1. 智慧配送站技术介绍

智慧配送站设有自动化分拣区、无人快递车充电区、停靠区、装载区等多个区域,在配送站内能够完成货物分拣、无人快递车停靠、充电等一系列环节的服务。当物流包裹从配送中心运输至配送站后,在物流分拣线上,智慧配送站按照配送地点信息对货物进行分发。分发完成后,站内装载人员按照地址将需派送包裹装入无人快递车,配送至消费者手中。在配送末端,无人机和无人快递车是解决城乡"最后一公里"配送难题的有效手段。相比于以往无人设备需要按照人工指示单点送货和人工送货的特点,智慧配送站相当于一个智能中转站,将收发环节互相连接,全程实现无人配送。

2. 智慧配送站的发展情况

智慧配送站可以容纳多个货箱和终端无人快递车,并设有无人快递车充电设备,具有随时可以为客户提供商品自提、退换、收发等服务的功能。此外,智慧配送站还可以提供无人配送服务,自动卸货、自动装载,并自动送至指定送货地点。收件人在收取包裹时既节省时间又减少行走的路程。

由于技术与环境的限制,在不同的区域可能会采取不同的配送形式。智慧配送站会把货物送到分货柜中进行智能分拣,区分不同配送区域的货物,进行相应货物的分发。例如,在校园中进行配送时,无人快递车可以直接将货物配送到学生宿舍;在农村进行配送时,会在比较集中的区域里设一个配送站,收件人可以到配送站自提,亦或是在配送站小范围内送货上门。

3. 智慧配送站的优点

(1)从长期经营的角度看,智慧配送站的成本比传统配送站的人力成本低。随着人口红利的减少和农村电商的发展,人力成本越来越高、订单越来越多。使用智慧配送站,可以有效控制配送成本,同时保证安全性和稳定性,增加客户服务体验。

(2)从配送流程的角度看,智慧配送站让配送的全流程无人化成为常态。用智能化设备的无缝对接解决电商业务的复杂场景,无论在国内还是国外,都是在开创行业标准。

(3)智慧配送站的应用推进了智慧物流体系战略的构建。智慧配送站将推动探索更多产业变革的新机会,促进传统产业转型升级;使用智慧配送站的企业将为"无界零售"时代的到来提供强力支撑,为全球智慧物流革命提供实践样本和技术支撑。

综上所述,智慧配送站将会提升技术,适用于城乡山区等多种环境;智慧配送站不仅是管理或连接无人送货设备的手段,还要增加辅助客户退换货、收发件等智慧服务。总之,智慧配送站的广泛应用将为社会创造更加智慧、更加便捷的购物环境。

二、智慧配送的送货设备

目前,随着配送需求剧增,配送业务逐渐增多。不断增长的业务量使现有的人力与物力难以满足日益增长的服务需求。伴随着服务场景的复杂化,快递企业开始面临人工成本高、配送难的现状。对物流企业来说,解决用工成本高、末端配送难,让商品更快到达消费者手中,成为重点。现阶段,物流企业努力实现配送环节的自动化、无人化,这是成本控制的需要,也是行业进步的需要。

(一)无人机

在交通不便的农村地区,配送一直是个难题。农村地区"最后一公里"的物流成本更是整个物流成本中的大部分。在交通运输基础设施较落后的情况下,使用物流配送无人机可提升物流网点与终端之间的流转效率。

1. 无人机在智慧配送中的优势

(1)克服环境对配送的限制,具有空间优势。无人机技术可以进行精准定位。在智慧配送时,使用无人机,具有更强的技术优势。目前,配送中的难题主要存在于农村、山区等地区。农村地区地广人稀,部分地区甚至没有水泥道路;山区的地理形势复杂,山道崎岖难行。在这样的地区如何完成"最后一公里"配送,将物品送到消费者手中,是一直被关注的问题。人力配送在农村、山区很难达到低成本、高效率、高质量服务等目标。而智慧配送中应用的无人机技术,可以通过遥感对交通情况复杂的区域进行精准细致的定位,再将反馈的信息经智慧系统处理,可为无人机规划最优路线。无人机可以在空中飞行时,不受路面的地理环境影响。因此,无人机搭配智慧技术是农村、山区配送的最佳选择。

(2)灵活性强,时间成本较低,具有时间优势。在智慧配送中使用的无人机的体型较小,载货量较低,配送更加灵活,不需消耗时间汇总到一定数量的订单后再集中配送,可减少用户的等待时间。无人机接到订单后立即执行任务,商品即收即送。无人机的速度较快,可以迅速抵达客户的位置,从而提高消费者的购物体验。

(3)优化末端配送流程,提升配送效率。智慧配送使用无人机作为配送设备,可以大量减少配送的中间环节。商品抵达配送站后,无须装车,可直接通过智慧分拣系统使用无人机送达消费者处。

(4)节约人力成本。智慧配送使用无人机作为配送设备,可以节约人力,缓解企业作业压力。较高的人力成本会给劳动密集型的配送企业造成较大的经济压力,从而影响企业的业务拓展和技术升级。用无人机代替人力配送,可以减少企业的人力成本,提升企业的技术水平。

2. 无人机在智慧配送中的局限性

(1)技术瓶颈难以突破。无人机技术瓶颈的存在限制了其行业应用的拓展。无人机的技术瓶颈主要体现在续航时间短、载荷重量较低、可靠性弱和作业半径较小。续航时间短是无人机的通病，尤其表现在民用无人机领域。天气不佳时，无人机难以抗风防雨，无法规避天气风险。较短的续航时间与载荷量使无人机配送只局限在小件商品，而较小的作业半径和对于恶劣天气的较差应对能力又从时间与空间角度限制了无人机的应用。

(2) 政策仍在完善中。虽然我国已经颁布无人机操作的相关条例，但是缺少机构或人员监督和管理，规定实施较为无力，有关无人机的标准和规范也尚在完善。无人机在物流领域的发展确实尚存在一些待解决的问题，如：如何将无人机的事故风险概率控制在合理范围；如何让无人机在各种天气下保持稳定；无人机货运需大量执飞较长航线，怎样解决通信及干扰问题等。无人机的运用不仅需解决空域管理问题，还要受到飞行范围、飞行高度、飞行重量等多方面的影响。在相当长的时间内，无人机配送还难以实现大规模的商业化运作。

(3) 仍然存在各类安全隐患。无人机的安全隐患主要包括了驾驶员人身财产安全问题和个人隐私安全问题。无人机的培训产业尚未完全发展起来。当无人机技术被应用到智慧配送中时，可能发生因操作不当引起人身伤害或受行人影响而无法正常、及时地送货物等问题。另外，无人机在配送中的广泛应用也会存在大众隐私被暴露的隐患。无人机送货时带有摄像头，如果无人机在配送商品的过程中碰巧捕捉到沿途行人信息和居民的私人或敏感信息时，那么对这些信息的处理将成为问题。

(二) 无人快递车

1. 无人快递车介绍

无人快递车主要依托于高精度遥感技术与智能导航系统共同工作，是一款可以在陆地上替代配送员将包裹全自动地配送到用户家门口的机器人。大部分无人快递车具有体积较小、四轮驱动的特点，具有若干个不同大小的载货舱，可以按照既定路线自动导航行驶，并具备环境感知、车道保持、动态识别、实时规划、智能避障等功能。

在进行包裹配送前，用户可以与无人快递车预约配送的时间、地点与物品，此时无人快递车可协同工作，自动进行包裹的分配和配送路线的规划。通过内建的导航系统，无人快递车能在无人干预的情况下实现自主定位导航。此外，无人快递车还具备多种智能功能，如：乘坐电梯；识别行人车辆等动态障碍物，预判它们的运行轨迹并进行动态避障；自动实时监控机器人正在运送的包裹，不仅在包裹被盗时进行报警，还能在包裹被误取时进行提醒。

无人快递车能够很好地提升配送业务操作系统完善程度和配送服务规范程度，对配送需求做出即时响应，可降低人力成本，从而满足消费者对于速度、服务、个性化等高质量配送要求。与无人机配送的方式相比，无人快递车配送还具备载重量大、续航里程高、安全可靠等重要优势。

2. 无人快递车的关键技术

(1) 环境感知。无人快速车以安全第一为第一要义，配备多个视觉传感器和雷达，通过生成视差图等方式构建三维环境，检测障碍物的大小和距离，以此来控制机器人避障。

(2)车道保持。通过深度学习算法,无人快递车可以识别交通标志和车道线,在任何照明状况或天气状况下都可以保证行驶遵守交通规则。

(3)动态识别。无人快递车能动态识别环境的变化,当探测到原路径无法正常通行时,机器人会立即重新调整、规划路线。

(4)实施规划。利用在线学习算法,无人快递车根据线上反馈数据,实时、快速地进行路径调优。

(5)智能避障。通过深度学习,无人快递车可识别环境中的行人、车辆等不同的实体,对动态实体进行准确的轨迹预测,提前进行规避。

三、智能快递柜

1. 智能快递柜的发展

智能快递柜技术现阶段已较为成熟,国内以顺丰为首投资的丰巢及菜鸟投资的速递易等一批研究并应用智能快递柜的企业已经出现。然而,目前智能快递柜仍然面临着使用成本较高、智能化程度不足、普及率低、盈利模式单一、无法当面验收商品等问题。总之,智能快递柜已具备商用的基础,且在国内一二线城市得到推广,是各物流公司的布局重点。然而,受限于成本与消费者使用习惯的问题,智能快递柜技术未来发展还存在着诸多不确定性。

2. 智能快递柜技术

智能快递柜的结构具体分为物终端、平台管理系统,可智能存件、智能取件、远程监控、管理信息、发布信息等。柜内内嵌固定式条码扫描仪,可读取条形码信息。取件时,用户可以凭借手机上收到的取件码,在智能快递柜的扫描仪口刷码验证,验证成功即可取件。智能快递柜的核心技术在于物联网、智能识别、无线通信等。

智能快递柜还可以帮助企业实现数据闭环自主研发,通过掌握末端数据,获取较强的业务能力,直接承接上游业务。在没有应用智慧配送终端的情况下,企业可以掌握上游商品、交通工具调度、配送员实时位置等数据,而当缺乏末端用户的情况时,则会导致数据闭环不能够完整地流通。智慧快递柜能够帮助企业切入末端市场,并及时获取缺失的用户信息,进而利用大数据,对用户需求做出评估,进一步对需求精准预测,并整合配送终端的数据资源,利用智能算法优化商品物流效率,对商品的整个物流流程进行统一的调配,最终实现物流资源高效化的目标。

3. 智能快递柜的作用

(1)智能快递柜能够提高配送效率。在传统配送过程中,配送员需要和客户协调配送时间。有时配送员已经按时到达订单上的地点,但用户因时间安排无法进行签收,会使配送员在其他时间再一次配送,这样就增加了时间成本。然而,应用智能快递柜后,配送员在送件时可以将商品直接存放在快递柜内,减少因收件人相关因素对于配送时间的影响。可见,智能快递柜改变了以往配送员和收件人面对面交接的模式,避免配送员与用户时间错配的问题,使配送的整体效率提高。

(2)智能快递柜可以增加客户配送服务体验。智能快递柜的24小时自助服务可以实现随时存取件,不会因为快件的签收而干扰用户的日常生活工作,具有较强的便利性。用户的取件更加自由,可以选择自己的空闲时间去快递柜领取自己的商品。

(3)智能快递柜具有较高的安全性。有些快递员在用户无法签收快件时,为了避免再一次配送,将商品放置在客户门口、门垫下或消防器材等地,这可能导致商品丢失或客户信息泄露。智能快递柜通过移动端扫码取件,具有较好的安全性,同时也可有效地保护了用户隐私。

第三节 智慧配送决策

随着时代脚步不停地前迈,可供消费者选择的商品种类增多,消费需求也是瞬息万变。为充分适应现有的市场状况,满足消费者多维度的物流需求,通过配送服务提升消费者体验,建立智慧配送体系替代传统的配送模式就变得十分迫切。

智慧配送体系由大数据驱动决策、无人机和无人快递车、智慧终端存放三个顺序连接的过程组成。

(1)基于大数据驱动的智慧配送决策。智慧配送可收集成本、服务、交通等信息,以服务水平最大化、总成本最小化为目标,设计模型和优化算法进行求解,对智慧配送区域选取、配送工具选择及路线规划做出决策。

(2)使用无人机、无人快递车等无人设备进行配送。利用遥感技术、自备感虚装置和预先设置的行驶方式,可实现无人操纵或驾驶的机器运送包裹。其优势主要为可以应用于配送难度较高的偏远地区或闹市地区,达到节约人力成本,提高配送效率的目的。

(3)将商品存放到智慧配送终端。很多商务楼及社区因为安全问题,要求配送人员不能上楼。而智能快递柜这类智慧配送终端通常摆放在社区的物业处,无须过多管理,也不需要人值守。无人机、无人快递车或配送人员将商品存放至智慧配送终端中,收件人可通过短信取件码等方式取出商品,不仅节省配送成本,而且便于管理。智慧配送体系可对配送需求制订出即时计划,通过无人技术将商品送达配送终端,达到配送过程的快、精、准。

一、智慧配送区域的选取

(一)无人配送区域的选取

应用场景的具体情况决定了技术的研究方向。互联网电子商务企业纷纷在自动驾驶领域进行研发投入。自动驾驶技术与实际商业应用场景的结合至关重要,在人工智能领域中最有可能落地应用。在这种背景下,无人配送被认为是最先可能实现实际运营的场景。无人配送的实现要结合具体的场景,中期还是以人机交互配送为主要发展方向。

1. 无人配送工具引导——高精度测绘

高精度测绘是无人配送导航运行的技术基础。只有测得详细而全面的数据,才能为无人送货设备的行驶提供可靠的行动指引。传统的数据地图以满足人类认知为目的,故在数据表达上采取的是以人类能够理解的可视化方式。然而,在无人配送中应用的高精度地图是完全面向机器的数据信息,在生成数据内容、传达位置信息的方式上与传统的地图都有较大差异。传统地图数据的生成,大多通过全站仪、卫星图匹配等手段。而高精度测绘采集到的数据在精度方面有更高的要求,因此主要依赖激光点云数据的采集及其他高精度感应装置获取的数据加工而来。无人配送工具的运行本身也是数据的感知行为,借助车身上搭载的各种传感器,无人机或无人快递车能够感知实时的道路情况。并且随着无人机在配送领域应用的规模化,数据感知的范围能够覆盖更多的区域和场景,从而实现数据的实时更新。

2. 停靠点选择——智能导航系统

智能导航系统的工作原理,是通过服务端向无人配送工具发送关键地域的地理信息,并通过高精度传感器来判断配送工具的当前位置是否偏离预定轨道,从而对其进行动态引导。无人配送的核心任务是将商品送到用户手中,因而无人配送工具的路径规划需要对用户的订单进行全面解析,并在此基础上进行多途径点的配送规划。无人配送的基础是用户订单,因而对于目标地址的解析需要精细到可停靠或可进入的精准位置。例如,对于办公楼,需要精确地停靠在大厦规定的可停靠区域,等待用户取货。因此,对于每一个地址,主流的地图数据服务商均提供地理编码服务,将地址转化为经纬度信息,并且需要无人快递车分析出实时的可停靠位置,这样才可以将此位置作为停靠点。

3. 配送区域选取——大数据分析

确定无人配送的区域范围,需要对海量历史订单信息进行大数据分析,再结合无人配送工具自身的货舱容量和地理信息数据,以配送需求全覆盖和配送路线最短路径原则,为无人配送工具和监控人员提供合理的选择方案,判断该地区能否使用无人配送。例如,运用大数据分析确定出某订单密集的闹市区域,可以在此区域部署更多的无人配送工具,确保配送效率。

(二)主动配送区域的选取

随着科技水平的发展,大数据应用越来越广泛,主动配送结合大数据相关技术已经进行了初步探索与应用。首先对海量消费者行为数据进行挖掘分析,构建用户画像、家庭画像、小区画像和商品画像,建立有效的物流需求预测理论与方法体系。然后在已有的基础上,进行对其他信息的分析,包括社交信息、地域信息等,可提高画像的精度。最后运用基于实时大数据构建的智慧配送的优化模型与计算时间为毫秒级的智能算法,可解决主动配送区域选取的优化问题。

1. 聚类分析

利用聚类分析法,根据用户特征相似度进行聚合,可抽取能够刻画各聚类的属性标签。

如 TF-IDF 为例的各类信息检索技术,统计属性标签在消费者 TF-IDF 的全称为 Term Frequency - Inverse Document Frequency,是一种信息检索与数据挖掘的常用加权技术。画像中出现的频率,并计算权重,以此识别消费者的典型行为特征。

2. 数据挖掘

使用贝叶斯网络、聚类分析、关联分析等方法对消费者的人口属性、消费特征、信用属性、兴趣爱好、交互信息等进行分析,结合地域分析和时序分析,可构建消费者精准画像。

3. 深度学习和宽度学习

通过深度和宽度混合学习算法实现物流需求量时空分布预测,以此确定主动配送区域。可通过深度学习算法对物流需求数据进行预测,可得到具有代表性的特征信息。为解决深度学习在训练中极度耗时的情况,利用宽度学习算法提高预测的效率。这种混合学习算法可实现在精度可以被接受的前提下,用最短的时间来完成预测。

选择合适的主动配送区域可以提高企业的实际物流送达效率。主动配送的区域选择,采用大批量历史数据模拟计算,减少了人为干预,极大地提高了区域选择的准确度。同时,主动配送探索数据源采用物流系统内部数据,减少了系统之间的交互,可以直接在内部直接使用,提高使用数据优化效率;主动配送区域选择所需数据与普通的配送采用同一套数据源,当物流系统对数据进行变更与调整的时候,可以实时反馈到主动配送数据中,增加区域选择的实时性。

(三)即时配送区域的选取

目前,即时配送主要是向生鲜、鲜花、蛋糕、医药等对时效性要求较高的配送服务领域拓展,服务边界快速扩张。随着新零售的发展,即时配送迅速同新零售的线下门店配送对接,快速向商超宅配、零售末端配送等领域扩张。此外,即时配送还与 C2C 业务对接,向代买代送、同城快递等领域扩张。随着客户对配送时效要求的提升,即时配送也开始与系统对接,向同城落地配送领域渗透,推动末端的快递市场变革,不断扩张着市场边界。

即时配送需要在满足干线物流健康发展的前提下,实现末端物流整体性、系统性、全局式的网络布局,通过融入 AI、导航等先进技术,更好地实现线上线下对供需市场的有效匹配。对于即时配送平台来说,获取订单量和流量是关键,而即离即时配送是不开大数据、人工智能等技术的支撑。

即时配送平台可以通过技术手段帮助商户在时间、天气、是否是节日、地段和环境等诸多因素方面进行综合考量,并进行准确时间预估,以此来前置备货等。在此过程中,即时配送平台需要诸多技术,比如大数据、人工智能、运筹优化等算法、无人配送技术等。

1. 选取最合适区域的即时订单——智能调度系统

智能调度系统是各家运力平台的技术核心,依托大量历史订单数据、配送员定位数据、商户数据等,针对配送员实时情景(任务量、配送距离、评级),对订单进行智能匹配,实现自动化调度及资源全局最优配置,最大限度地提升用户体验。智能调度系统主要包含了智慧物流、智能调度、智能营销、智能客服、图像识别、智能硬件等部分。

2. 进行复杂决策——AI人工智能

即时配送线下环节非常多且复杂。面对这一情况，人工智能技术必须能够面对复杂的真实物理世界，必须能深度感知、正确理解与准确预测，并瞬间完成复杂决策。

AI人工智能快速进行复杂决策，需要具备以下四项能力。

(1)大数据处理和计算能力。AI人工智能要能进行算法数据、大数据平台、机器学习平台等处理能力。其中，大数据平台实现对配送员轨迹数据、配送业务数据、特征数据、指标数据的全面管理和监控，并通过模型平台、特征平台支持相关算法策略的快速迭代和优化，形成精准的画像。机器学习平台则是一个一站式线下到线上的模型训练和算法应用平台，主要负责从海量的数据中寻求规律并进行准确预估，其目的在于解决算法应用场景多、重复造轮子的矛盾问题，以及线上、线下数据质量不一致等问题。

(2)建立对世界的深度感知能力。定位系统可以提供商家、配送员和客户正确、精确的位置，以及两点之间正确的骑行导航。同时，多传感器提供室内位，以精细化场景刻画、识别配送员运动状态。

(3)正确理解和准确预测能力。AI人工智能主要是对配送环节所需的时间、销量、运力等方面的预估。

(4)完成复杂决策能力。这主要体现在调度、定价和规划上。例如，运筹优化模块，主要是在大数据平台及机器学习的预测数据基础上，采用最优化理论、强化学习等优化策略进行计算，做出全局最优化的分配决策，并和配送员高效互动，处理执行过程中的问题，实现动态最优化。

3. 时间送达预估分析——机器学习

时间送达预估(Estimated Time of Arrival)是配送系统中非常重要的参数，与用户体验、配送成本有直接关系，且会直接影响调度系统和定价系统的最终决策。为了给用户提供更好的感知体验，AI人工智能需要通过机器学习技术进行精准预估、预测。准确预估送达时间是一个非常复杂的过程。首先从配送员接单到最终送达。这就涉及接单、到店、取货、送达等每个关键环节的预估时间。这中间需要考虑商户准备餐食的时间，以及用户最终收货时间等，每一个节点都需要精准的预测。因此，机器通过学习技术来对出餐时间、交付时间、未来订单、路径耗时等进行精准的预估预测，为调度决策提供准确的基础信息。

4. 运筹优化

运筹优化主要是在大数据平台及机器学习的预测数据基础上，采用最优化理论、强化学习等优化策略，对整个路线规划、系统派单、自动改派、仿真系统等进行计算，做出全局最优化的分配决策，并和配送员高效互动，处理执行过程中的问题，实现动态最优化。优化算法的作用是找到最优的策略。而如何设计好的优化算法，从庞大的"解空间"中搜索得到一个"满意解"，并在运行2～3 s的时间内给出最终决策。这依然是一个需要解决的问题。运筹优他中涉及了各类基础性的算法,应用到具体场景中就是对于配送员路径的优化算法和订单分配优化算法。

二、选择智慧配送工具

1. 决策意义

合理地选择智慧配送工具,其意义在于可将需求点和服务能力匹配,最大化地提高配送服务效率。物流行业末端配送成本占整个物流的 1/3,使用无人机等技术,可提升末端应用的时效,降低配送成本。可见,企业需要通过智慧物流来降低成本,补充运力,人机协同来提高效率。

有人配送可以被看作点到区的配送服务,而无人配送属于点到点的配送服务。由于无人设备的资源有限,快递数量庞大。因此,在需求点密集的区域可以优先考虑采用有人配送的方式,降低配送成本,体现规模效应。当对有特殊需求(地理位置不便、时间不好协调)的客户时,可优先考虑采用无人配送的方式。

2. 决策过程

首先通过优化设定配送费及预计送达时间来调整订单结构。在接收订单之后,考虑配送位置、在途订单情况、配送工具能力、交付难度、天气、地理路况、未来单量等因素,在合适的时间将订单分配给最优的配送方式和工具,并在执行过程中随时预判订单超时情况并动态触发改派操作,实现订单和配送工具的动态最优匹配。

(1)对商品进行筛选。无人配送受到的限制条件很多,因此需要对商品进行筛选,判断其能否选取无人机或无人快递车进行配送。这一过程需要考虑以下因素:①无人机和无人快递车能够承载货品的限制条件。用于短途配送的旋翼无人机的运输能力普遍较小,其最大载重量约为 15~30 kg,无人快递车的载重略高于无人机,无人配送适用于小批量、高频次运输的商品。如果没有提前考虑到无人设备的载货条件,就可能出现超载或半空载情况,造成对无人设备的巨大损耗,也存在一定的安全隐患。②收货方对货品配送时间及方式是否具有特殊要求。无人配送工具的效率高、速度快,非常适用于应急件的配送。DHL 曾使用无人机为居住在海岛上的客户进行了药品等应急物资的配送,而亚马逊 Prime Air 推出的 30 min 送到服务,也充分发挥了无人机的速度,为客户可提供更高效的配送服务。

(2)需求点的地理位置及周边需求点的密集情况。无人设备的电池续航时间短,这限制了无人配送的服务范围。需求点与配送点的距离、需求点是否在禁飞或限行区域及需求点附近的交通状况,这些条件也影响了配送工具的选择。

(3)分析环境因素。室外用于巡逻的监控无人机通过利用环境感知技术获取数据,进行环境因素分析。无人快递车适宜在车流比较少、交通标志清晰的街道行驶,无人机适合进行地理位置偏僻或者交付难度高的订单配送。

(4)选择配送工具。结合商品自身属性和外部环境特点,通过对需求点标记坐标,结合天气、交通实况、交付难度等计算采用无人机和无人快递车进行配送的最优路径.同时结合无人机和无人快递车的运力情况,最终确定配送点到需求点的最优配送方式,分别挑选出适宜采用无人机和无人快递车配送方式的订单进行配送。

(5)配送监控。通过高精定位技术进行订单配送过程中的实时监控,发现订单异常时及时反馈,可重新规划路线或者更改配送方式进行配送。

三、智慧配送路线规划

车辆路径问题即 VRP,通常可以描述为对一系列装货点和(或)卸货点,组织安排适当的运输线路,在满足一定的约束条件(如货物需求量、车辆容量、发货量、交发货时间)下,达到一定的目标(如使用车辆数最少、路程最短、费用最少、时间最少、客户满意度最高等)。

智慧配送与现有配送路径规划问题的不同之处主要在于智慧配送的工具使用,包括智慧设施设备和智慧决策方法。前文对智慧配送的设施设备进行了详细的介绍,除了以上的工具外,此节还将介绍规划中起到支撑作用的两个关键技术工具。

(一)智慧配送路线规划的关键技术工具

1. 智能交通系统

智能交通系统(lntelligent Traffic Systerns,ITS)的前身是智能车辆道路系统(Intelligent Vehicle Highway System,IVHS)。智能交通系统将先进的信息技术、数据通信技术、传感器技术、电子控制技术,以及计算机技术等有效地综合运用于整个交通运输管理体系,从而建立起一种大范围内、全方位发挥作用的实时、准确、高效的综合运输和管理系统。

智能交通系统将参与物流活动的人、车辆、道路信息相互联系,从而降低交通拥堵的发生率,减少资源消耗,降低环境污染程度,保障生命财产安全,提高运输效率并增加经济效益。

智能交通系统是一个兼具采集信息、处理信息、发布信息的三大功能的观测系统。它每隔一定时间收集指定地理区域的变更信息,并且把这些信息录入自身的系统。为了避免出现重复计算的情况,该系统采集的数据信息会经过信息中心自动审核、分类,那些变化较小被系统认为不会影响行驶路径的信息将被自动忽略。系统会筛选出超过临界值的旅行时间,输送至计算中心做进一步规划处理。

2. 地理信息系统

地理信息系统是以计算机系统为基础建立的,包括空间学、地球学和信息学等学科的交叉学科系统。地理信息系统是在计算机硬、软件系统支持下,对整个或部分地球表层(包括大气层)空间中的有关地理分布数据进行采集、储存、管理、运算、分析、显示和描述的技术系统。

地理信息系统本质上讲是一个为管理者提供空间信息决策的系统,能够自动捕获数据,并且分析处理、进行逻辑推导,最终显示计算结果。地理信息系统为智慧配送路线规划的决策提供有效的信息。

地理信息系统应用在配送领域使得各种车辆、道路、交通网络等信息更加直观易懂,可以帮助规划更为科学的配送路线。此外,地理信息系统具有对路径信息的动态实时监测功能,可以为智慧配送提供更具有时效性的路径规划决策方案。

3. 北斗卫星导航系统

北斗卫星导航系统是一款完全由我国自主研发的全球卫星导航系统,是继美国的全球定位系统、俄罗斯的格洛纳斯卫星导航系统、欧盟的伽利略卫星导航系统之后,第四个成熟的卫星导航系统。

北斗卫星导航系统由空间段、地面段和用户段三部分组成,可在全球范围内全天候、全天时为各类用户提供高精度、高可靠度的定位、导航、授时服务,并具短报文通信能力,定位精度达 10 m,测速精度达 0.2 m/s,授时精度达 10 ns。

卫星导航技术是无人快递车路径规划领域的重要组成部分。北斗卫星导航系统以其精准、敏捷、连续的动态定位功能为智慧配送的路径规划问题带来了全新的技术解决方案。

(二)基于静态、动态两种时间窗的路线规划

车辆路径问题(VRP 问题)涉及许多因素,这些因素是车辆路径分类的依据。目前已知的研究模型是组合一种或者几种因素,忽略其他因素建立的车辆路径构成要素进行了分类。车辆路径构成要素主要包括配送中心、客户、车辆、道路网、运输安排的要求及优化目标这六大类。

以下是基于静态时间窗与动态时间窗对于车辆路径模型分析。

(1)研究带有静态时间窗的多配送员任务分配及路线规划问题。假设消费者配送时间窗及配送任务是不变的,即在静态时间窗情况下,以惩罚、配送总成本最低为目标,通过构建配送任务调度模型并采用相关智能算法求解得到最佳方案。

(2)带有动态时间窗的多配送员任务分配及路线规划问题。例如,在实际中,由于预测偏差或人为因素,如消费者改变收货地址或收货时间,使实际与预订计划偏离,导致配送任务的时间窗发生改变,这在动态时间窗下进行决策,这时要以最少配送人员数、最低成本与最少时间窗偏离为目标构建配送任务调度模型,并设计启发式算法进行求解。

第八章 智慧物流安全技术

第一节 网络信息技术层面的智慧物流安全

从传统物流的作业层面来看,运输、配送、保管、储存、售后等环节是物流系统的组成部分,也是其物流业务的核心环节。智慧物流是各种先进技术同传统物流相结合的产物,基于互联网、物联网,通过集成自动识别技术、GPS/GIS 技术、数据挖掘技术、云计算、人工智能技术等技术,让物流系统能够拥有人的"智慧",拥有思维、感知、学习、推理判断和自行解决物流中某些问题的能力。通俗来说,就是现代计算机网络信息技术在传统物流各作业层面的渗透,其整体即为物流信息管理系统。

自动识别技术、GPS/GIS 技术、数据挖掘、云计算、人工智能技术等技术综合运用于物流作业的各个环节,尤其是在运输管理、物流调度、仓储管理这三大物流业务环节。从深层次讲,物流信息系统将现代物流所需要的物流信息商品化、代码化和储存信息的数字化、电子化都予以囊括,如条形码技术的计算机应用有效地辅助了物流信息管理。这些信息的网络化为物流网络化提供了高效的保障,有效地促进了物流所需信息流、资金流和商流资源的流转。进入电子商务时代后,依托电子商务,企业可更好地实现行业间沟通、政府同企业间交流及企业同消费者客户之间的联系,同时能够对物流作业各个环节进行跟踪,从而及时掌控各流程,对其中可能或已经出现的问题在第一时间处理,避免损失。

当前,借助计算机和网络信息技术,有效地实现了物流的网络化。而同时,由于网络信息技术的先天缺陷,如程序性、开放性等特征的存在,智慧物流信息系统也时刻面临非常大的安全隐患,甚至可以说是安全危机。从本质上来看,智慧物流信息系统构建的目的在于信息处理,信息处理客观上需要一个开放的平台,才能更好地保证企业在任何时间段和任何空间范围内为物流用户提供所需的相关物流信息服务。只有实现信息资源的有效共享,才能够更好地实现信息处理。物流信息系统是作为一个开放的系统存在的,其存在的开放性和物流信息资源的共享性必不可少,这些特征的存在客观上导致了系统会面临的多重安全隐患和安全威胁,如物流信息的泄密、网络恶意攻击、病毒的横行等。

物流信息数据的输入、输出与备份上,同时在应用软件、操作系统、源程序、数据库和通信方面也存在着许多不可避免的漏洞和缺陷,甚至在与物流信息系统相关的技术层面上也存在着影响系统安全的一些因素。比如,相关的环境保障系统和电磁辐射等。从保障物流信息系统安全的角度讲,针对物流信息系统所存在的诸多安全潜在威胁这一情况,研究相关安全防范技术并运用于实际,是物流企业及相关科研单位长期面临的一大挑战。

第二节　数据加密技术

所谓数据加密技术,就是发送方利用密码学里的相关技术将一段信息数据,也称为明文(Plain Text),经过加密密钥(Encryption Key),并通过加密函数转换(一般是替换或移位等)成不代表任何具体意义而且杂乱无序的密文(Cipher Text),从而实现隐藏原始信息,保证其安全的目的;接受到加密的信息数据后,此密文被接收方利用解密密钥(Decryption Key)并通过解密函数还原成原来的明文。高强度的加密算法是数据加密技术的核心,而密钥是算法的核心,数据存储、数据传输、数据完整性的鉴别及密钥管理四部分组成了数据加密技术。

一、根据位置加密方式

物联网中的感知节点或终端设备一般无人值守,终端节点所获得的信息通过移动网络传输到信息中心进行信息处理。目前的移动网络中可以利用网络层链路加密方式来保证信息的传输安全,也可以利用业务层端到端的加密方式来实现用户数据端到端的安全。

1. 链路加密

在物理层或数据链路层对信息进行加密,信息在被传输前先被目的链路节点密钥进行加密,到达目的链路上的节点后被解密。若仍要传送到下一个目的链路,需要继续使用下一个目的链路的密钥对信息进行加密,如此重复进行直到数据被传送到目的链路节点,由于加密了包括用户信息、路由信息在内的所有信息,因此即使被窃取也很难被密码窃取者破译,大部分时候还是安全的。

链路加密具有传输管理技术与安全能力无关联、密钥管理方式简单、更改密钥不影响其他链路的密钥的优点。然而,链路加密还具有以下两点不足:一是需要对处于网络的端到端之间的每条物理线路加密,规模小的网络尚能处理,一旦组建大型网络将无法应付庞大的加密开销;二是签于信息在传送到下一链路时需要在链路节点解密再重加密,处于明文状态的未加密信息在没有防护措施时很容易泄露,所有需要对网络中的每一个节点都需要进行保护。

2. 端到端加密

端到端加密方式可以根据业务类型选择不同的安全策略,为业务提供端到端的安全加密,从而为高安全要求的业务提供相应安全等级的保护,可以满足特定行业的高密级业务。然而,端到端的加密通常不允许对消息目的地址进行加密,因为每一个消息所经过的节点都要以此目的地址来确定如何传输消息,即端到端加密方式不能掩盖被传输消息的源点与终点,容易受到对通信业务进行分析而发起的恶意攻击,且不能满足国家合法监听的需求。

由以上分析可知,对于安全性要求不高的一般性物联网业务,网络安全保护机制基本可以保证合法用户接入网络,提供安全等级保护,同时还可以满足国家合法监听政策的需求,此时,业务层端到端的加密需求就显得并不重要了。

由于不同物联网业务对安全级别的要求不同,可以将业务层端到端安全作为可选项,当用户有较高的安全需求时提供端到端的保护。

二、根据算法类型加密的方式

根据算法类型加密的方式一般又被分为对称加密技术和非对称加密技术两种。其中对称加密技术是"秘密密钥加密体制",加密运算与解密运算使用同样的密钥,加密密钥提前协商不对外公布,只有通信双方知道;非对称加密技术是"公开密钥密码体制",加密密钥即"公开密钥"公布于众,所有人都可以知道并用于加密。然而,解密密钥即"私密密钥"只能由解密人掌握,因此,加密运算与解密运算使用不同密钥。

1. 对称加密技术

保证信息安全,对于电子商务过程中的物流信息交互行为具有重要的作用。对称加密技术作为当前技术手段水平下的重点内容,能够通过对传送的信息赋予一定的密值而提供加密服务。实际上,保密工作的最终目的就是保证信息安全,确保让非文件接受者无法获得信息。实际上,加密法就是通过数学算法,为数据提供新的组织形式,从而改变原有数据中的信息,予以隐藏。对称加密算法也称为传统常规密码算法,是指加密和解密使用相同密钥的加密算法。对称加密算法的特性:大多数解密密钥和加密密钥都能够进行相互推算,加/解密运算使用相同的密钥,进行信息的传输与处理时,这个密钥必须是发送者和信息接收者私下协商好的。加密算法的强度和对密钥的管理好坏决定了对称加密算法安全性的高低,密钥的分配需要通过安全信道,否则可能导致密钥泄露。

(1)对称密钥的原理。对称加密使用同一个密钥对需要加密的明文进行加密和解密。DES算法、IDEA算法、AES算法是对称加密算法的典型代表。

目前,对数据的加密逐步由AES算法取代DES算法,特别是对实时性要求高的数据,依据对明文数据采取的不同加密方式,对称密码算法可分为流密码方式和分组密码方式,分组密码是把明文数据划分成多个同等长度的分组,且输出密文数据的分组和输入明文数据的分组划分的长度等同。

AES算法是典型的分组加密算法,涉及的操作和用到的变量均是以字节作为基础的,密钥K的长度L有128 bit、192 bit、256 bit三种选择(分别称为AES-128、AES-192和AES-256)。其中,128 bit密钥是最广泛应用的。AES的所有分组,包括输入明文数据分组、输出密文数据分组和加密、解密过程中的过渡分组都必须是128 bit,因为在AES中,明文块和密文块都是以128 bit为单位进行处理的。由于在每一轮的迭代运算中,需要额外的扩展密钥Ke(也就是轮密钥)参与,扩展密钥应该和输入分组具有同样长度(128 bit)。因为外部输入的加密密钥K长度是有限制的,有一个密钥扩展程序(Key Expansion)被嵌入到AES算法中,用来把外部密钥K扩展成更长的位数,最终目的是生成各轮迭代算法需要的加密密钥(Ke)。

AES加密过程有:①轮密钥的产生;②轮密钥(AddRoundKey)相加;③进行九轮迭代

运算,每轮包含四种变换操作有字节代换(Byte substitution)、行移位(Row Shift)、列混淆(Mix columns)和轮密钥相加;④最后一轮执行只包含除了列混淆之外的三种操作。

加密和解密过程中的四种操作都是可逆的:对于字节代换、行移位、列混淆,解密时使用它们相应的逆函数;轮密钥相加的逆是采取轮密钥与分组相异或的方式。解密变换是加密变换的逆变换,这里不再详述。

(2)对称加密分析。对称密钥加密算法的优/缺点都非常的明显。在对称密钥密码算法中,为了保证信息数据的安全可靠、不被破译,这种基础的加密算法通过加密密钥将数据加密成密文,以保证在网络传输中一旦被非法攻击者窃取,由于无法获得同加密密钥相同的解密密钥而无法读懂密文。在不泄露的前提下,由简单移位法、代替法发展而来的这种对称加密体制,表现了下列的优点:①加密强度相对比较高;②加密效率高,加密速度比较快,硬件实现可达每秒百兆字节,很适合加密数据量庞大的数据信息;③密钥比较简短;④可以在这种加密机制的基础上组建不同的密码机制和建造安全性更强的密码。

同时,对称加密也存在明显的缺陷。密钥的安全性决定了这种单密钥加密系统的保密性,因此,在公开的互联网络上安全地传输和保存密钥是非常严峻的难题。采用相对简单的对称加密技术,在网络中传输中的加密过的数据信息,很容易受到非法攻击者的攻击。我们将会面临如下几个问题:①如何在进行安全通信前,能够安全地进行密钥协商,从而成功地完成密钥交换,有些时候是可以顺利进行,但是在网络通信极其不安全的背景下想要完成密钥协商是几乎不可能的,如攻击者会冒充通信接收双方,恶意发送错误数据、有危险的信息,又或者窃取加密密钥,为以后跟踪窃听目标用户的隐私信息等;②针对对称密钥相对不安全性,需要在多次的加密过程中不断改变密钥,保证安全;③一个端点针对多个通信方,需要维持对应多个不同密钥,给端系统带来了烦琐;④缺乏数字签名机制,这是因为数据仅能被对称加密机制进行单一的加/解密处理,保证数据的机密性。

2. 非对称加密技术

(1)非对称加密技术的起源和原理。1976年,美国学者Dime和Henman为解决信息公开传送和密钥管理问题,提出一种新的密钥交换协议,即允许在不安全的媒体上的通信双方交换信息,安全地达成一致的密钥,这就是"公开密钥系统"。相对于"对称加密算法"这种方法也叫做"非对称加密算法"。对称加密技术只用一把密钥进行加密和解密,非对称加密技术在加密和解密过程中使用密钥对(Keypair)。密钥对是精确匹配的密钥设置,其中密钥对的一半用来加密,另一半用来解密。假设密钥对包括密钥A和密钥B,密钥A加密什么,密钥B就解密什么;密钥B加密什么,密钥A就解密什么。密钥A不能解自己本身加的密,同理密钥B也一样。尽管私有密钥和公有密钥彼此间精确相关,但根据公有密钥确定私有密钥的值是很困难和很费时间的。用一个价值10万美元专业解密设备,破解一个51 bit的非对称密钥需要3.5 h,破解一个76 bit的非对称密钥需要37 d,破解一个179 bit的非对称密钥需要7 000 d。

在非对称密钥加密技术中,密钥对中一个密钥是公开的,而另一个是保密的只有生成密钥的人才拥有。你决定向外发布的那一半密钥被称作公共密钥,那么余下的一半保密的就是私有密钥。一旦密钥对中的一个密钥已经被分发，则这个密钥就要始终保持共有，私有密钥也必须始终保持私有，一致性是保密的关键。非对称加密技术适于网络，公共密钥简化了基于 Internet 密钥的管理工作，因为公有密钥可以自由分发，而私有密钥由用户保证安全。不像对称加密，如果用户打算在 Internet 上传送信息，他们则需要一种在他们之间能够交换密钥的方法。某些情况下用户可以直接面对面地交换密钥，但是这种直接见面交换的方法不太实际。

如果使用数字签名就需要用私有密钥加密被保护信息的哈希值（哈希值是用哈希算法计算文档或信息后得到的一个 128 bit 的代码，任何不同文档或信息的哈希值是不同的）。因为私有密钥由用户个人拥有，所以使用数字签名不仅能确保文件是由已知方发送的，而且可以确认文件是否被改动过。配合一定的安全机制使用还可以提供不可否认性证据，使发送方无法否认自己曾经发送过该文件。

（2）非对称加密技术的组件。非对称加密技术通常有三个组件：RSA 算法、数字签名算法（DSA）和 Diffie-Hellman。RSA 算法是传统的最流行的非对称算法（后文将以 RSA 算法为例，介绍密钥对是如何产生的），然而 RSA 算法要求是用专利权，因此很多厂商和独立的程序员使用 DSA 算法。DSA 算法是由 NIST 引入的，并且公开使用，已经被采用作为 GNU Privacy Guard（GPG）的标准签名方法。Diffie-Hellman 是一个提供密钥安全交换的协议（因为最早是由 Dime 和 Henman 提出公开密钥系统的，故该协议被命名为 Diffie-Hellman），它作为密钥交换协议而出名。Diffie-Hellman 不是一个加密算法，因为它不搅乱文本。Diffie-Hellman 是个开放标准，已经被安全团体广泛采用。Diffie-Hellman 密钥交换方法在某一时刻容易遭到窃取信息的攻击，特别是在密钥交换过程。

（3）非对称加密技术的应用。非对称加密技术是为解决信息公开传送和密钥管理问题而提出的一种加密技术。它允许在类似 Internet 这样不安全的媒体上的通信双方交换信息，安全地达成一致的密钥，保证信息传送的安全性。例如，你有一封信要通过网络发送给朋友，而你只想朋友才能看到信件内容而别人看不到。那就先和朋友交换双方的公有密钥（因为公有密钥是公开的一般只负责加密，所以可以通过网络交换），传输时先用他的公有密钥加密你的信然后传给他，当朋友收到你的信后会用自己的私有密钥先对信解密，然后就可以阅读了。朋友看完信后马上也给你写了回信，在传给你之前他会用你的公有密钥把信加密，你收到后用自己的私有密钥对信解密，这样你和朋友之间的书信往来就可以安全地通过网络传输而不怕被他人看到了。如果你还想让朋友明确地知道信是你写来的，而不是被人伪造或者改动过的，那就在传送信的同时，传送用你的私有密钥加密了的信的哈希值。当朋友收到信后先用他自己的私有密钥对信解密得到信并计算哈希值，然后会用你的公有密钥解密得到你发给他的信的哈希值，如果两个哈希值相同，就说明信确实是你写给他的，否则就说明是被人改过的或伪造的。

非对称加密算法要求深入、细致的数学计算，因此它的速度非常慢。如果用户想为一个 4MB 的文件进行一个非对称加密中最基本级别的加密，即使是在一个功能相对强大的系统中，加密过程也会持续较长时间。可见，上述示例只适用于传送信件和文档一类的小文件。在传送较大文件时或在长时间不间断传送数据时，一般会结合使用非对称加密技术和对称加密技术。例如,在 IPSec 中用非对称加密技术进行对等体的验证、建立安全联合和交换 DES 或 3DES 密钥(一种 DES 对称加密算法)。建立安全联合、交换 DES 密钥后 IPSec 建立成功,IPSec 建立成功后使用 DES 算法加密在 IPSec 对等体间传送的数据。这样既利用了非对称加密技术可以在类似 Internet 这样不安全的媒体上为通信双方交换信息、安全地达成一致的密钥保证信息传送的安全性的优点,又利用了对称加密技术加密速度快的优点。

在信息共享的同时,基于政府机密、商业秘密、私人事务及防止恶意攻击的角度,要保证网络信息传输的安全性不容忽视。非对称加密技术是目前网络中传输保密信息时广泛采用的技术,也是算法精密、相对安全可靠的技术。它可以应用于需要高安全性的网络传输中,为网络传输提供可靠保证。

3. PKI 技术

应用非对称加密技术还有个典型,那就是公钥基础设施(Public Key Infrastructure, PKI)。PKI 是一种遵循既定标准的密钥管理平台,它能够为所有网络应用提供加密和数字签名等密码服务及所必需的密钥和证书管理体系,简单来说,PKI 就是利用公钥理论和技术建立的提供安全服务的基础设施。PKI 技术是信息安全技术的核心,也是电子商务的关键和基础技术。PKI 采用证书管理公钥,通过第三方的可信任机构认证中心 CA(Certification Authority),把用户的公钥和用户的其他标志信息(如名称、E-mail、身份证号等)捆绑在一起,在 Internet 上对用户的身份进行验证。目前,通用的办法是采用建立在 PKI 基础之上的数字证书,把要传输的数字信息进行加密和签名,保证信息传输的机密性、真实性、完整性和不可否认性,从而安全传输信息。

PKI 的组成由一个完整的 PKI 系统包括认证中心 CA、数据证书库、密钥备份及恢复系统、证书历史档案、证书注销列表处理、客户端证书处理系统和交叉认证等部分。

(1)认证中心 CA。为了保证网上数字信息的安全,必须建立一种信任及信任验证机制,这就是数字证书。数字证书是各实体(持卡人/个人,商户/企业,网关/银行)等在网上信息交流和商务交易活动中的身份证明,它具有唯一性,它将实体的公开密钥和实体本身联系起来,是实体网上身份的象征。证书机制是目前被广泛采用的一种安全机制,使用证书机制的前提是建立 CA 及配套的注册审批机构 RA(Registration Authority)。CA 是证书的签发机构,是保证电子商务、电子政务、网上银行、网上证券等交易的权威性、可信任性和公正性的第三方机构,它负责生成、分发和注销数字证书,是 PKI 的核心。RA 是数字证书注册审批机构,是 CA 证书发放、管理的延伸,它负责证书申请者的信息录入、审核及证书发放等工作,同时对发放的证书完成相应的管理功能,它是整个 CA 中心得以正常运营不可缺少的部分。

(2)数字证书库。数字证书库是 CA 颁发证书和撤销证书的集中存放地,它像网上的"白页"样,是网上的公共信息库,可供公众进行开放式查询,获得其他用户的证书和公钥般来说,查询的目的有两个:一是得到与之通信实体的公钥;二是要验证通信对方的证书是否已进入"黑名单"。证书库支持分布式存放,即可以采用数据库镜像技术,将 CA 签发的证书中与本组织有关的证书和证书注销列表存放到本地,以提高证书的查询效率,减少向总目录查询的瓶颈。

（3）密钥备份及恢复系统。当用户由于某种原因（遗忘口令、介质破坏等）丢失了密钥，使得密文数据无法被解密时，PKI提供的密钥备份和恢复解密密钥。当用户证书生成时，加密密钥即被CA备份存储；当需要恢复时，用户只需向CA提出申请，CA就会为用户自动恢复。值得注意的是，密钥备份及恢复只是针对解密密钥，签名密钥不作备份。

（4）证书注销列表处理。证书注销列表CRL（Certificate Revocation List）处理是PKI系统的一个重要组件。证书的有效期是有限的，因此证书和密钥必须由PKI系统自动进行定期更换，超过其有效期限就要被注销处理。证书更新一般由PK1系统自动完成，不需要用户干预。即在用户使用证书的过程中，PKJ也会自动到目录服务器中检查证书的有效期，当有效期结束之前，PKI/CA会自动启动更新程序，生成一个新证书来代替旧证书。

（5）证书历史档案。从以上密钥更新的过程可以看出，经过一段时间后，每一个用户都会形成多个旧证书和至少一个当前新证书。这一系列旧证书和相应的私钥就组成了用户密钥和证书的历史档案。记录整个密钥历史是非常重要的。例如，某用户几年前用自己的公钥加密的数据或其他人用自己的公钥加密的数据无法用现在的私钥解密，那么该用户就必须从他的密钥历史档案中，查找到几年前的私钥来解密数据。

（6）客户端证书处理系统。为了方便客户操作，在客户端装有软件，申请人通过浏览器申请、下载证书，并可以查询证书的各种注销信息及进行证书路径处理，对特定的文档提供时间戳请求等。

（7）交叉认证。交叉认证就是多个PKI域之间实现互操作。交叉认证实现的方法有两种：一是桥接CA，即用一个第三方CA作为桥，将多个CA连接起来，成为一个可信任的统一体；二是多个CA的根CA（RCA）互相签发根证书，这样当不同PKJ域中的终端用户沿着不同的认证链检验认证到根时，就能达到互相信任的目的。

（8）PKI实现的主要安全技术。PKI技术中最主要的安全技术包括公钥加密技术和数字签名技术。公钥加密技术可以提供信息的保密性和访问控制的有效手段，它保证了利用公钥加密后的数据。数字签名技术则提供了在网络通信之前相互认证的有效方法、在通信过程中保证信息完整性的可靠手段，以及在通信结束之后防止双方相互抵赖的有效机制。

（9）信息完整性验证。常用的信息完整性验证方法有两种：一是采用信息认证码（Message Authentication Code，MAC）；二是篡改检测码（MessageDetectionCode，MDC）。MAC利用Hash函数和密钥k将要发送的明文x或密文y变换成r位消息认证码Hash（修）附加在x或y之后送出，以x+As或y+As表示，其中"+"符号表示序列的链接。Hash函数又称为单向散列函数（One Way Hash Function），其作用是对整个消息进行变换，产生一个长度固定但较短的数据序列，这一过程可看做是一种压缩编码（Compressed Encoding）。MDC利用一个函数将要发送的明文数据变换成r位的篡改检测码Ds附加在明文之后，再一起加密实现保密认证。

接收者收到发送的信息序列后，按照发送端同样的方法对接收的数据或解密后的数据的前面部分进行计算，得到相应的r位数字Ar或Dr而后，与接收恢复后的As或Ds逐位进行比较，若全部相同，就可认为收到的信息是合法的，否则检出消息有错或被篡改过。当主动攻击者在不知道密钥的情况下,随机选择几位碰运气。

(10)信息加密。在PKI体系中使用了非对称加密体制的加密方式,即在使用证书的情况下,发送者使用接收方的公钥对需要传输的信息进行加密处理,接收方则利用其私有的密钥进行解密,以将密文恢复成可识别的明文信息。在未使用证书的情况下利用Diffie-Hellman算法对信息进行加密处理。

(11)数字签名技术。数字签名是指用户用自己的私钥对原始数据的哈希摘要进行加密所得的数据。信息接收者使用信息发送者的公钥对附在原始信息后的数字签名进行解密后获得哈希摘要,并通过与自己收到的原始数据产生的哈希摘要对照,便可确信原始信息是否被篡改。这就保证了数据传输的不可否认性。基于用户私钥的专有性,数字签名可以实现对数据发送者的身份进行确认。数字签名的方式有两种,一种是经过密码变换的被签信息整体,另一种是附加在被签名信息之后,或某一特定位置上的一段签名序列。常见的数字签名机制有非对称密钥体制的数字签名和对称密钥体制的数字签名,前者比后者可提供更可靠的安全保证。

第三节 物联网认证机制

由于现有网络安全机制考虑的是人与人之间的通信安全问题,其安全机制也是适用于人与人之间的通信场景,而物联网通信方式与人之间的通信方式存在一定的差别,其安全机制,尤其是认证机制,在一定程度上并不适用于物联网,因此需要从以下三方面来考虑专门针对物联网应用的优化认证机制。

一、业务认证问题分析

对于物联网业务,在目前已经存在接入认证的基础上,需要考虑是否还有必要进行业务层的认证。由于物联网终端上的应用比较单一,一般情况下,用户使用物联网业务、部署物联网终端设备都是为了单一应用目的。针对这个问题,有两种考虑思路:一是根据业务的归属情况来考虑,二是根据业务信息的敏感程度来考虑。

1. 根据业务的归属控制情况考虑

在物联网应用环境中,业务应用与网络通信相关,物联网业务平台的归属控制可分为由运营商部署并控制、由第三方部署并控制。当物联网业务为运营商自己部署,且终端签约的物联网业务由运营商负责提供时,物联网业务则可认为是受到运营商控制的,并且可以与网络接入达成信任关系,使得业务可以信任网络接入认证的结果。在这种情况下,终端的网络接入认证基本可以保证正确的业务使用和计费,业务层的认证则是不必要的。

当物联网业务非运营商部署而是由第三方来提供时,移动通信网络不能保证来自业务的信息安全性,且业务层也无法从接入网络得到确认的用户身份信息。对于一些安全性要求较高的物联网应用来说,除了网络层的接入认证外,为保证合法用户终端使用签约的业务,网络还需提供业务层的认证。然而,对于一些对业务安全要求不高的物联网应用(如气温采集等业务)来说,业务使用者认为网络接入认证已经足够,则不需要业务层的认证。

此外,如果运营商能够为业务的使用提供可靠的业务平台,那么业务平台可以利用运营商内部的信任管理,直接从网络接入中获得用户的有效身份,并在业务层映射得到相应的业务层身份信息,那么这种情况下也不需要进行业务层的认证的。

2. 根据业务信息的敏感情况考虑

在这个前提下,需要考虑物联网业务数据十分敏感和数据不太敏感两种情况。

从业务安全的角度来看,某些比较敏感的特殊业务,即使有网络层接入认证也还是需要进行业务认证的。例如,在金融行业,业务数据十分敏感,并且对安全等级的要求超过了通常意义上的通信网络的安全等级,就需要提供业务层的认证,从而在业务层将安全性提到业务应用所需要的安全等级。

而对于数据不太敏感的业务来说,由于网络层已经提供了相应的接入认证能力,并可以提供一定程度的安全保护,在其对业务数据安全要求不高于网络所能提供的安全等级的情况下,则无须再进行业务层的认证。

根据以上分析可知,当物联网业务由运营商自己部署、运营商能够为业务的使用提供可靠的业务平台或者有些业务对数据安全要求不高的情况下,无须再进行业务层的认证。然而,当物联网业务由第三方提供,移动网络不能保证来自业务层信息的安全性时,或者某些特殊业务对数据安全要求较高时,则需要提供业务层的认证。

二、组认证问题分析

现有网络认证体系是针对单个对象的一对一的认证方式,通过1~2轮的用户和归属服务器之间的交互完成用户与网络间的相互认证。现有的认证机制对于每个用户接入网络或做位置更新时都要执行一次认证过程,认证过程中同时包括推衍用户与网络建立安全连接所需的密钥信息的过程。对于现有移动通信网络应用来说,终端数量不是很大,且大量终端同时接入同一接入网的可能性较小,现有网络认证体系可以满足现有移动通信网络中的应用。

对于某些物联网应用时,很可能物联网应用中拥有大量物联网终端设备,这些终端设备按照一定的原则(同属一个用户/在同一个区域/有相同的行为特征)形成组,各组内终端设备的数量可能不等,而且物联网应用是基于组来提供的。例如,通过一组设备上报北京某地区的气温,智能抄表业务为某个地区同属于一个电力公司的用户统一抄表。在这些应用场景下,现有通信网络认证体系则不再适用。因为,当组内大量终端设备同时或在相当短的时间内接入网络时,若采用现有一对一的认证方式,不仅会增加网络信令,导致网络拥塞,而且会占用大量宝贵的网络及无线资源。对于某些计算能力和电池寿命有限的终端设备来说,传统的一对一的认证还会增加这些终端的计算负担和电池消耗。此外,采用一对一的认证方式,破坏了这些物联网终端之间的群组性质。

基于上述原因,在物联网终端接入网络时,有必要使用一些新的适用于物联网通信环境下的群组认证机制。

三、统一认证问题分析

在目前的通信网络中,存在多种接入方式,每种接入方式都对应着不同的安全机制。在物联网中,由于物联网终端多数情况下是针对专用的业务而设计的,网络接入方式相对固定,因此为减少在安全机制方面的开销,物联网终端是否可以设计为单模终端值得思考,统一的接入认证方式是否有必要引入也值得考虑。

1. 单模/多模终端安全问题分析

在目前中国的网络环境下,不同运营商拥有不同的无线接入网络,如电信使用 CDMA 网络而移动、联通采用 GSM 网络,同一运营商间也存在不同的接入网络,如中国移动同时拥有的 GSM 网络和 TD-SCDMA 网络。因此,物联网终端接入安全需要通过物联网终端的业务需要和网络的实际接入情况两方面进行分析。

(1)根据物联网终端的业务需要考虑。物联网终端的使用方式分为固定和移动两种方式。当物联网终端位置固定时,由于基础网络设施也相对固定,所以物联网终端可以使用固定的接入方式(如固定监控器等),从而使用单一的安全机制,降低安全机制方面的开销。如果物联网终端可以移动(如车载监控系统等),由于其移动后可能接入不同的网络,因此需要考虑多模终端并使用多种安全机制,并且需要考虑网络间切换的安全性。

(2)根据网路的实际接入情况考虑。在正常情况下,网络接入能力应当满足终端的接入需求,即终端在与特定网络进行连接时,不会因为网络原因发生无法接入或中断连接的情况。在这种正常条件下,物联网终端可以为单模终端,并使用单一的安全机制。

然而,如果在网络初始发展阶段,可能会产生网络接入能力无法满足物联网终端使用要求的问题(如 TD 网络并没有完全覆盖某个 M2M 应用的所有终端节点)。此时,物联网终端就需要为多模方式,并使用多种安全机制,而且还要保证终端设备在网络间切换的安全性。

当物联网终端位置固定,网络接入能力稳定时,可以使用单模终端及单一的安全机制;若物联网终端的移动性较强,经常会移动到不同接入网络内,或者网络初始发展阶段接入能力不稳定时,物联网终端需要设计为多模方式,以保证物联网业务的正常进行。

2. 统一的接入认证机制分析

根据上述分析结果可知,在物联网终端使用单模方式时,尤其需要考虑网络层不同接入方式间提供统一的接入认证方式。对于多种终端,由于终端节点基本上只是实现同一个应用,如果因为不同接入方式去使用不同接入认证机制,势必会增加安全机制的复杂性且影响业务互通性,因此统一的接入认证机制有必要研究。

使用统一的接入认证机制,将会对网络带来以下一些影响:统一认证机制使得网络无须考虑物联网终端的接入方式,降低了认证机制在设备上实现时的复杂性,并为核心网和业务层提供集中统一管理带来好处。对于核心网络层,提供统一的接入认证机制可以复用现有的一些安全机制,如 EAP 认证或 AKA 方式等,无须对无线安全机制做大的改动。对于感知网络层,由于感知节点的类型不同,并且通信协议也尚未做到统一,因此无法直接对其进行统一认证。可以考虑通过传感器网络网关接入无线通信网,统一接入认证机制可依赖传感器网络网关来实现,即传感器网络网关为外接的其他类型接入终端做代理与运营商网络进行认证(此时可能需采用群组式认证),然后把传感器网络网关作为普通的通信终端设备,按照现有的通信终端接入认证机制对传感器网关进行认证。因此,统一认证机制对无线安全机制不会有太大的改动,所涉及的改动也应相对集中在传感器网络网关侧。

总之,统一的接入认证机制可以不用考虑物联网终端的接入方式,且能复用现有的一些安全机制,无须对无线安全机制做大的改动。

3. 设备认证问题分析

在现有移动通信网络中,由于手机等终端设备都是用户的私有物品,且在用户的监控范围内,所以运营商网络没有义务去保证终端设备的安全,运营商核心网络只要保证接入网络的用户是合法用户(合法的用户是指具有订阅信息的用户),而没有义务保证用户私有物品的安全性。然而,在物联网中,物联网终端设备一般处于无人值守的环境中,其设备容易受到攻击、破坏,终端设备上的USIM卡(代表用户的身份信息)也容易被人蓄意破坏或盗用,从而带来利益的争端问题。同时,具有合法用户身份的非法设备接入运营商网络后可能会对运营商网络实施进一步的破坏。因此,网络有必要验证接入网络的设备的合法性。设备认证机制可以确保只有合法的物联网终端设备接入网络,并且保证只有物联网终端设备身份与用户订阅身份一致时才能接入网络,从而运营商能够从网络侧维护用户的合法利益,避免因非法设备接入带来的利益争端问题及网络安全问题,有效地推动物联网应用的开展。当然,某些物联网应用中,终端设备相对安全,且终端上的用户身份卡(USIM卡)很难被攻击者非法获取,设备认证机制则是没有必要的。

基于上述分析,在物联网终端接入网络时,有必要认证物联网终端的合法身份,物联网中应具有可选的设备认证机制。

在业界,物联网大致被公认为有三个层次,从下到上依次是感知层、传送层和应用层。感知层负责感知物体信息,然后将感知到的信息通过感知网络、通信网络传输到应用中心,应用中心负责信息的处理,在整个信息传递过程中,没有人的参与交互。可见,物联网的主要特点是终端设备处于无人值守的环境中,并且将传感网络与移动无线通信网络或其他接入网络连接起来传输数据。物联网的特点是物联网之所以能够发展壮大的关键,但同时也可能是物联网发展的制约条件。

物联网的感知能力对于物联网合法用户而言,有这样的一个体系,可以方便地管理物联网终端,方便地获取信息,做出判断。但它也存在着一个巨大的问题,即其他人也能通过物联网感知到这些信息,如产品的竞争对手有可能利用某些非法手段在没有花费部署物联网所需的高昂代价的情况下即可获取合法用户的机密信息,或阻碍合法用户获取准确的信息,从而造成合法用户的经济损失等。那么如何做到在感知、传输、应用过程中,这些有价值的信息可以为我所用,却不被非法用户所用或不被恶意用户所破坏。这就需要加强物联网的安全强度,形成一套强大的安全体系,保证物联网用户的合法利益。

第四节 物联网层面的智慧物流安全

一、终端节点相关的安全问题

由于物联网应用多种多样，其终端设备类型也具有多样性，包括传感器节点、RFID标签、近距离无线通信终端、移动通信终端、摄像头及传感网络网关等。按照终端设备节点与网络的关系划分，有接入感知网络的节点，以及直接接入通信网络的终端节点。相对于传统移动网络而言，由于物联网中的终端设备处于无人值守的环境中，缺少了人对终端节点的有效监控，因而终端节点更具有脆弱性及更多的安全威胁。

1. 物理破坏

在某些物联网应用中，终端节点可能处于恶劣的环境中且无人值守，攻击者很容易就能够通过物理接触的方式对设备进行攻击，所以终端节点容易遭受破坏和丢失。

2. 非授权使用

由于终端无人值守，使得攻击者很容易从物联网终端中将UICC非法拔出并挪作它用，如非法盗打电话等。

3. 非授权读取节点信息

攻击者可以通过对终端设备进行暴力破坏的方式使设备内部的非对外接口暴露，从而获得会话密钥、关键数据等信息。

4. 假冒感知节点

攻击者通过假冒感知节点，向感知网络注入信息，从而发动多种攻击，如监听感知网络中的传输信息，向感知网络发布虚假的路由信息或传送虚假的数据信息、进行拒绝服务攻击等。

5. 节点的自私性威胁

在传感器网络中，传感器节点之间本应协同工作，但部分节点不愿消耗自己的能量或是有效的网络带宽为其他节点提供转发数据包的服务，影响网络的效率或使网络失效。

6. 木马、病毒、垃圾信息的攻击

木马、病毒、垃圾信息的攻击是由于终端操作系统或应用软件的漏洞所引起的安全威胁。

7. 节点脆弱性

物联网中的终端节点可能是具有感知能力的传感节点或RFID标签，其能力有限，故更容易遭受DoS攻击。终端节点数量巨大，随机布放，上层网络难以获得布放节点的位置信息及拓扑信息。

二、感知网络相关的安全问题

目前传感器网络中,传感器节点由于受到能量和功能限制,其所具有的安全机制较少,安全保护功能较弱,并且由于传感器网络目前尚未完全实现标准化,所以导致其中的消息和数据传输的协议也没有统一的标准,从而无法提供一个统一的安全保护体系。因此,传感器网络除了可能遭受同现有网络相同的安全威胁外,还可能受到一些特有的威胁。

1. 对节点身份的攻击威胁

由于目前核心网尚无法对感知网络进行直接控制,因此可能导致攻击者在感知网络范围内部署恶意节点加入合法的感知网络,从而导致网络中消息的泄露,以及攻击者利用恶意节点作为跳板对网络发起新的攻击。

2. 数据传输威胁

感知网络中的数据发送通常是通过广播、多播等方式发送,并且受限于感知节点的能力,很可能无法对数据进行有效的加密保护,因此在无线环境下,数据的传输很容易受到攻击者的监听和破坏。

传输信息主要面临的威胁有以下四种。

(1) 中断。路由协议分组,特别是路由发现和路由更新消息,会被恶意节点中断和阻塞。攻击者可以有选择地过滤控制消息和路由更新消息,并中断路由协议的正常工作。

(2) 拦截。路由协议传输的信息,如"保持有效"等命令和"是否在线"等查询,会被攻击者中途拦截,并重定向到其他节点,从而扰乱网络的正常通信。

(3) 篡改。攻击者通过篡改路由协议分组,破坏分组中信息的完整性,并建立错误的路由,造成合法节点被排斥在网络之外。

(4) 伪造。无线传感网络内部的恶意节点可能伪造虚假的路由信息,并把这些信息插入到正常的协议分组中,对网络造成破坏。

3. 数据一致性威胁

由于感知网络中的数据发送通常是通过广播、多播等方式发送,同一份数据可能通过不同的路径传输时产生多个副本,此外由于感知节点的数据处理需要和功能限制,很可能无法对数据进行完整性保护,那么在其中某个副本数据产生错误时,数据接收节点将无法判断数据是否可靠有效。而当数据汇聚节点在处理来自同一份数据的不同副本时,则无法判断数据的真伪。

4. 主动恶意攻击威胁

感知节点功能简单,安全能力差,发送方式为广播和多播,且缺乏中心控制点,那么攻击者可以在控制某个感知节点的基础上利用这种方式扩散和传播蠕虫病毒等恶意代码,在较短的时间内将恶意代码扩散到整个感知网络中。另外,缺乏中心控制点的控制管理能力时,便无法有效地查找到攻击的发起地点。

三、通信网络相关的安全问题

现有通信网络面向人与人的通信方式设计,通信终端的数量并没有物联网中如此大的数量,因此通信网络的承载能力有限,通信网络面临的安全威胁将会增加。

1. 大量终端节点接入现有通信网络带来的问题

(1)网络拥塞和 DoS 攻击。物联网设备数量巨大,如果通过现有的认证方法对设备进行认证那么信令流量对网络侧来说是不可忽略的,尤其是大量设备在很短时间内接入网络,很可能会带来网络拥塞,而网络拥塞会给攻击者带来可趁之机,从而对服务器产生拒绝服务攻击。

(2)接入认证问题。物联网环境中终端设备的接入通常表现为大批量、集体式的接入,目前一对一的接入认证无法满足短期内对大批量物理机器的接入认证,且在认证后也无法体现机器的集体性质。而对于物联网网关等相关设备,还涉及如何能够代表感知网络与核心网络进行交互,从而满足核心网络对感知网络的控制和管理能力。

(3)密钥管理问题。传统的通信网络认证是对终端逐个进行认证,并生成相应的加密和完整性保护密钥。这样带来的问题是当网络中存在比传统手机终端多得多的物联网设备时,如果也按照逐一认证产生密钥的方式,会给网络带来大量的资源消耗。同时,未来的物联网存在多种业务,对于同一用户的同一业务设备来说,逐一对设备端进行认证并产生不同的密钥也是对网络资源的一种浪费。

2. 感知网络和通信网络安全机制之间的融合会带来如下问题

(1)中间人攻击。攻击者可以发动 MITM 攻击,使得物联网设备与通信网络失去联系,或者诱使物联网设备向通信网络发送假冒的请求或响应,从而使得通信网络做出错误的判断而影响网络安全。

(2)伪造网络消息。攻击者可以利用感知网络的安全性等特点,伪造通信网络的信令指示,从而使得物联网设备断开连接或者做出错误的操作或响应。

3. 传输安全问题

在目前的网络中,数据的机密性和完整性是通过较为复杂的加密算法来实现的。而在物联网通信环境中,大部分场景中的单个设备数据发送量相对较小,使用复杂的算法保护会明显带来不必要的延时。

4. 隐私的泄露问题

一些物联网设备很可能是处在物理不安全的位置,这就给了攻击者可趁之机,从物理不安全的设备中获得用户身份等隐私信息,并以此设备为攻击源对通信网络进行攻击。

四、物联网应用相关的安全问题

物联网应用广泛,涉及各行各业,其应用安全问题除了现有通信网络中出现的业务滥用、重放攻击、应用信息的窃听和篡改等安全问题外,还存在更为特殊的应用安全问题及危害。

1. 隐私威胁

大量使用无线通信、电子标签和无人值守设备,使得物联网应用层隐私信息威胁问题突出。隐私信息可能被攻击者获取,给用户带来安全隐患,物联网的隐私威胁主要包括隐私泄露和恶意跟踪。

2. 隐私泄露

隐私泄露是指用户的隐私信息暴露给攻击者,如用户的病历信息、个人身份信息、兴趣爱好、商业机密等信息。

3. 恶意跟踪

隐私信息的获取者可以对用户进行恶意跟踪。例如,在带有RFID标签的物联网应用中,隐私侵犯者可以通过标签的位置信息获取标签用户的行踪。抢劫犯甚至能够利用标志信息来确定并跟踪贵重物品的数量及位置信息等。

4. 身份冒充

物联网中的设备一般无人值守,这些设备可能被劫持,然后用于伪装成客户端或应用服务器发送数据信息、执行其他恶意操作。例如,针对智能家居的自动门禁远程控制系统,通过伪装成基于网络的后端服务器,可以解除告警、打开门禁进入房间。

5. 信息拥塞

目前的认证方式是应用终端与应用服务器之间的一对一认证。而在物联网中,终端设备数量巨大,当短期内这些数量巨大的终端使用业务时,会与应用服务器之间产生大规模的认证请求消息。这些消息将会导致应用服务器过载,使得网络中信息通道拥塞,引起拒绝服务攻击。

五、控制管理相关的安全问题

1. 远程配置、更新终端节点上的软件应用问题

物联网中的终端节点数量巨大,部署位置广泛,人工更新终端节点上的软件应用则变得更加困难,远程配置、更新终端节点上的应用则更加重要,因此,需要提供对远程配置、更新时的安全保护能力。此外,病毒、蠕虫等恶意攻击软件可以通过远程通信方式置入终端节点,从而导致终端节点被破坏,甚至进而对通信网络造成破坏。

2. 配置管理终端节点的特征时的安全问题

攻击者可以伪装成合法用户,向网络控制管理设备发出虚假的更新请求,使得网络为终端配置错误的参数和应用,从而导致终端不可用,破坏物联网的正常使用。

3. 安全管理问题

在传统网络中,由于需要管理的设备较少,对于各种业务的日志审计等安全信息由各自业务平台负责,而在物联网环境中,由于物联网终端无人值守,并且规模庞大,因此如何对这些终端的日志等安全信息进行管理成为了新的问题。

六、恶意代码的防御

在物联网场景下,多数物联网终端设备都处于无人值守状态,那么一旦有蠕虫、病毒入侵很难被及时发现,会导致更大范围的蔓延。此外,感知网络中数据的传播方式多是通过广播或多播的方式传输,会导致病毒的扩散途径大大增加。因此从这个角度来说,蠕虫、病毒对物联网应用的威胁比普通应用更大。

此外,由于物联网终端设备和传感器节点部署广泛,且传感器网络节点的防护能力较低,攻击者能找到更多的进行分布式拒绝服务(Distributed Denial of Service,DDoS)攻击的漏洞或条件,通过在物理层及协议层干扰用户数据、信令/控制数据,或者假冒合法物联网用户及其终端设备,从而干扰或阻止合法用户的正常业务使用。因此,物联网业务暴露在DDoS攻击威胁下的可能性也会比普通应用更大。物联网的特殊应用场景,物联网业务中病毒、DDoS攻击威胁会比普通应用更大,因此,物联网中病毒、DDoS攻击防御的力度需要加强。

恶意代码防御可采用基于现有网络中的恶意代码防御机制,并结合分层防御的思想,从而加强物联网中的恶意代码防御能力。分层防御的思想,即在传感器网络层或M2M终端部署入侵检测机制检测异常流量及恶意代码,以便从源头控制恶意代码的复制和传播。传感器网关可作为防御机制中的第二层控制节点,负责恶意代码、异常流量的简单分析和上报处理。核心网侧部署恶意代码防御服务器作为恶意代码防御机制的第三层防御控制节点,负责恶意代码的分析、处理。

七、位置检测机制

物联网终端设备通常被部署在高风险的区域,且因缺乏人的守护,终端设备更加容易受到破坏、盗取等。在某些物联网应用中,终端设备不允许被非法移动但可以根据用户的要求移动到授权的区域,因此,当终端设备移动后,网络侧应能够检测出终端设备是否被非法移动。如果这些事件能够被检测出,网络应能够采取某些特殊的措施,以减少用户的损失。为防止物联网终端设备被非法移动到未授权的区域使用,网络应提供一种位置管理机制来检测、管理物联网终端设备的位置信息。

位置检测机制的主要思想是:终端设备或终端设备所属的通信小区能够上报终端设备所在的位置信息,网络实体(如 MSC/SGSN/MME)中存储预定义的终端设备的位置信息;网络实体(MSC/SGSN/MME)在接收到终端设备上报的位置信息后,将收到的信息与预定义的位置信息进行比较。如果位置信息不同,则证明终端设备被移动,网络实体将发送一个警告消息给应用服务器,然后由应用服务器决定采取进一步的措施。

位置检测机制能够为具有低移动性特点的物联网终端提供位置管理服务,当物联网终端位置发生改变时,网络侧可以在第一时间发现终端被移动,并将此检测结果发送给物联网应用服务器或用户以采取进一步的措施,因此,位置管理机制能够减轻物联网终端设备被非法移动的安全威胁。位置检测机制可以作为可选的功能,为物联网用户提供更加安全的服务。

八、物联网安全架构

物联网安全架构是建立在物联网三层架构的设计基础之上,通过对物联网中安全问题的详尽分析以及对物联网安全关键技术需求分析得出。物联网的安全架构分为四个层次,即设备物理安全、感知层安全、网络层安全、应用层安全。

1. 设备物理安全

此类安全特性提供近端访问终端设备的本地安全,主要保护针对物联网终端设备的攻击防御,包含以下四个方面:位置管理机制、本地完整性安全、终端认证机制、设备信任安全存储。

2. 感知层安全

此类安全特性将对感知节点间及感知节点与传感器网关间的信令数据与用户数据提供安全保护,主要保护针对无线传感器网络的攻击。

3. 网络层安全

此类安全特性将对节点间的信令数据与用户数据提供安全保护,以及提供终端节点接入服务的安全性,主要保护针对移动网络的攻击。

4. 应用层安全

此类安全特性提供用户与物联网应用层交换消息的安全性,包括业务认证、网络安全管理,以及远程配置和安全更新。

由于应用层安全特性与物联网应用特点、应用部署情况及运营商的策略有关,不同的物联网业务应用或不同的运营商策略会采取不同的安全保护,因此本节内容不讨论应用层的安全保护机制。

九、隐私保护

在物联网中,机器与机器间可以直接通信而不需要人的参与,使一些带有个人隐私内容的信息很容易被非法攻击者利用机器通信的特点而窃取。在射频识别系统中,带有电子标签的物品可能不受控制地被恶意入侵系统者扫描、定位和追踪,这势必会使物品所有者的个人隐私信息被泄露。例如:车载系统中的物联网终端很容易将汽车所有者的位置信息暴露给恶意用户或敌人,为用户带来麻烦;带有电子标签的家用物品被恶意用户扫描后会泄露物品所有者的一些私人信息;恶意入侵者还可能通过入侵电力/水表抄表系统,获取某一小区中用户的水、电费信息,从而判断最近一段时间内,用户是否在家等信息,进而实施其他破坏。因此,物联网中用户的隐私保护问题需要格外重视,并应该得到有效解决。

用户隐私包括通信中的用户数据,用户的个人信息(如通过物联网应用的使用情况判定用户所在位置、使用时间等)等信息。

从技术上来说,可以通过授权认证、加密等安全机制来保证用户在通信中的隐私安全,通过授权认证机制使得只有合法用户才能读取相应级别的数据。通过加密机制使得只有拥有解密密钥的合法用户才能读取物联网终端上的信息,并保证信息在传输过程中不被中间人监听。

从管理上来看,对物联网终端设备的数据读取需要严格的操作规定,需要对数据进行读/写操作的详细日志管理,对物联网用户的数据操作人员相应的管理限制等。

在法律法规上,在物联网中,需要政府制定相应完善的法律法规来约束人们的行为,减少物联网用户隐私的侵犯。

第九章 农产品物流与食品追溯

物联网技术在粮食物流中已得到广泛的应用：应用于粮食仓储领域，实现保管的动态监测；应用于粮食运输领域，实现粮食物流的合理化；应用于粮食装卸搬运领域，实现粮食物流的无缝化连接；应用于粮食配送领域，实现配送的精确化等。同时，物联网技术将促进政府的粮食安全保障、粮食企业的供应链协同及农户和消费者的粮食信息获取。物联网技术在粮食物流中的应用，应与现代粮食物流模式相协调，政府应进行相应的财政支持，在实施过程中，要分步进行，有序推进。粮食物流作为基础流通产业，承载着国家粮食安全、农村发展与农民增收等重要职能。虽然我国粮食物流运作随着现代物流管理理念及科学技术的发展不断提升，但目前总体水平还比较落后，信息化程度不高，供应链之间协同不够，并由此造成较高的运作成本。物联网的提出及实现，如果能在粮食物流领域中广泛应用，必将使我国粮食物流的运作水平大大提升，同时也将为政府进行粮食调控、保障粮食安全创造条件。射频识别技术的应用是完善粮食现代物流信息系统的有效方法，为粮食现代物流信息系统的各子系统（如粮食物流仓储子系统、粮食物流运输子系统、粮食物流商务子系统、粮食物流配送子系统等）提供了最全面的数据支持，保证在整个系统中信息的一致性、共享性。随着技术的发展、成本的不断降低，以及我国 RFID 标准的建立，相信在不久的将来 RFID 技术会在粮食现代物流中得到全面应用。

第一节 粮食物流

粮食物流指粮食从收购、储存、运输、加工到销售整个过程中的实体运动及在粮食流通过程中的一切增值活动，涵盖粮食运输、仓储、装卸、包装、配送、加工增值和信息应用等环节。物联网技术将使粮食物流的各运作环节得到提升。

一、射频识别技术的粮食物流系统的体系架构

应用射频识别技术（Radio Frequency Identification，RFID），能够很好地解决传统管理方式存在的问题和现代物流对粮食管理提出的新要求，能够最大程度地将粮食信息在各个环节上实现共享，方便各环节对 RF 数据信息的处理加工，有效地提高整体运行效率和管理效率。

1. 射频识别子系统

射频识别技术的应用日趋成熟，已经成功应用于物流行业的零售、仓储、配送等环节。

射频识别技术的自身特点能够很好地适用到粮食现代物流中,并且在整个现代物流行业,主要实现与粮食流通各环节紧密联系的射频识别系统。

2. 粮食物流仓储管理子系统

粮食物流仓储管理该子系统主要实现基本信息管理、库存管理、进货管理、出货管理、加工管理、质检管理、熏蒸管理,以及统计分析等功能。

3. 粮食物流运输管理子系统

射频识别技术的应用日趋成熟,已经成功应用于物流行业的零售、仓储、配送等环节,同时也可以运用到粮食物流运输管理子系统中。粮食物流运输管理子系统主要实现运输计划管理、运输车辆管理、城市地理信息、运输信息查询、数据接口管理,以及分析报表等功能。

4. 粮食物流商务管理子系统

粮食物流商务管理该子系统主要实现客户信息管理、联系人管理、合同管理、采购管理、销售管理,以及查询统计分析等功能。

5. 结算管理信息系统

射频识别系统可实现财务结算、物流费用结算和物流费用分析等功能。由于射频识别标签可以准确地唯一地标识商品,通过同计算机技术、网络技术、数据库技术等结合,可以在物流的各个环节上跟踪货物,实时掌握商品的动态信息。应用结算管理信息系统,可以实现获得预期的效益的目标,如缩短作业时间、改善盘点作业质量、增大配送中心的吞吐量、降低运转费用、实现可视化管理、实时信息的传送更加迅速准确。

二、粮食物流车载终端系统

针对粮食物流的特点,车载终端系统集射频识别技术、GPS定位技术、GPRS通信技术、传感器技术于一体的粮食物流车载终端,从而实现粮食物流运载终端的实时跟踪定位、实时采集运输过程中粮食相关状况信息,以及与远程控制中心的实时通信。粮食物流车载终端系统的主要功能是能不断获取移动车辆上粮食的相关信息、车辆的位置状态信息,并把这些信息通过无线通信设备发送到监控中心。同时,粮食物流车载终端系统还能实时接受来自控制中心的指示。

1. 总体结构

为了达到粮食物流的智能管理的要求,实现物流运载终端的实时跟踪定位、实时采集粮食相关状况信息等目的,车载终端除了利用GPS定位模块获取当前位置信息外,还配置RFID模块和GPRS模块、相关传感器模块,以便实时采集和发送所需信息,实现与接收监控中心通信。因此,车载终端的设计可划分为五大功能模块,即控制处理模块、RFID模块、GPS模块和GPRS模块、粮测传感器模块。

(1)控制处理模块。控制处理模块的功能包括从GPS模块中提取定位数据、RFID模块中获取粮食信息、粮测传感器中读取粮食当前状况信息、向GPRS模块发送连接等控制指令以完成收发数据等操作。

(2)RFID模块。RFID模块用于识别运载工具上粮食的信息,根据不同需求,信息可包括粮食产地、粮食重量、粮食品质等,并由控制处理器模块读写、显示,依据实际情况,可通过GPRS模块发回监控中心。

(3)GPS模块。GPS模块用于接收GPS卫星发来的信号并解算出定位信息,也由控制处理模块读取、显示,并可通过GPRS模块发回监控中心,以便实时掌握运载工具的位置情况。

(4)GPRS模块。GPRS模块主要功能是完成与GPRS网的连接,将经过控制处理模块预处理后的各种功能模块采集到的数据发回监控中心,以及接收监控中心发来的各种指令,并将其交给控制处理模块处理。

(5)检测传感器模块。检测传感器模块主要是用来实时测量粮食当前的温度、湿度等信息,并通过GPRS模块发回监控中心,以便实时掌握粮食当前状态信息。

2.终端硬件

该终端在选型时,在满足使用要求的基础上,主要的选择目标是体积重量小、能耗低的产品以满足车载的要求,主要硬件分为四部分。

(1)MCU选用超低功耗型MSP430系列16位单片机MSP430F149,片内有丰富的外设,可实现异步、同步及多址访问的串行通信接口(USART0~1)及液晶显示驱动模块,最多可达6×8条I/O线,可以满足不同终端需要。

(2)GPS接收单元采用u-blox的GPS-MS1E,MCU对GPS的控制是通过串行口UART1发送命令和接收GPS信息。

(3)GPRS模块采用SI-MENS的MC35i,MC35i支持GSM/GPRS双模模块,其体积小,功耗低,能提供数据、语音、短信、传真等功能,GPRS模块通过串行口UART2与主控芯片通信。

(4)RFID模块的阅读器采用TagMaster公司生产的RFID识别系统S1566系列。TagMaster的射频识别(RFID)阅读器有极可靠的设计、极佳的性能和极灵活的用户适应性。

(5)MCU与其他外围接口的控制通过通用I/O口实现。

第二节 农业物联网与农产品物流系统

目前,我国粮食物流存在粮食物流技术装备水平较落后,粮食物流通道网络不完善,粮食现代物流信息系统不健全等突出问题。发展粮食现代物流是一项复杂的系统工程,它需要以物流信息技术为先导,融合粮食生产、加工、储存、运输、交易等粮食流通的各个环节,通过实现粮食物流技术装备的现代化、粮食物流通道节点网络化,借助飞速发展的现代信息技术,形成信息高度集中的粮食物流信息平台,才能真正构筑我国的粮食现代物流体系。物联网技术在粮食物流领域的推广应用必将带动粮食行业的快速发展。

一、移动农业物联网在现代农业中的应用

移动农业物联网，就是物联网技术在农业生产经营管理中的具体应用，通过操作终端及传感器采集各类农业数据，通过无线传感器网、移动通信无线网、有线网等实现信息传输，通过作业终端实现农业生产过程全监控与管理，也可以用于射频识别农产品物流的操作终端。

(一)移动农业物联网的功能与优势

移动互联网在网络传输、终端等方面，都有现实的应用优势。当物联网深入人们的工作、生活之后，也给移动互联网应用带来了诸多机会。

(1)手机终端可以集合读写器的功能。

(2)手机终端可以集合标签的功能。

(3)移动网络可以局部替代物联网传输。

移动农业物联网系统利用信息化为决策支持、生产经营服务，实现动态监测、先兆预警等，加强农业信息化服务体系，提高信息化装备，健全信息服务队伍，延伸信息网络，提高信息服务能力。

(二)移动智能农业系统技术架构

农业物联网的智能农业系统采用三层架构，分别由感知层、传输层、应用层构成，具体功能有以下三点。

1.农业物联网感知层

农业物联网感知层的主要任务是将大范围内的现实世界农业生产等的各种物理量通过各种手段，实时并自动化地转化为虚拟世界可处理的数字化信息或者数据。

2.农业物联网传输层

农业物联网传输层的主要任务是将农业信息采集层采集到的农业信息，通过各种网络技术进行汇总，将大范围内的农业信息整合到一起，以供处理。传输层是农业物联网的神经中枢和大脑信息传递与处理。网络层包括通信与互联网的融合网络、网络管理中心、信息中心和智能处理中心等。信息汇总层涉及的技术有有线网络、无线网络等。

3.农业物联网应用层

农业物联网应用层的主要任务是将信息汇总，把汇总而来的信息进行分析和处理，从而对现实世界的实时情况形成数字化的认知。应用层是农业物联网的"社会分工"与农业需求结合，实现广泛智能化。

二、粮食物流跟踪系统

就现代化粮食物流而言，物联网可以运用于粮食的仓库储存管理、粮食运输时集装箱可视化管理，以及粮食加工后产品的跟踪等整个粮食流通领域，利用射频识别技术组建物联

网,可以将各种粮食货物的信息通过互联网实现信息整合,同时可优化物流供应和流通流程,提高粮食的生产效率和产品质量,进而提高整个粮食产业的核心竞争力,实现优质原材料入库及高效、高质量的产品出库。

(一)粮食物流信息跟踪过程

粮食物流中 EPC 信息系统的主要内容如下。

对于粮食物联网而言,RFID 标签(Tag)由芯片和天线(Antenna)组成,每个标签具有唯一的产品电子代码 EPC。该产品电子码是 Auto-ID 是为每个实体对象分配的唯一可查询的标识码,其内含的一串数字可代表产品类别和生产商、生产日期和地点、有效日期、应运往何地等信息。粮食信息可以分为固定信息和可变信息。固定信息大部分是与粮食交易项目相关联的信息包括以下内容:确定该粮食交易项目的基本特征信息(如粮食的名称、包装规格等)和相关的管理信息(如粮食的产地名称、价格、粮食产品管理分类等);可变信息是粮食交易项目随具体单元不同而变化的信息(如粮食的保质期、批号、毛重、皮重、水分、容重、杂质、不完善粒、矿物质含量等)。

随着粮食在粮库或者加工厂内的转移或变化,这些数据可以实时更新。通常,EPC 码可存入硅芯片做成的电子标签内,并附在被标识产品上,以供被高层的信息处理软件识别、传递和查询,进而在互联网的基础上形成专门为供应链企业服务的各种信息服务。目前,国际上有三种格式的 EPC 码,EPC 码的位数分别为 64 位、96 位、256 位。为了保证所有物品都右一个 EPC 编码,并使标签成本尽可能降低,建议采用 96 位。

当粮食在某个阶段完成某一道工序并贴上储存有 EPC 标识的 RFID 标签后,在粮食的整个生命周期中,该 EPC 代码将成为它的唯一标识,以此 EPC 编码为索引能实时地在 RFID 系统网络中查询和更新粮食相关信息,也能以此为依据,在粮食的运输、储存、加工等各个流通环节对它进行定位和定时追踪。每一道工序前都设有一个阅读器,并配备相应的分布式(Savant)系统和计算机系统。在粮食半成品的加工、转运、储存,以及成品的再加工、转运、包装和储存过程中,当粮食流通到某一环节的阅读器前时,阅读器可在有效的读取范围内就会监测到标签的存在,这是因为阅读器可以不断地读取一连串的产品电子代码。

(二)物联网在粮食物流跟踪过程中的运用

粮食物流具体跟踪过程可分为六个部分,包括粮食入库、存储、出库、运输、加工及销售信息跟踪。粮食物联网的整个过程一般是以 Savant 系统作支撑,通过在托盘、货架、车辆、仓库内部、出入库口、搬运器械、物流关卡等安装 RFID 阅读器,能够实现自动化的入库、出库、盘点,以及物流交接环节中的 RFID 信息采集,再通过 RFID 技术与物流设备、设施的结合,实现粮食物流的透明化、信息化和自动化管理。

粮库从农户或者中间商手中收购粮食,在粮食正式入库前,通过检验员对每批产品进行质量检验,同时会在该批粮食中加载包含对应 EPC 代码的射频识别标签,收集粮食的登记信息和检验结果。在入库和储存过程中发生装卸搬运操作、入仓和转仓等情况时,Savant

系统会将粮食实际变化情况与对应 PML 文件信息相匹配。

三、地理信息系统技术在农产品物流中的应用

农产品交通运输要能实施"精确保障",能通过建立可靠的信息网络将保障对象信息传送给运输保障单位,使运输指挥员知道各分队在何时、何地需要什么,把恰当的物资送到恰当的地点。地理信息系统具有的可视化位置信息功能可为交通运输提供一种可视的地理环境,恰好满足精确保障的要求。

(一)地理信息系统的概念

物质世界中的任何地物都被牢牢地打上了时空的烙印。人们的生产和生活中 80% 以上的信息和地理空间位置有关。地理信息系统(简称地理信息系统)作为获取、处理、管理和分析地理空间数据的重要工具、技术和学科,近年来得到了广泛关注和迅猛发展。从技术和应用的角度,地理信息系统是解决空间问题的工具、方法和技术;从学科的角度,地理信息系统是在地理学、地图学、测量学和计算机科学等学科基础上发展起来的一门学科,具有独立的学科体系;从功能上,地理信息系统具有空间数据的获取、存储、显示、编辑、处理、分析、输出和应用等功能;从系统学的角度,地理信息系统具有一定结构和功能,是一个完整的系统。简而言之,地理信息系统是一个基于数据库管理系统的管理空间对象的信息系统,以地理空间数据为操作对象是地理信息系统与其他信息系统的根本区别。

(二)地理信息系统的工作原理简述

地理信息系统就是用来存储有关世界的信息,这些信息是可以通过地理关系连接在一起的所有主题层集合。

1. 地理参考系统

地理信息包含有明确的地理参照系统,如经度和纬度坐标,或者是国家网格坐标;也可以包含间接的地理参照系统,如地址、邮政编码、人口普查区名、森林位置识别、路名等。一种叫作地理编码的自动处理系统用来从间接的参照系统(如地址描述),转变成明确的地理参照系统(如多重定位)。这些地理参考系统可以使人们定位一些特征,如商业活动、森林位置,也可以定位一些事件,如地震,用于做地表分析。

2. 矢量模式和栅格模式

地理信息系统工作于两种不同的基本地理模式:矢量模式和栅格模式。在矢量模式中,关于点、线和多边形的信息被编码并以 x、y 坐标形式储存。一个点特征的定位,如一个钻孔,可以被一个单一的 x、y 坐标所描述。例如,公路和河流,可以被存储于一系列的点坐标。多边形特征,例如,销售地域或河流聚集区域,可以被存储于一个闭合循环的坐标系。矢量模式非常有利于描述一些离散特征,但对连续变化的特征。例如,土壤类型或赶往医院的开销等,就不太有用。

第三节 冷链物流

冷链物流是一个庞大的系统,是指肉类、鲜奶等需要冷藏的食品,在生产、贮藏运输、销售,到消费前的各个环节中,始终处于规定的低温环境下,以保证食品质量,减少食品损耗的一项系统工程。

一、射频识别技术生鲜食品冷链物流

射频识别技术的发展应用给生鲜食品冷链物流操作提供了机会。针对生鲜食品冷链物流存在的问题,射频识别技术释放出了在生鲜食品冷链物流中应用的优越性。

(一)射频识别技术在冷链物流中的优越性

1. 跟踪冷链物流,增加生鲜食品冷链管理的透明度

射频识别技术技术的核心是标签上的产品电子代码(EPC),由于 EPC 提供对物理对象的唯一标识,所以利用 EPC 可以实现货物在整个冷链上货物的物流跟踪,而且 RFID 温度标签还可以提供温度的监控,保证了冷链物流中货物的质量安全。应用 RFID 技术后,生鲜食品从生产开始,它在供应链上的整个流动过程都会被及时、准确地跟踪,实现透明化。

2. 简化作业流程,提高生鲜食品物流效率

生鲜食品的自身特点决定对其操作应尽量简化,缩短操作时间。因此,在生鲜食品托盘上和包装箱上贴上 RFID 标签,在配送中心出/入口处安装阅读器,无须人工操作,可以满足叉车将货物进行出/入仓库移动操作时的信息扫描要求,且可以远距离动态地一次性识别多个标签。这样大大节省了出入库的作业时间,提高了作业效率。另外,在顾客最后付款时,只需推着选好的商品通过 RFID 阅读器,就可以直接在电脑屏幕上看到自己所消费的金额,而不用再花很长时间等收银员用扫描仪一件件地扫描商品后再付款。这样不仅节省了消费者的时间,也提高了零售商的工作效率。

3. 降低企业管理成本,增加市场销售机会

RFID 应用于生鲜食品库存管理,可以减少人工审核工作,并且能保证储存货物质量的安全性,降低管理成本。对于零售商来讲,当自动补货系统显示需要补货时,就可以立即向上游企业订货,通过切实可行的 RFID 解决方案和 RFID 技术保证所需货物安全、准时到达,这样就不会出现短货和缺货现象,也提高自身的客户服务质量,增加了销售机会,提高销售收入。

(二)射频识别技术在超市销售环节的应用

(1)配送中心的冷藏车准时到达超市指定的交货点把货卸下。超市的工作人员用手持式的 RFID 阅读器一次性读取所有货物信息,确认货物信息与订货单上的信息一致。如果信息一致,则更新零售商的销售系统中的相关数据。

(2)超市工作人员马上将货物推进超市,上架销售。冷冻食品及时上架,保证超市不会出现"缺货""断货"的现象,可满足消费者的消费需求和零售商的销售需求。

(3)超市在摆放冷冻食品的冷冻柜上方安装了一个RFID阅读器,该阅读器的读取范围可以辐射到整个冷冻食品摆放的区域。这个冷冻柜就能利用阅读器对每件商品包装上的RFID标签内信息的获取,来自动识别新添的商品。同时,冷冻柜上的RFID阅读器可以实时读取冷冻柜的温度信息并及时反馈给超市管理中心,保证冷冻柜的温度在一定的幅度范围内,以保证生鲜食品的新鲜。

(4)顾客从冷冻柜拿走一定数量的商品后,RFID阅读器能自动获取被取走商品的相关信息,并及时地向超市的自动补货系统发出信息。

(5)顾客付款。冷冻食品的外包装上都贴有RFID标签,当顾客将购物车推过装有RFID阅读器的门时,阅读器可以一次性辨认出购物车中的商品种类、数量、金额等信息,电脑显示屏会显示该顾客消费总金额,然后顾客付款离开。

(6)当顾客消费完毕离开,超市的销售系统立即自动更新,将所销售的商品信息及销售额全部记录下来。

三、冷链物流食品安全监管系统

现代物流,以RFID技术为核心,结合运用GPS、GIS、GPRS、智能传感等先进技术,建立了冷链物品集装箱物流监控网络和公共安全监管平台,包括冷链物流与状态信息采集终端、车载实时监控终端、远程监控平台三部分,实现冷链物流状态监测与安全报警、冷链物流全过程信息追溯等功能。

(一)冷链物流食品安全监管系统组成

1. 温度电子标签

温度电子标签是带有温度传感器的电子标签。温度传感器把采集到的信息传给电子标签,电子标签再不停地向外发射。温度电子标签安装在物品集装箱内。

2. 带GPRS和液晶显示屏固定读卡器

带GPRS和液晶显示屏固定读卡器是读取标签发出的信息,安装在驾驶室内。

3. 控制器

控制器控制报警功能。

4. 监控系统

监控系统通过本系统能实时监控到集装箱内温度的变化。

(二)冷链物流食品安全监管系统工作原理

当把货物装上车以后,信息采集终端实时采集集装箱内温度、湿度、状态信息,并定时写入集装箱电子标签,电子标签不停地向外发送信息,通过读卡器再把接收到的信息通过

GPRS 发到监控中心,在驾驶室里的显示屏可以看到货物温度的变化。远程监控平台可实现全部信息的接收、存储,并将获取的信息以可视化的形式表现出来或以查询的方式实现,实时地与冷链运输人员进行交互。

(三)冷链物流食品安全监管系统的功能

1. 远距离

利用冷链物流食品安全监管系统,阅读距离 10 m 以内轻松实现。按考勤地点的实际情况,读卡距离可随机设定。

2. 运行稳定

有源卡阅读距离稳定,不易受周边环境影响。使用频道隔离技术,可实现多个设备互不干扰。

3. 支持高速度移动读取

标识卡的移动时速可达 200 km/h。

4. 高可靠性

环境温度在 40~85℃ 内能完全正常运行,尤其是在北方低温和南方高温状态下更显优势,可以有效抵抗恶劣环境下空气中的高粉尘和污染物及阴雨等环境,能够保证设备正常使用。

5. 加密计算与认证

冷链物流食品安全监管系统可确保数据安全,防止链路窃听与数据破解。

6. 高抗干扰和防雷设计

冷链物流食品安全监管系统可对现场各种干扰源无特殊要求,满足工业环境要求,安装方便、简单。

7. 全球开放的 ISM

微波频段,无须申请和付费。

8. 超低功耗

冷链物流食品安全监管系统使用寿命长,平均成本低,并且对人体安全、更健康,无辐射损害。可配置微波模块工作方式,发射功率可调。

9. 多识别性

冷链物流食品安全监管系统可以同时识别 200 个以上标示。如果现场有多于 200 个以上的标示,冷链物流食品安全监管系统可以同时进行处理。

第十章　新兴特色物流技术

第一节　供应链金融技术

为实现国内经济持续转型升级,我国坚持推进供给侧结构性改革。在从制造大国向制造强国迈进,"产融结合、脱虚向实"的背景下,继续加强金融业对实体经济的支持和服务作用是供给侧结构性改革一项重要内容。同时,随着供应链管理思想的普及和中小企业融资难等问题的出现,供应链金融为满足产业发展需求应运而生,并成为物流领域发展热点之一。关注供应链金融技术的发展,充分研究并发挥技术在促进供应链金融高效健康发展方面的作用具有重要意义。

一、供应链金融发展的基本情况

供应链金融的发展是其技术研究应用的基础环境,分析供应链金融发展的阶段形势和特点,有利于了解供应链金融新应用技术的产生背景和应用意义。

(一)供应链金融的概念

供应链金融是指以核心客户为依托,以真实贸易背景为前提,运用自偿贸易融资的方式,通过应收账款质押登记、第三方监管等专业手段封闭资金流或控制物权,对供应链上下游企业提供的综合性金融产品和服务。作为一种融资服务,供应链金融不仅有利于促进供应链运营效率的提升、供应链整体竞争力的提升、生态圈的建立和繁荣,还有利于金融资本与实体经济有效融合局面的形成。

(二)供应链金融发展现状简述

我国供应链金融处于蓬勃发展期,为进一步促进供应链金融发展提供了政策环境。面对供应链金融未来巨大的发展潜力,众多行业企业和组织机构纷纷加入供应链金融活动之中,形成了丰富的参与主体。供应链金融主要包括原材料供应商、半成品供应商、产品生产商、批发商、零售商等。物流伴随着商流产生,而物流企业作为衔接供应商、生产商、分销商的运作主体,是供应链金融服务中重要的参与单位。供应链金融服务促进了资金流的有效流动,使银行等金融机构或出资方也在供应链金融中扮演重要角色。丰富多样的参与主体进一步激发了供应链金融的发展活力,促进了供应链金融的健康发展。

供应链金融已经成为物流领域一大关注热点。国家政策的积极支持与引导、越来越多新参与者的加入,反映出供应链金融发展的活跃。尤其值得注意的是,互联网平台等全新角色的加入对供应链金融发展的影响。这类以科技和技术见长的企业有力促进了新技术在供应链金融领域的应用。

二、供应链金融技术发展情况

供应链金融技术源自相关参与主体开发供应链金融服务产品、提供供应链金融服务、控制供应链金融风险等一系列生产管理活动中。供应链金融需求的不断增长、有利的政策环境、众多参与主体的积极探索等有利因素推动了供应链金融技术的创新应用与推广。

(一)供应链金融技术发展现状简述

经过多年的发展成熟,供应链金融逐步形成具有自身特色的基本模式,可以分为存货相关服务、预付款相关服务、应付账款相关服务等。主要的供应链金融技术可以对应分为三类,即服务于存货的供应链金融管理技术、服务于预付款的供应链金融管理技术及服务于应收账款的供应链金融管理技术。

服务于存货的供应链金融管理技术的主要应用于质押监管业务中,可分为仓单质押、提单质押等技术;服务于预付款的供应链金融管理技术可以分为物流企业利用自有资金代理采购、保兑仓和供应链集成管理等技术;服务于应收账款的供应链金融管理技术可以分为物流企业垫付货款、物流企业与银行合作的垫付货款、物流企业代收货款,以及物流保理等技术。以上三类技术应用较为成熟广泛,供应链金融技术的应用对形成银行、企业和供应链的和谐发展关系,对加快金融资本与实体经济有效融合,发挥了重要作用。

(二)供应链金融技术年度创新发展情况

随着供应链金融市场规模的不断扩大和成熟,技术的创新应用成为提升供应链金融服务竞争力、提高管理水平的重要因素。《关于进一步推进物流降本增效促进实体经济发展的意见(国办发〔2017〕73号)》(2017年8月17日)中提出,在鼓励供应链金融发展的过程中,要"通过完善供应链信息系统研发,实现对供应链上下游客户的内外部信用评级、综合金融服务、系统性风险管理。支持银行依法探索扩大与物流公司的电子化系统合作"。这体现出积极应用现代技术对促进供应链金融发展的重要意义。同时,互联网企业等科技企业的纷纷加入,有效带动了新技术在供应链金融领域的研究应用。在国家和各行业、各企业的重视下,新技术在供应链金融领域的应用有了新的突破。

1. 互联网技术应用

近年来随着新常态下的大宗价格走低,传统金融机构沿用多年的仓单质押、互联互保等融资业务模式受到了前所未有的挑战。虽然目前经济增速下行,但中小企业仍有着真实的旺盛融资需求。扶助供应链中的中小企业融资是供应链金融的一项重要作用,但由于中小企业的生产经营及诚信方面的数据相对缺乏完整性和透明性,影响了供应链中核心企业参与主导供应链金融活动的积极性,进而影响了供应链金融的深入发展。随着"互联网+"政策的深入推进,供应链金融遇到的这一发展障碍得到了有效的解决。一方面,"互联网+"的发展以及国家政策对于中小企业融资的支持,为供应链核心企业参与供应链金融提供了更好的技术支持和政策环境,有利于激励核心企业参与到供应链金融中,成为其中的主导者;另一方面,中小企业各类信息的可记录、可追溯、可评估使供应链金融充分实现了透明化,供应链金融可以朝着信息流、物流、资金流三流合一的方向纵深发展。

供应链金融的良好发展前景吸引了互联网平台进入供应链金融领域,利用互联网技术解决供应链金融存在的问题,加快了互联网技术和供应链金融的融合,形成互联网供应链金融模式。互联网平台充分利用互联网技术解决商品价值评估、规避信用风险等问题。在商品价值评估方面,互联网平台能通过数据和模型化的方式自动评估商品价值,为融资提供合理的依据。另外,互联网平台可以与有"互联网＋"特点的仓配企业结合,采用"全程可追溯"的思路。面对业内常见的"电商刷单"问题时,通过互联网技术可自动配对检验销售数据和仓库数据,只有当两者数据统一,才被视为真实销售,从而可有效规避信用风险和诈骗风险。

2. 大数据技术的应用

数据是金融机构了解企业经营状况、评估风险、参与供应链金融活动的重要基础。供应链金融领域在加强数据积累的同时,正不断加快对大数据技术的应用。

大数据技术的应用给供应链金融带来的变革主要体现在信息的收集与分析方面。第一,大数据的应用拓宽了供应链金融的服务内涵,通过运用大数据分析技术,供应链金融服务者可以分析和掌握平台会员的交易历史和交易习惯等信息,并对交易背后的物流信息进行跟踪分析,全面掌控平台和平台会员的交易行为,并通过掌握的信息主动给平台会员以融资支持。第二,大数据的应用降低了供应链金融的业务成本和贷后管理成本。大数据能够帮助金融机构从源头开始跟踪押品信息,因而更容易辨别押品的权属,降低实地核查、单据交接等高昂的操作成本。通过对原产地标志的追溯,大数据可帮助金融机构掌握押品的品质,减少频繁的抽检工作。大数据通过引入客户行为数据,将客户行为数据和银行资金信息数据、物流数据相结合,得到"商流＋物流＋资金流＋信息流"的全景视图,从而可提高金融机构客户筛选和精准营销的能力。

3. 区块链技术应用

信用体系不够健全是阻碍供应链金融发展的阻碍之一,这在供应链金融领域主要体现为以下三点。第一,授信企业数量有限。供应链金融主要面向供应链中核心企业周边的中小企业,而不在核心企业两端的中小企业仍然无法得到有效融资,并且银行的授信也只是针对核心企业的一级经销商和供应商,二级供应商和经销商则无法获得融资需求。第二,信息真实无法辨别。核心企业的信息系统无法完全整合上下游企业的所有的交易信息,也只是掌握了跟自身有关的交易信息,银行获取的信息有限,更多的信息也无法得到,更无法辨别真伪,是否存在核心企业与上下游企业合谋造假、虚构交易诈取贷款,银行等金融机构也不好鉴别。第三,交易过程不透明。固然供应链金融整合了物流、商流、信息流,但是整个交易过程很难做到及时公开,致使银行对交易信息的获取都是事后才得到的,不能及时查看整个交易过程,就会产生滞后效应,同样也会制约供应链金融的发展。

区块链技术能够很好地从技术层面解决供应链金融面临的信用不足问题。区块链具有去中心化、去信用化的特点,所有中小企业都能成为区块链中的节点,且信息自动更新、不能篡改,解决了供应链链上交易数据信息的真实性问题。区块链中的数据受全体成员监督,数据信息的安全性得到保证。同时,银行在管理存货融资和预付款融资时,必须配备一定人数的人员来核实抵押品是否减损、是否增值等工作,这就增加了银行操作成本,进而增加了中小企业融资成本。如果银行利用区块链技术来管理供应链上所有的交易押品,将交易押品的实时变化信息在区块链中更新,并由区块链中所有参与者共同监督。这一方案不仅能降低成本,也可以提高效率。

4. 客户风险评估技术优化升级

供应链金融的业务风险主要包括两个部分:一是供应链核心企业和上下游企业带来的信用风险,即供应链核心企业可能不履行其担保责任或上下游企业未能按时足额向投资人进行清偿的风险;二是市场风险。市场风险主要包括两个方面:第一,市场因素对核心企业、上下游企业的经营状况造成的影响。核心企业与上下游企业通常处于同一行业中,如果因为商品价格、汇率、股市等市场因素出现行业性风险,导致核心企业及上下游企业的经营状况恶化,进而则会影响上下游企业的还款能力及核心企业的担保能力。第二,抵质押物价值下降导致的风险,在动产质押模式下,当融资方无法按照约定清偿其融资款项时,质押物通常是融资方的最后还款保障,如果质押物价值受市场因素影响下降,可能导致投资人不能足额收回投资。

供应链金融的市场风险要求开展供应链金融活动的参与者建立供应链金融风控体系。成熟的供应链金融风控体系包含三个层次:数据层、实践层、技术层。其中,数据层包括风险主数据的获取、风险数据的拓展、数据的维护,实践层包括高效的在线审批、精准及时的事中风控,技术层是指利用先进的模型科学地处理和分析数据,帮助预测和决策。金融机构等参与者积极运用新技术,完善风控体系,提高自身风险控制能力。例如:利用数据库管理技术与大数据技术,完成对发现数据的积累与沉淀,对数据进行分析,为未来的风险建模打下基础;利用互联网技术能够实现生产与销售数据的匹配,防止数据作假;基于IT系统的审批流程能够进一步减少人为因素影响,提升审批效率;基于大数据分析的量化风险模型可以帮助企业充分利用数据资产,预测风险。通过运用其他技术,保障风险数据的可靠性,并建立更加先进的风险模型,供应链金融客户风险评估技术得到进一步提升,提高企业经营决策能力。

三、总结与展望

伴随供应链金融的蓬勃发展,相关技术也在不断完善和创新应用。目前,供应链金融技术以服务于存货的供应链金融管理技术、服务于应收账款的供应链金融管理技术及服务于预付款的供应链金融管理技术等技术为主,为供应链金融服务提供了有力的支撑。同时,互联网技术、大数据技术、区块链技术、客户风险评估技术在供应链金融领域的应用有所突破,供应链金融领域积极应用新技术提高运作水平,也反映出该领域蓬勃发展的活力。

在供应链金融技术的发展过程中,依然面临一些问题。首先,国家政策的引导还需进一步加强。《关于进一步推进物流降本增效促进实体经济发展的意见》虽然已经指出供应链金融领域技术应用的总体方向,具体如何操作还需制定配套政策以落实和保障。其次,有关供应链金融技术的标准相对缺乏,如金融机构与供应链企业信息系统数据接口的统一缺乏标准等。再次,供应链金融领域先进技术的使用率有待进一步提高,如部分银行供应链金融业务的开展多为线下操作,导致信息化程度较低。

相对于传统金融模式,我国供应链金融起步时间不长,但其以中小企业融资难、融资贵为切入点,具有巨大的市场需求,发展速度迅猛。同时,以技术见长的互联网企业等参与者积极进入供应链金融领域,将加快现代技术在这一领域的应用与创新,未来的供应链金融将在创新与技术驱动下加速发展。

第二节 危化品物流技术

危化品物流事故发生危害较大,因此,危化品安全事故的防护受到人们的普遍关注。而危化品物流技术的应用是防控危化品事故的重要手段,加大对危化品物流的监管力度,促使危化品物流的安全防护及监控预警技术得到了快速的发展。

一、危化品物流技术发展概况

(一)政策环境

危化品物流的安全始终牵动着社会的"神经",而国家高度重视危化品物流的安全监管工作。

从国家发布的政策文件中可以看出,物流技术应用是危化品物流监管中的重要措施之一。随着大数据、云计算等智能化技术的不断应用,国家大力提倡这些技术在危化品物流领域的应用,危化品物流的信息化水平也不断提高,促使危化品物流技术迎来了良好的发展环境。

(二)需求环境

我国危化品的分布产销分离,导致危化品运输路径较长。而危化品道路运输事故频繁发生,危害极大,对于运输的安全技术有着强烈的市场需求。从仓储环节来看,目前我国主要化工园区数量达到 500 多个,近三年间化工园区建设增长近三倍,促使化工物流进入了快速发展阶段。然而,在化工园区化的发展过程中却缺乏相应的专业物流设施和安全管控能力,基础物流配套设施和危化品物流技术费用缺口较大,促使危化品物流技术有着广阔的市场应用空间。

(三)发展趋势

危化品物流对安全运行的要求越来越高,迫切需要通过智能化的技术的革新来提高危化品物流的运行水平。同时,在资源环境的约束下,绿色环保也成为行业共识,这促进危化品物流技术将向智能化、绿色化、安全化方向发展。

智能化是物流技术发展的大趋势,危化品物流也不例外。通过大数据、物联网、云计算等技术的应用,危化品可实现物流过程的信息化和数字化,提高对危化品物流过程的监管,实现数据互联共享。信息化技术在危化品领域的应用层出不穷,如与交管部门联网的超速超载报警系统、离道碾压交通标线的报警系统、微波雷达技术(应对团雾天气)、全景无盲区环视监控系统、双目闭合分析疲劳驾驶警示系统、多传感信息融合的控制系统等,这已成为危化品物流行业内研发应用的重点。

绿色化是面对资源和环境双重压力的必然选择,绿色的技术装备将在危化品物流领域得到广泛应用,如发动机的燃油技术、车辆轻量化、推广使用液化天然气等。

安全是危化品物流技术的核心。采用更先进的设施设备,智能化的监管技术,能够实现危化品物流的全程监管,从而对危险能够预警感知,提高危化品物流过程的安全系数。

二、危化品物流技术年度创新应用

(一)危化品物流装备技术

1. 运输车辆技术

(1)铝合金车辆。目前,我国的危化品运输大部分通过公路运输,2017年在公路危化品运输车辆技术中,铝合金罐车技术发展尤为明显。

铝合金罐车相对于其他罐车在抗腐蚀和阻燃等化学性能等方面具有较大的优势。铝合金在重量方面优势也较为明显,能够显著降低轮胎损耗和油耗,具有安全、环保、轻量化、导静电性能好、油品运输洁净度高、碰撞不起火花等优点。然而,铝合金较其他材质有一个缺点,即铝合金的强度包括破损、变形、疲劳等较低,因此,对于铝合金罐车防碰撞的安全性能的研发就成为了行业的重点内容。目前,行业对于铝合金罐车的研发重点体现在两方面,一是车身的重量,二是安全问题。在车身重量的研究方面,目前我国已经研发出低于6 t的铝合金罐车。

在安全防护方面,采用全骨架承载技术、吸收膨胀动量的罐体设计等措施提高铝合金罐车的碰撞强度,该车型就采用了包括车体全骨架承载技术、吸收碰撞动量的罐体设计、支持多仓混装等技术,安全性能好。

另外,目前车辆的硬件设备和软件信息监测方面也有了较大的提高,例如:燃油罐车在装卸时采用密闭的装卸系统,将油气回收后复原为燃油;在保障安全性方面,采用安全稳定系统对车辆的行驶状况进行实时监控,当系统检测到车辆将要失控,它就会向特定的车轮施加制动力,帮助车辆安全地行驶在正确的轨迹上,防止车辆失控或侧翻;在运行中,采用运行监测系统,可监测装车、运输、卸油的整个过程,关于人孔、紧急切断阀门、API装卸油接头、装卸油管路及底阀的所有即时状态信息可被实时监控并被记录下来。

(2)防火车胎。轮胎是危化品车辆的重要零部件,我国80%左右的危化品通过公路运输,长距离运输会加重轮胎的负担,一旦危化品发生泄漏,将导致轮胎被腐蚀,易诱发打滑、漏气、爆胎甚至翻车等事故。另外,轮胎在长期使用过程中会产生大量的热能,存在燃烧应对危化品运输的安全隐患,在轮胎上的改进就显得尤为重要,目前一般采用对轮胎材料的改进来增强轮胎的防火安全性能。该轮胎设计除了采用阻燃配方,将轮胎性能提高到难燃级别之外,还采取了高导热率、提高机械强度的材料,并且加强了结构设计,以提高轮胎的安全防护和防火性能。

2. 防爆技术

危险化学品具有不稳定的特性,当散发出的易燃易爆气体或粉尘与空气混合后,达到一定浓度遇到火源就会发生爆炸或严重的火灾事故,所以在危化品的物流过程中,特别是仓储环节中,防爆是重中之重。

在危险品仓库中,电气设备操作产生的电气火花是主要的危险源之一,所以在电气设备中防爆是主要的内容。

叉车是危险品仓库中的常用设备,目前对于防爆叉车的研发也进入到了智能化的阶段,采用智能控制系统提高叉车的使用和防爆性能。运用隔爆型原理生产的电动防爆叉,采用热保护系统、绝缘监视系统、过载保护系统等智能控制系统,并且具有能量回收功能,较好地提高了叉车的防爆及使用性能。

3. 传感技术

在危化品物流中,对环境的实时监测是危化品危险防护的重要措施,其中必不可少的技术设备就是传感器。传感器包括温湿度传感器、距离传感器、流量传感器、倾角传感器、液体高度传感器等各种类型,使用于不同的用途和环境。传感器作为一个基础部件,可以融入多个复杂系统中,起到"眼睛"和"鼻子"的作用。

(二)危化品安全监控预警技术

危化品安全监控预警技术是利用物联网、大数据、云计算等技术,通过对数据的采集、记录和分析,实现对仓储、装卸搬运、运输等物流过程的实时监控,并对危险操作提出预警,及时规避风险。随着我国危化品物流业对安全监管的加强,人工智能、大数据等智慧物流技术的发展,危化品物流安全监控预警技术得到了广泛的应用。

危化品交通事故所造成的危害要远大于普通货物运输的交通事故。而在造成交通事故的原因中,90%的因素和驾驶员相关,因此,提高驾驶员的驾驶能力,防止疲劳驾驶是有效提高危化品交通运输安全性的手段。

目前,主动性安全预警技术发展较快,主动性安全预警技术是利用车联网、云计算、大数据等技术,配合主动安全设备的使用,对驾驶员的不良驾驶行为提出预警的技术。其中,关键技术有高级驾驶辅助系统、信息平台技术等。

1. 高级驾驶辅助系统技术

高级驾驶辅助系统技术(Advanced Driver Assistant System,ADAS)是利用安装于车上的各式各样的传感器,可在第一时间收集车内外的环境数据,进行静、动态物体的辨识、侦测与追踪等技术上的处理,从而能够让驾驶者在最快的时间察觉可能发生的危险,以引起注意和提高安全性的主动安全技术。ADAS应用的技术装备有基础型的后视摄像头、前视摄像头和 ADAS 的传感器。

后视摄像头可对司机行为进行监测。该设备能够进行非接触式的检测,有千万级规模样本图库,精准图像采集能力,数据通过 4G 传输到阿里云,并且能够全天候工作,可以适合白天、黑夜、配戴眼镜及墨镜。通过该项技术可对驾驶员,进行疲劳提醒,打电话报警,抽烟报警,换人提醒等。

前视摄像头用于对路况的侦测,径卫公司开发的前向 ADAS 安全设备,通过视觉分析技术,将预警响应提高到毫秒级,并且能够存储高清行车视频,同时采用 110°宽视角设计,能够实现前向碰撞预警,车道偏离预警,车距检测与警告,高速过弯报警等功能。

2. 信息平台技术

信息平台运用大数据、云计算等技术,将传回平台的数据进行统计分析,实现云端管理,远程监管。信息平台要与其他安全监控系统连接才能发挥作用,通过安全监测系统辅助 GPS 和无线通信将车辆数据实时传输到信息平台,信息平台通过大数据、云计算等技术对数据进行分析处理,达到对车辆进行监测的目的,并且通过网络将信息再反馈给车辆用户,实现对车辆的实时安全预警和监测。

(三)危化品物流智能管理系统

危化品物流智能管理系统是一项综合性的物流技术,综合运用自动化控制技术、传感器技术、通信与云计算技术,集过程控制、设备管理、业务管理、安全管理、运输管理等功能于一体的系统集成性的物流技术。

1. 智能罐区管理系统

定位传感智能罐区管理系统 i-Tank,i-Tank 智能罐区管理系统主要由三部分组成:现场传感器信息采集层、数据集中层、管理应用服务层。

现场传感器信息采集层由液位计、流量计、压力变送器、温度变送器、可燃气体报警器、可编程控制器、巡检记录仪、接近传感器、门禁感应器、无线网络监控器、RFID 电子标签、电子锁等诸多自动化仪表及传感器等组成。

数据集中层由工业计算机、服务器、数据库、云计算中心等组成。

管理应用服务层由过程控制系统、业务管理系统、安全管理系统、设备管理系统、运输管理系统等组成:过程控制系统具有实时监测、显示、存储物料及设备参数信息,远程操控现场设备,实现启动、停止、调节、定量装卸车等功能;业务管理系统以实现业务流转信息化为目标,可实现生产流程中进、销、存流程业务管理;安全管理系统发生异常时,系统通过声光电的形式进行报警,确保罐区正常生产安全;设备管理系统设备全生命周期的管理工作信息化,有效地进行设备管理工作;运输管理系统能够对物料进行全方位的监控,做到收、存、发、运的全方位信息化管理。

2. 智能运输管理系统

智能运输管理系统是针对危化品运输管理过程中的实时监控、危险救援、危险预警等难题而开发的综合运输管理系统。该项技术以物联网技术为基础，综合运用传感器技术、Zigbee传感器网络技术、移动通信技术、GPS全球定位系统技术和云存储、云计算技术。车辆不仅能够连接自身的信息系统，还能够连接其他信息平台，实现信息共享，例如定华传感开发的i-Trasen危险化学品运输安全物联网系统就可以实现危化品装卸机运输全过程的实时监测、预警，远程与本地报警，并可以与紧急事件应急处理机制配套，无缝接入全国范围内的云计算平台，实现各相关部门、运输企业及货主对运输车辆及货物相关信息共享、交换和互联，由此不仅可以有效提高危化品运输企业的信息化管理水平和安全等级，也可以强化政府部门对于危化品运输的监管能力，使得危化品运输更加智能、安全、环保。

定华传感的i-Trasen危险化学品智能运输安全物联网系统由三部分组成：车载系统、装卸管理系统和应用软件服务。

车载系统由车载传感器和无线传感终端TALOS组成。车载传感器包括液位传感器、压力传感器、温度传感器、GPS等。无线传感终端的功能包括传感器数据采集、黑匣子数字管理、行驶记录、电子档案信息管理、Zigbee无线组网通信等。

装卸管理系统由Zigbee通信网关、装卸管理软件、装卸自动控制器、手持终端组成。Zigbee通信网关用无线方式将车载传感器数据接入工厂分布式控制系统（DCS）等。自动化系统：装卸管理软件可以进行装卸信息管理，收发料管理，装卸过程管理；装卸自动控制器可以对装卸过程进行自动化控制、上下限报警及联锁；手持终端可以读取信息，现场执法、事故处理。

应用软件服务采用B/S和C/S架构，分布式运输中心，各用户可通过互联网实时监控传感数据及运输数据，可以进行异常报警监管、应急事故管理、各类信息汇总管理。

第三节　快递物流技术

一、快递物流技术年度创新发展情况

（一）快递包装技术

随着电商持续快速发展，快递包裹数量也随之增加。而商家为了防止暴力分拣过程中造成商品损坏以及尽可能降低包装耗材成本，在包装的过程中往往会出现过度包装及使用不环保的包装材料的情况。因此，优化包装流程，采用新型环保包装材料，探索包装循环共用新技术成为快递包装的发展方向。

1. 智能打包算法技术

针对快递包装浪费的现状，菜鸟网络的算法专家，通过大数据和大规模优化技术，推出了一套"智能打包算法技术"，即通过算法优化，帮助仓库用更小的箱子装下所有的货品。通常人工打包大多纯靠肉眼和经验判断，很难对商品的体积和重量精准估算。而通过菜鸟的"智能打包算法"技术，在消费者下单后，系统会立刻对商品的属性、数量、重量、体积，甚至摆放的位置都进行综合计算，可迅速地与箱子的长宽高和承重量进行匹配，并且计算出需要几

个箱子,商品在箱子里面如何摆放最节省包装。

目前,该技术正在菜鸟的一个仓库内测试运行,从运行的实际结果来看,"智能打包算法技术"的成本、效率都要大大优于人工判断包装。首先从成本上,由于每个箱子装得更满,空间利用更合理,且系统计算非常快速,每个订单的配送成本可节省0.12元,耗材费用可节省0.16元。以一个日均10万单的仓库来说,一年至少节省1 000万元。此外,更大的意义在于对环境的保护,利用优化和人工智能算法,仓库较过去减少5%以上的包装材料。

目前菜鸟所做的只是利用算法,更好地将订单与仓库现有包装进行匹配,以减少箱子的使用。菜鸟未来将致力于实现包装的定制化,根据仓库内商品特性,结合消费者的购买组合习惯,定制最适合仓库使用的包装,快递包装耗材有望进一步降低15%以上,这将使整个行业的成本大大降低。

2. 绿色包装技术

2016年国家邮政局发布首份"快递绿色报告"——《中国快递领域绿色包装发展现状及趋势报告》,呼吁推广绿色包装、发展绿色快递。所谓绿色包装,主要是指对生态环境和人类健康无害,能重复使用和再生,符合可持续发展的包装。方案公布后,已有不少快递公司参与到快递绿色包装的改进中,主要体现在研发和应用可降解快递袋和循环共用快递包装方面。

(1)可降解快递袋。传统的聚乙烯塑料包装袋多数是用化工材料、生活垃圾等加工而成,最主要原料是旧塑料,主要成分是聚乙烯(PE),成本低,但容易残留大量塑化剂、阻燃剂等有害物质,并且在运输过程中更容易吸附有害物质,废弃之后并不能得到有效的降解,进一步污染环境,在自然外境中完全降解需要180年。

山东快递业推行"可降解包装袋",采用了一种叫作"氧化生物双降解"的技术,通过向塑料制品添加氧化生物双降解添加剂,可以将传统塑料转变为可生物降解的环境友好材料,不超24个月便可完全降解。经过氧化生物双降解添加剂处理后的塑料袋,在废弃后,首先通过光热作用,从大分子量聚乙烯氧化降解为小分子量聚乙烯,然后通过自然环境中微生物的作用,再降解为对环境无害的二氧化碳、水和腐殖质。

菜鸟及其合作伙伴研发定制的可降解的快递袋使用合成聚酯材料生产,可以在自然环境下完全降解,或可以丢入厨余垃圾中,在被填埋后完全降解,此外,该快递袋还具有优良的生物降解性,是目前生物降解塑料研究中非常活跃和市场应用最好的降解材料之一,正常在自然环境下几个月之内就会完全分解被土壤吸收。

(2)拉链式快递纸箱。传统快递包装时需要使用大量胶带来保证封装的安全性,这不仅为顾客打开包装增加了难度,更造成了巨大的资源浪费。为此菜鸟网络与"一撕得"公司共同研发了免胶带纸箱——拉链式快递纸箱,纸箱通体没有胶带,只有顶部有一条类似于拉链的封口,一撕即开,免除消费者收到包裹后寻找利器开箱和手撕胶带的烦恼,节约了胶带的使用。除便利外,拉链式快递纸箱还可以循环使用。该纸箱在投用前经历了高空坠落、西瓜远程运输等测试,箱体均可保证全程无损。目前,菜鸟绿色联盟已经在部分校园驿站启动了纸箱回收计划,未来还将推广至全国的。

拉链式快递纸箱是以瓦楞纸板为材料,通过专业的包装机械设备生产出来的瓦楞纸箱,它的特征是外形美观、环保、安全防盗、可降低物流成本、可提高物流发货效率。一般情况下,纸箱正面带有拉链,使用时只需按照箱子上的指示拉链轻轻一拉,纸箱就立即开启,可杜绝繁复的开箱过程,方便客户拿取货物。拉链式快递纸箱主要有自锁底式拉链纸箱、飞机盒式拉链纸箱、全叠式拉链纸箱和普通天地盖式拉链纸箱四类。在纸箱的制作过程中要注意四点:第一,拉链纸箱的高度不能小于宽度的一半,否则易折断;第二,拉链纸箱的拉链宽度最小是 18 mm;第三,自锁底式拉链纸箱的展开尺寸不能大于 100 mm;第四,由于 5 层太厚,不易于拉开,因此拉链只做 3 层,不做 5 层。

3. 包装循环共用技术

快递包装回收和重复利用一直是一大难题,寄到家的快递外包装纸盒上缠绕着好几圈胶带,里面塞满了各种泡沫填充物、旧报纸等。而这些废品现在很少有人回收,理由是纸箱上缠着太多的胶带,无法再利用,大量的废备包装盒造成资源浪费和环境污染。

针对快递包装的回收问题,江苏南京六合经济开发区投产了一款可折叠、充气,能循环使用的新型快递包装箱。其外壳由环保的聚丙烯塑料制成,内置由热塑性聚氨酯弹性体橡胶(TPU)材料制成的充气缓冲气囊。该气囊在定压充吸气设备的辅助下实现定压充气,使气囊能够和商品充分贴合,达到最佳的缓冲效果,更好地保护商品在运输过程中不被损坏。这种新型的快递包装箱形状类似收纳箱,未打开时,就像一块长方形的塑料板,打开后只要将气囊平铺在快递箱内,将需要快递的物品放入,再用定压充气设备对气囊进行充气,使气囊和物品充分贴合,盖上盖子,快递物品即可包装完成。该可循环充气式快递缓冲包装箱可以循环使用 5~8 年,并且可有效解决纸箱、泡沫填充物、气泡垫、胶带及快递袋等传统快递包装循环率低、污染严重的问题,具有良好的节能减排效益。

除此之外,菜鸟网络、EMS、苏宁等电商也在大力推广可回收环保快递包装箱。菜鸟网络推广一种塑料环保周转箱,已在上海等部分发达城市试行。2016 年 7 月起,北京邮政EMS 使用可回收再利用的"绿色包装",并使用可重复使用的环保封装容器,用于中转快件。在"最后一公里",北京邮政 EMS 还将使用新能源电动汽车进行运输。2017 年 4 月中旬,苏宁宣布上线"漂流箱计划",用可循环的塑料箱代替普通纸箱。

(二)快递寄送技术

1. 隐形面单

为更好地保护消费者信息,2017 年圆通速递推出"隐形面单",之后很多快递公司也纷纷试水。目前,"隐形面单"主要有三大隐藏功能,可实现对用户的手机号、姓名和地址信息做加密处理。在以往收取快递的具体情境中,消费者总担心快递包裹信息被利用,导致个人信息遭到泄露,并且这种担心还在快递包裹日渐增加的趋势中被放大。

许多人收发快递的习惯也不够仔细,导致个人隐私处于一种"完全曝光"的状态。虽有一些"小窍门"教消费者怎样抹掉面单信息,但对于制作面单的快递公司来说,显然更需要这种"小窍门"的隐私保护意识。

目前"隐形面单"仅针对电子面单来试用，客户可根据需求自由选择是否使用该项服务。该功能服务是完全免费的，不会再额外收取费用。对于个人用户，在寄递快件时同样可选择该项服务，如果使用的是电子面单，方便快递员后期通过技术操作可实现使用"隐形面单"功能。

2. 二维码暨手持终端

二维码具有成本低、赋码及扫码简易、数据读取抗干扰能力较强、存储信息量大、保密性高等优势，目前已成为全球应用最为广泛的感知技术之一。2013年，二维码媒介展示覆盖率超过200%的增长，用于商品包装的增长率超过500%。二维码应用于快递电子面单当中，用户的个人信息都集中在一个二维码图标中，只有快递员用手持终端等相关设备，才能扫出用户具体信息。通过多重加密的二维码技术，为每个包裹赋予一个全球唯一的ID代码，实现真正意义上的"一物一码"，并实现信息集成。通过专业扫描设备或手机，在快递的收取、运输、分拣与配送等环节，就能实现物流及客户信息的采集及监控。

3. RFID暨手持终端

RFID具有与生俱来的防伪和溯源特性，它有一段被称为用户识别（User Identification，UID）的码，这个码只可读不可写，它赋予了物品一个不可改写、终身有效的DNA，让每一个物品都有独特的身份证。在包裹分拣时，将RFID标签贴在每一个包裹上面，再配一个专门的读写器，就可实现包裹的信息查询。这样不仅提高了效率，也降低了失误率，而且还可实现物流过程中对包裹位置的实时查询。

（三）快递分拣技术

1. 智能分拣机器人

随着社会经济的发展，快递分拣行业的人力成本逐渐增加，但人力分拣效率却始终处于较低水平，为此众多快递企业开始尝试实验并使用智能分拣机器人。智能分拣机器人顶部装备有托盘用于盛放快递包裹，机器人采用相机与二维码精确定位，红外、超声波避障，具有急停按钮和碰撞海绵。读码准确率在99.99%以上，读码速度少于1 s。没电后还能像扫地机器人一样自动充电，最多1.5 h充满，可连续工作8 h。快递由干线运输车辆运送至分拣中心后，由人工将快递包装码放至自动导引车上，自动导引车通过识别包裹上的条码信息将包裹运送至指定分拣口并自动卸货，按快递区域分拣完成后的快递包裹再由运输车辆直接发运。

2. AR分拣技术

增强现实技术（Augmented Reality，AR）是一种将真实世界信息和虚拟世界信息"无缝"集成的新技术，是把原本在现实世界的一定时间空间范围内很难体验到的实体信息（视觉信息、声音、味道、触觉等），通过电脑等科学技术，模拟仿真后再叠加，将虚拟的信息应用到真实世界，被人类感官所感知，从而达到超越现实的感官体验。真实的环境和虚拟的物体实时地叠加到了同一个画面或空间同时存在。

在仓库作业中,最难的点在于拣货和复核。因此,在拣货作业中有很多新兴技术的应用,拣货的技术包括按纸质拣货单拣货(Pickby Paper)、用无线射频枪拣货(Pick by RF)、电子标签拣货(Pick to Light)、声音拣货(Pick to Voice),AR 技术的使用使目光拣货(Pick by Vision)成为可能。目前 Knapp、SAP 以及 Ubimax 等厂商都在开发 Pick by Vision 的应用。UPS 以及 DHL 等物流公司,也都在测试 Pick by Vision 的应用场景,AR 技术在物流行业的应用前景广阔口山。

DHL 旗下的"DHL Supply Chain"正在展开增强现实技术实验"Vision Picking"(影像撷取)计划的下一阶段,目前在荷兰的实验取得了成功,在这个实成开始以来,DHL 已经与谷歌、Vuzix 和 Ubimax 优化了这个视觉分拣解决方案,DHL 也会将这个项目扩大到全球范围内各个不同的行业部门中。在具体操作时,分拣人员会配备先进的智能眼镜,系统会显示出哪一件物品需要放在分拣车上。"Vision Picking"可以快速地进行分拣,减少错误率。

(四)末端配送技术

1. 无人机配送

无人机种类众多,每一种无人机都有其各自的优势。例如,旋翼无人机善于悬停;而固定翼无人机比较适用于远距离飞行。一般情况下,大多数通过电池供电的旋翼无人机只能在空中悬停 20 分钟。近几年,物流公司 AmazonADHL、Google 和 Walmart 等都在开发无人机快递运输业务。人们只需通过智能手机即可进行订购,然后由无人机完成送货任务。随着无人机在快递领域逐渐掀起热潮,国内顺丰、京东、邮政也纷纷试水,逐步进行无人机配送实验,并通过签署战略合作协议逐步使无人机合法化。

2. 无人配送车

无人配送车是一款自动驾驶的运输车,与无人驾驶汽车不同,无人配送车是一个只能在人行道和自行车道上行驶的"三轮运输箱",通常有几个隔间用于存放快递,载重量可达到数十千克,每次出门执行任务时可同时为 5~6 名用户运送物品。

继京东无人配送车在 2016 年进行道路测试后,2017 年 6 月 18 日,京东无人配送车在中国人民大学顺利完成了首单配送任务,这也意成着无人配送车正式投入运营。京东无人配送车并非一种,其中的两种无人配送车体积相差较大,其中图左为小型无人配送车,图右为大型无人配送车。小型无人车有五个格子,可以放 5 件快递,每天能配送 10~20 单,一次充电续航 20 km;大型无人车一次性能送 6 件快递,一次充电续航 80 km。无人车在现场 20 min 左右完成了第一单配送,不过无人车第一次只完成了一单的配送,实际投入使用之后,无人车一次性可能会投放多个快递,因此完成一次完整的配送时间可能会更长。当工作人员把快递放入无人车的存储箱后,云端就能自动识别并且在客户端显示出包裹以及拟入最后配送阶段,无人车随即给消费者手机发送短信,通知消费者订单正在配送途中。在达目的地后,无人车会再发送一条短信,告知取货密码,并提醒消费者在 30 min 内取货。无人配送车会检测前方 3 m 内的障碍物,提前反馈做好路线调整。如果障碍物突然出现在面前,自动配送车会立即停下,等待两秒钟看看情况,如果障碍物还不打算移动,无人配送车会缓缓后退一定的距离,再绕过去。正常行驶时,无人配送车的速度很慢,平均在 3~4 km/h,遇到减速带或者障碍,行进的速度就会更慢,正常走路的行人可以轻松超过。

在配送过程中,无人车会通过车顶的激光感应系统自动检测前方路况。这套系统里,最贵部件是顶端的激光雷达,价位在 6 万~7 万元。无人配送车由京东某事业部独立研发生产,目前还未投入大规模生产。京东在正式投运无人车末端配送之前已经在各大高校进行了两个多月的调试,目前在中国人民大学、清华大学、浙江大学、长安大学等高校的京东派站点先行使用。

3. 地下智慧物流配送技术

随着经济和技术的飞速发展,城市面临着交通拥堵、用地紧张、生存空间拥挤、环境恶化等问题。自 20 世纪末以来,地下物流系统的研究越来越受到重视。地下物流系统是一种新兴的运输和供应系统,目前世界上的一些发达国家,包括美国、德国、荷兰、日本等在地下物流系统的可行性、网络规划、工程技术等方面展开了大量的研究和实践工作。

地下物流系统采用自动导向车和两用卡车等承载工具,通过大直径地下管道、隧道等运输通路,对固体货物实行运输及分拣配送的一种全新概念物流系统。在城市,地下物流系统与物流配送中心和大型零售企业结合在一起,实现网络相互衔接。客户在网上即可下单,物流中心接到订单信息后,迅速在物流中心进行高速分拣,通过地管道物流智能运输系统和分拣配送系统进行运输或配送,也可以与城市商超结合,建立商超地下物流配送。地下物流系统末端配送可以与居民小区建筑运输管道物相连,最终发展成一个连接城市各居民楼或生活小区的地下管道物流运输网络,并达到高度智能化。当这一地下物流系统建成后,人们购买任何商品都只需点一下鼠标,所购商品就像自来水一样通过地下管道很快地"流入"家中。

与早期的地下物流系统相比,现代地下物流系统通过自动导航的自动导引车搬运机器人系统来控制和管理各种设备和设施,具有极高的自动化水平和精确性,运输能力大,实现了绿色节能,更能满足现代大运量的货运要求,这是地下物流系统的主要发展趋势。

二、快递物流技术发展趋势

(一)包装节约、绿色化

未来智能打包算法技术将会得到优化改进并在各电商企业以及快递企业得到普及应用。随着运输车辆标准化、托盘标准化的发展,快递包装箱也将逐步适应新标准,并进一步优化打包算法,节约包装材料。同时,未来包装材料将会更加环保和廉价,快递企业不需要再为环保材料的成本发愁,废弃的包装在自然条件下更加容易降解。

(二)寄送便利、安全化

未来寄快递将不需要专门跑到快递门店,客户只需要在家使用手机填写快递信息即可自动完成寄送信息采集,并可预约快递员上门,寄送信息自动生成快递运单或二维码,无须二次填写快递运单。同时,未来快递面单将会在隐形面单的基础上做到更加安全化,将不再使用电子面单,转而用二维码或 RFID 来替代储存原有电子面单上的客户及地址等信息,使快递员进行配送时将无法看到客户手机号,只需用手持终端扫码便可自动向客户发送快递信息,防止客户信息泄露。

(三)分拣迅速、无人化

快递分拣将会随着分拣技术装备信息化和智能化水平的提高更加准确、迅速,智能化分拣技术将会逐渐走出实验室在各个分拣中心普及。未来快递分拣系统可以不受气候、时间、人力等因素限制,进行连续作业,并逐步实现无人化。

(四)配送高效、人性化

随着人们个性化需求的增加,对快递配送不仅仅要求时效性高,对配送时间的灵活性要求也逐渐增加。未来快递配送将充分利用信息技术进行配送网点布局、配送路径优化,无人机将普及应用,同时采用更加先进的配送设备,大幅度减少快递配送的时间,提高快递配送效率。在客户需要定时送货时,可以自主选择配送时间,并可以根据自身需求选择提货地点,准时配送到规定地点。

第四节 区块链技术

一、区块链技术概述

区块链技术的思想及其应用潜力已经受到各行业广泛关注。国内物流行业目前处于蓬勃发展阶段,正不断加快对新技术的吸收应用,以实现行业的降本增效,提高物流服务质量,促进行业健康发展。区块链技术从2016年初入物流行业人士的视野,如今已迅速成为关注和讨论的热点话题,可以预见区块链技术在物流行业的研究和应用将进入快车道。

(一)区块链技术的概念

目前,国由对手区块链技术的研究讨论刚刚起步,对其定义仍未得出统一结论。相对而言,美国关于区块链技术的研究更为系统成熟,美联储已成立相关技术研究工作组,多个州已经出台监督管理法规来针对相关应用区块链技术的产品,且相关学术研究也较为丰富。美国学者梅兰妮·斯万在其著作《区块链:新经济蓝图及导读》中给出了区块链定义:区块链是一种公开透明的、去中心化的数据库。公开透明体现在该数据库是由所有的网络节点所共享的,并且由数据库的运营者进行更新,同时也受到全民的监管。去中心化则体现在该数据库可以看作一张巨大的可交互电子表格,所有参与者都可以进行访问和更新,并确认其中的数据是真实可靠性。可以认为,区块链技术是使得区块链这样一种数据库实现公开透明化、去中心化的技术。

在区块链技术的保障下,区块链中所有参与者都可以对数据进行访问、更新及监管。区块链实质上是一种分布式数据库。在分布式数据库中,数据的存储和记录由系统参与者来集体维护区块链能实现数据由系统参与者集体记录,而非由一个中心化的机构集中记录。数据可以存储在所有参与记录数据的节点中,而非集中存储于中心化的机构节点中。若将区块链视为由众多节点组成的网络,整个网络中信用的产生并不依靠网络中单个节点的行为(如第三方机构的担保),而是通过技术的手段使所有参与者能够对数据进行记录、存储与监管,以形成可信任的数据库。

(二)区块链技术发展过程

区块链技术这一概念的产生最早可以追溯到2008年年底,随着比特币的出现及其创立者中本聪所撰论文《比特币:一个P2P电子现金系统》(P2P指不同网络节点间的小额借贷交易)的发表,区块链技术作为一种去中心化的数据库技术进入大众视野。

人们对比特币等数字货币投资热情的增长,使支撑比特币发展的底层技术开始得到越来越广泛的关注。人们发现比特币的产生与交易完全不依赖第三方机构的信用担保,而是通过网络与程序等技术手段在一个去中心化的网络中实现其正常运作,而且至今未发生过交易失误。不同行业对于这一技术的关注和研究不断增多,其中金融行业最早对其进行了应用。在金融领域之外,区块链技术也开始被应用于物权保护、公证、在线游戏等有信息透明公开并永久记录需求的领域口到。区块链技术已经不仅限于比特币或与比特币关联较大的金融行业,开始向更多领域拓展,展现出其作为一种具有通用特性的底层技术的应用潜力。

梅兰妮·斯万针对区块链应用范围的扩张,提出了从区块链1.0、2.0到3.0的进化阶段。区块链1.0的主要功能是数字货币,它构建了去中心化的数字支付系统,实现了快捷的货币交易、跨国支付等多样化的金融服务;在2.0时代,区块链的应用范围扩展到智能合约,使用算法来代替传统合同,这将会对其他领域的社会契约造成极大的影响;而3.0时代的区块链,将所有人和机器都连接到全球性的网络中。区块链以去中心化的方式配置全球资源,我们将生活在基于区块链的共享经济社会中。目前,我国区块链技术的发展已经超越了区块链1.0阶段的范围,向着更广阔的应用领域探索。

(三)区块链技术基本原理

区块链的本质是一个以去中心化、去信任的方式,由所有参与者集体维护的分布式数据库,"分布式"既体现在数据的分布式存储,又体现在数据的分布式记录。

在传统方式下,加密数据的共享往往通过某个信任中心完成,而在区块链中,数据传递是以点对点的去中心化方式实现的。区块链分布式记账流程分为四步:第一步,A创建了一个面向B的信息,使用私钥签名加密这个信息;第二步,A将所创建的信息在P2P网络上进行全网广播;第三步,区块链网络上所有的节点都会收到广播,并且进行验证;第四步,也是最后一步,各个节点将通过共识验证的交易信息写入自己的账本(数据记录)中,未通过验证的数据将被拒绝。

(四)区块链技术特点

1. 开放性与共识性

在区块链网络中,任何人都可以参与区块链网络的运作,每一台设备都能作为一个节点,每个节点都允许获得一份完整的数据库拷贝。节点间基于一套共识机制,通过竞争计算共同维护整个区块链。任何一个节点失效,其余节点仍能正常工作。

2. 去中心化,去信任化

区块链由众多节点共同组成一个端到端的网络,不存在中心化的设备和管理机构。节点之间数据交换通过数字签名技术进行验证,无须互相信任,只要按照系统既定的规则进行,节点之间不能(也无法)欺骗其他节点。

3. 交易透明化,双方匿名化

区块链的运行规则是公开透明的,所有的数据信息也是公开的,因此每一笔交易都对所有节点可见。由于节点与节点之间是去信任的,因此节点之间无须公开身份,每个参与的节点都是匿名的。

4. 不可篡改性,可追溯性

单个甚至多个节点对数据库的修改无法影响其他节点的数据库,除非能控制整个网络中超过51%的节点同时修改,但这几乎是不可能发生的情形。区块链中的每一笔交易都通过密码学方法与相邻两个区块串联,因此可以追溯到任何一笔交易的记录。

二、区块链技术具备应用于物流与供应链领域的可行性

区块链的本质特性,奠定了它在供应链里的应用基础。区块链作为比特币的底层技术,其本质是一个由分布在全球各地的独立的计算机组成的网络所运行的巨大的数据库。首先,这一数据库的维护并不由银行或公司这样的某一中枢机构执行,而是由众多的分布式成员来共同协作完成,这就是区块链的"去中心化"。其次,这一分布式数据库网络作为一份持续增长的包括所有含有数据记录的区块的列表,由所有的相关方保有并维护,这种公共保有维护的制度构成类似于"共识信任"的机制。每个区块可以记录所有近期的交易,并在其完成后作为永久存在的数据库导入区块链。通过这种方式永久留存的信息可以用来作为相关所有权的证据。每个区块都含有前一代码的碎片信息或唯一印记,最终构建成一个唯一而不断延续的"链",并消除了篡改交易记录的可能。

供应链与区块链在结构上具备匹配基础。供应链是由核心生产企业、供应商、供应商的供应商、客户和客户的客户组成的多主体的链条,任何一个供应链上的主体,都不愿意完全分享其所拥有的信息,也就没有可能性获得上下游所有主体的信息,从而使得供应链在事实上具有信息的多中心性。另外,供应链合作伙伴之间,存在着多重、复杂的交易,这些交易需要有一个信任机制,来记录和验证交易的真实性。用制度经济学的术语来说,就是要建立一个"制度",来降低或者消除各主体之间因缺乏信任度而带来的交易成本。区块链技术的出现,有效地解决了多主体信息共享和多主体复杂交易的交易成本问题。

目前,供应链中各参与者大都是串联的,各节点与临近节点沟通较多,难以形成任一点对点之间的信息交流,有时点对点的交流需要多次交易和执行才能实现。如果引入区块链,主体之间的关系就转变成了并联的关系,解决了多次交易程序繁杂的问题,所有主体共同维

护一个公开的账本,使供应链的交易透明化,形成一种维持公开和信任的体系。可见,区块链技术去中心化的特性,使区块链技术在供应链流程中的完整运用成为一种可能。

三、区块链技术未来物流应用场景分析

(一)降低外贸物流信息处理成本

外贸物流涉及的参与方较多,一次交易至少涉及供应商、贸易公司、银行、外汇管理局、国税局、商检局、海关、货运代理企业、运输企业等众多主体,因为外贸具有一定流程,且各组织都有各自的数据库,外贸的信息处理需要围绕每个节点组织依次展开,频繁的信息沟通和处理带来了较高的信息传递和处理成本。如果将区块链技术应用到外贸物流,将外贸信息集中到公开公共的数据库中,各组织单位之间可以实现点对点的自由信息传输,且信息的变化会由程序自动记录存储到公共数据库中,信息的传递和处理成本将有效降低。

例如,一批冷冻货物从东非运输至欧洲,中间要经过30个组织超过200次的交流,其中文本传输带来的成本占到了总成本的20%。如果是从东非运输到中国,距离更长,各组织间交流带来的信息处理成本更大。如果将区块链技术运用到运输交易过程中,将链条上所有组织的交易及其产生的信息全部纳入公开、透明的账本中进行管理,使交易信息实时记录到区块链当中,便于各成员可以实时的分享,在区块链中真正实现"点对点"的信息沟通,促使外贸物流信息传递成本也将随之降低。

(二)解决危化品物流安全监管问题.

随着我国危化品物流市场不断增长,危化品物流安全问题愈来愈受到人们的关注。我国化工产业的布局决定了我国具有规模巨大的危化品物流市场。以石油、天然气等为基础原料的化工产业集群大都分布在西部,而其输出产品的销售地和下游深加工企业又多集中在东部沿海地带,目前,我国5 000余种化工原料产销分布不均,95%以上需要异地运输,"产销分离"决定了危化品物流的"紧俏"。由于一些仓储和运输设施设备的不达标,以及全流程监控能力的缺乏,目前对于危化品物流的监管主要是事后监管,减少危化品物流安全问题的环境条件有待改善。

区块链技术是解决这一问题的可行手段。如果把危化品物流各环节参与者物流与交易信息写入区块链中,对新的信息变更可以实时更新、查询和监督,对危化品所处的位置、状态可以进行同步了解,实现有效的事前监管。同时,信息会永远保存且不能篡改,方便发生安全事故后进行事后追责,真正实现危化品物流全流程的透明运作,形成安全作业的良好环境。

(三)解决中小企业融资难问题

区块链技术还可以帮助解决物流供应链上的中小企业的融资难问题。近年来,我国物流供应链行业处于持续、快速的发展阶段,一批具备较强供应链管理能力的物流企业迅速崛起。然而,物流供应链上的企业大多是中小企业,企业的信用等级评级普遍较低,很多中小企业没有得到信用评级,难以获得银行或金融机构的融资贷款服务。

而区块链技术在物流行业的应用,使得物流商品具备了资产化的特征,有助于解决上述问题。区块链技术可以将信息化的商品价值化、资产化,主要是因为区块链技术的所记载的资产不可更改、不可伪造。而固定了商品的唯一所有权,可以使得所有物流链条中的商品可追溯、可证伪、不可篡改,实现物流商品的资产化。利用区块链基础平台,可使资金有效、快速地接入到物流行业,从而改善中小企业的营商环境。

(四)改善食品安全问题

随着人们生活水平的提高,老百姓对于健康的食品安全问题越发关注。食品安全的保证既需要从源头控制产品质量,又需要从生产方到消费者全流程的有效监管。相对于较为完善的食品安全标准体系,目前对于食品产品流通过程的监督手段仍较为缺乏。人们对于食品的生产和流通信息往往无从知晓,关于食品质量安全的诚信体系有待完善。应用区块链技术可能是解决食品安全问题的一个有效突破口。将食品生产商、分销商、零售商、物流企业以及消费者等参与者的信息都录入区块链当中,所有参与者都可以方便地对食品的来源和流通过程进行查询和监督,网络中表现更优的参与者将获得更多利益,缺乏诚信或服务质量不高的参与者将得到相应的惩罚,食品安全信用体系将更快建立起来,企业以安全高质量的食品为逐利的基础,老百姓也能吃上放心食品。

四、总结与展望

区块链技术本身具有的去中心化、去信用等特点,使它获得了无须中介参与、过程高效透明且成本低、数据高度安全等优势。物流业具有应用区块链技术的基础条件,具有较为丰富的应用场景。但区块链技术要在物流行业实现大规模应用还有一些重要问题需要克服,如性能不足(随着数据信息数量的不断增加,节点存储数据信息的难度也会逐渐增大,从而导致区块链系统存储数据信息逐渐变得困难)、行业相关的标准仍为空白、传统的物流流程和新型技术还有待融合等。目前,区块链技术大规模应用到物流领域仍有一段距离,但可以预见,随着物流业的飞速发展及对新技术研究应用的不断加快,区块链技术的性能有望不断提升,相关政策、标准终将落地。传统物流作业流程借助区块链技术改变优化,区块链技术将成为促进物流行业发展的重要技术。

第十一章　智慧物流发展战略与展望

第一节　智慧物流发展战略

一、智慧物流战略定位

当前,中国物流业正处于重要的战略机遇期。随着中国产业结构的调整和发展方式的转变,物流业在国民经济中的基础性、战略性地位日益显现,焕发出新的生机和活力。智慧物流以互联网为依托,在物流领域广泛应用物联网、大数据、云计算、人工智能等新一代信息技术与设备,通过互联网与物流业的深度融合,实现物流产业智能化,提升物流运作效率和服务水平。智慧物流是《中国制造2025》的核心组成部分,是提升中国制造发展质量和水平的重要举措,是实现中华民族伟大复兴的必然选择。

二、智慧物流战略目标

云计算、大数据、"互联网+"等先进技术在物流领域广泛应用,物流智能化水平明显提升;物流效率显著提高,物流成本进一步下降;物流技术标准进一步规范,关键技术研发及应用取得突破;智慧物流成为行业发展的新动力,与智慧物流发展相适应的行业管理政策基本建立;基本形成覆盖中国重点产业的智慧供应链体系;智慧物流在促进降本增效、供需匹配和产业转型升级中的作用显著增强,成为供给侧结构性改革的重要支撑。

三、智慧物流发展战略任务

(一)发展高效便捷的智慧物流新模式

1. 推进物流各环节的智慧化

智慧物流正在推动传统物流模式变革,这种变革不完全来自于技术,流程再造或组织模式重构都可能极大地推动物流智慧化过程。依托云计算和大数据分析,积极推进包括智慧车货匹配、智慧运力优化、智慧仓储、智慧配送、智慧供应链管理等物流新模式的研究及推广应用;鼓励企业积极探索新的物流服务模式;推动"互联网+物流"在龙头企业中的应用。以构建智慧物流城市、智慧物流企业和智慧物流园区三大示范工程为载体,以智慧物流技术应用带动模式创新和产业发展,支持一批物流信息服务平台企业、智慧型物流企业做大、做强。

2. 成立技术联盟协调共享发展

通过成立相关智慧物流技术联盟,搭建起政府、高校、科研院所和企业之间合作平台,整合相关企业的技术资源,共同开展基于现代物流技术的联合开发与应用,从而提升物流企业的技术实力,解决一批制约物流企业发展的共性的技术难题。同时,通过联盟实现协同共享,依托智慧物流协同共享理念,打破企业边界和信息不对称问题,实现对整个物流资源,特别是闲置资源的充分利用。成立联盟可不断提升物流业自主创新能力,创新商业模式,探索新型联合发展模式。

3. 积极发展共享物流

物流是一个渗透性强的行业,具有跨部门、跨行业、跨区域的特征,要加大力度发展共同配送、托盘循环共用、周转箱循环共用、电商共享云仓储等,跨部门、跨行业、跨区域共享配送、仓储、设备、信息、技术等资源,促进物流系统效率提升。加快发展托盘标准化试点工作,实现物流上下游共享托盘资源,建立共享物流发展机制,推动共享物流向纵深发展,实现资源共享,优化资源配置,提升物流效率。适应需求碎片化趋势,正确认识各种新兴运输服务业态对经济社会的价值贡献,在鼓励和支持创新的同时,正确引导市场规范有序发展。建立市场运行动态监测机制和风险评估机制,及时调整政策,防范社会风险。

4. 加快无车承运物流创新发展

建立健全无车承运人在信息共享、运输组织、运营服务等方面的标准规范,推动大数据、云计算等先进技术在物流领域的广泛应用,培育一批理念创新、运作高效、服务规范、竞争力强的无车承运人,引导货运物流行业的规模化、集约化、规范化发展。引导试点企业建立无车承运业务相关操作规范,科学设计业务流程,形成物流资源组织调度、实际承运人监管、单证交接等环节的规范化管理。鼓励试点企业拓展业务范围,加强与铁路、港口、民航等企业的合作,通过物流信息平台的互联互通以及在信息资源、服务规范、作业流程等方面的有效对接,开展公铁、水和陆空联运,支持企业通过甩挂运输、共同配送等先进运输组织方式提升组织效率。

5. 推进多式联运发展

依托先进技术,从全运输链条角度对多式联运各环节统筹衔接;完善基础设施网络,畅通转运微循环系统,强化服务规则衔接,健全法规标准体系,夯实发展基础,提升支撑保障能力;推广先进运输组织形式,深化铁路和货运价格改革,培育多式联运经营企业,丰富联运服务产品,深化行业改革,创新运输服务模式;实现行业信息共享,推广标准化运载单元,加强专业化联运设备研发,推动信息共享,加快装备技术进步;统筹国际联运有序发展,优化口岸通关监管模式,深化国际运输交流合作,深化对外合作,拓展国际联运市场。

(二)推动智慧物流向智慧供应链延伸

物流是供应链的一部分,智慧物流一定要向"智慧供应链"延伸,通过信息技术,实施商流、物流、信息流、资金流的一体化运作,使市场、行业、企业、个人联结在一起,实现智能化管理与智能化生活。

积极延伸服务链条,应有效引导生产模式适应消费者和客户个性化、多样化升级需求,推动物流业与上下游企业战略合作,构建协同共享的物流生态圈。智慧物流要与互联网深化融合,以智能技术倒逼产业链各环节强化供应链协同,打造智能协同的智慧供应链体系。

按照国务院办公厅发布的《关于积极推进供应链创新与应用的指导意见》,各级单位与企业全面部署现代供应链发展工作。鼓励物流企业依托互联网向供应链上下游提供延伸服务,推进物流与制造、商贸、金融等产业互动融合、协同发展。支持供应链管理综合服务商建设智慧供应链管理服务体系,发展适应"互联网+"大规模定制的智能集成式物流模式,面向小批量、多品类、快速生产、快速交货和连续补货等新需求,提供物流服务解决方案。智慧物流通过链接升级、数据升级、模式升级、体验升级、智能升级、绿色升级,将全面助推供应链升级,深刻影响社会生产和流通方式,促进产业结构调整和动能转换,推进供给侧结构性改革。

(三)夯实智慧物流发展基础

1. 推进联程联运系统建设

随着智慧物流的发展,作为物流基础设施的铁路、公路、航空港、海港、物流园区等,彼此之间的有效衔接变得越来越重要。把联程联运系统建设提升为国家战略层面,使之成为具体实施综合交通运输体系建设的主要抓手。加快推进综合运输枢纽和多式联运专业化站场设施建设,提升零距离换乘和无缝衔接的服务功能。大力发展"一票制"货物多式联运,通过智能化技术手段推进各种运输方式互联互通。组织开展联程联运试点示范工程建设。统筹公路、铁路、水路、管道等各种运输方式之间的有效衔接,大力推进公铁联运、铁水联运、甩挂运输、托盘运输等重来重去、快进快出运输方式,减少物流环节,优化运输结构,降低污染排放,打造便捷高效的绿色物流体系。

2. 推进物流基础网络设施建设

深入推进交通与物流融合发展,完善物流基础设施规划布局,保障物流基础设施建设用地,建设一批具有多式联运功能、支撑区域经济发展的综合物流枢纽,促进多种运输方式无缝对接、各类物流园区互联互通,完善城市末端物流微循环,打造布局合理、衔接一体、功能齐全、绿色高效的物流基础设施网络体系。

3. 加快智能化技术装备研发

智慧物流的发展前提是智能化基础设施的广泛投入。发展基础期应以智慧物流基础设施建设为主,包括设施设备的机械化、自动化和标准化,以及互联网、云计算、大数据、物联网、智能终端、智能仓库等在内的基础设施建设和推广应用,为智慧物流发展创造基础条件。鼓励企业在仓储、分拣、包装、配送等各环节采用先进适用的物流装备设施,提高作业自动化水平;推进无人仓、无人车、无人机等高端科技产品的研发及推广应用。积极推进物联网、云计算、大数据等新技术应用。重点支持电子标识、自动识别、信息交换、智能交通、物流经营管理、移动信息服务、可视化服务和位置服务等先进适用技术的应用。积极推进物流企业物流管理信息化,运用企业资源计划和供应链管理技术,促进信息技术在物流领域的推广应用。建立物流技术创新体制;鼓励企业技术改造和新技术研发推广,支持对重点领域关键技术的联合攻关。

4. 升级物流信息平台的开发和应用

建设物流公共信息平台工程,通过加强建设面向不同层次和不同对象的智能化物流公共信息平台,有效形成集物流信息发布、在线交易、数据交换、跟踪追溯、金融服务、智能分析、信用评价等功能为一体的物流信息服务中心。推动平台之间数据对接、信息互联,促进互通省际、下达市县、兼顾乡村的物流信息共享,实现物流活动全程监测预警、实时跟踪查询。鼓励物流龙头企业搭建面向中小物流企业的物流信息服务平台,促进货源、车(船)源和物流服务等信息的高效匹配,有效降低运输载具空驶率,为优化社会物流资源配置提供平台支撑。鼓励中小企业积极开发或者接入各类物流信息平台,提高企业的信息化水平。充分挖掘移动互联网时代大数据、云计算的市场潜力,强化跨行业、跨部门、跨区域的交通运输基础信息资源的大范围整合,促进互联互通和共享开发,增强国家物流公共信息平台的服务功能,建设行业数据交换节点,开发物流运行分析服务产品。

(四)推进行业技术标准规范化建设

智慧物流是建立在物流信息标准化基础之上的。这就要求在编码、数据接口、电子数据交换等相关代码方面实现标准化,消除不同企业之间的信息沟通障碍。目前,由于缺乏信息的基础标准,不同信息系统的接口成为制约信息化发展的瓶颈,很多物流信息平台和信息系统遵循各自制定的规范,导致企业间、平台间、组织间很难实现信息交换与共享,"各自为政、圈地服务"的情况比较普遍,无法实现智慧应用和信息共享,整个电子化物流网络之间难以做到兼容。

智慧物流发展推动了综合性标准化的制定,同时对综合性标准提出的要求集中在融合性、综合性、集成性的标准编制。近年来,交通运输部主办的"国家交通物流信息平台"对智慧物流标准体系的建立起到重大作用,同时全国物流信息化管理标准化技术委员会推动了自动识别、条码、二维码等相关标准的创新,北京起重运输机械研究院特种设备委员会建立了全自动化立体库等相关标准。大数据、物联网、云计算等各技术领域在物流行业应用中均会推动这些信息技术在物流业应用的标准创新。智慧物流标准体系正在建设之中。要继续推进物流基础标准、业务标准和相关标准的建设工作。

制(修)定一批物流标准,提高生产、采购、销售、回收等供应链各环节标准的协调性,推动产业融合发展,保障物流服务高效便捷。鼓励企业、社团组织积极参与物流标准化工作,促进国家标准、行业标准、团体标准协同发展。推进托盘及仓储配送等物流设施设备的标准化改造和衔接。建立全程冷链物流标准体系,适应消费升级需求,推动冷链物流发展。推进电子商务物流标准化,建立覆盖仓储、运输、包装、配送等全链条的电子智慧物流服务体系。

建立健全物流数据采集、管理、开放、应用等相关标准规范,重点完善包装、托盘、周转箱、货品编码等标准。加强基础共性标准、关键技术标准和重点应用标准研究,制(修)订一批行业急需的企业间物流信息交互标准以及物流公共信息平台应用开发、通用接口、数据传输等标准,并加强推广应用。

(五)扶持物流龙头企业发展智慧物流

选择基础条件好、示范引领性强的的龙头企业大力发展智慧物流,在全国范围内力争形成100家智慧物流示范企业。

通过制定扶持政策引导龙头企业进行整合、创新,通过实施先进物流项目引导物流企业发展方向;加快推进物流企业信息化建设,鼓励物流企业购置或自主开发信息管理系统,搭建与生产制造企业、商贸流通企业信息整合平台;鼓励物流企业信息技术的研发和集成创新,加快射频识别(RFID)、全球定位系统、地理信息系统等物联网高端信息技术的推广与应用;鼓励企业积极探索新的物流服务模式;推动"互联网+物流"在龙头企业中的应用。

(六)推进建设示范智慧物流园区

物流园区是现代物流系统的重要组成部分,是"智慧物流"的重要载体,重点选择具备较为完善的互联网物流信息平台和与开展业务相适应的智能化作业处理能力的物流园区,力争在全国范围内形成100个智慧物流园区。

国家赋予物流园区的责任与功能,实际上已经明确了它可以成为智慧物流的抓手。《全国物流园区发展规划(2013—2020年)》反复强调了作为智慧物流要素的物流资源的整合,强调了智慧物流设施与技术、物流信息平台、物流金融服务平台等相关智慧物流要素的构建、推广与应用,物流园区将成为物品、信息、物质、资金交流的"大舞台",完全可以承担"抓手"的重任。以"网上交易、业务管理、商务协同"为核心,面向物流产业链,整合上游货运厂商、下游物流公司客户,以全程电子商务平台为载体,融入电子商务交易、大屏幕货运信息交易、园区物业管理系统、园区公共服务管理系统、智能停车场、智能一卡通等业务模块,有效提供物流产业链的全程服务,全面提升园区价值及竞争力。智慧物流园区依托全程物流电子商务平台,园区与平台双向协调,园区与园区信息共享,以"平台构造节点化、园区管理智能化、业务服务全程化、行业效益长远化"为核心,建设为有物流处理能力的高效智慧节点,是云物流的强力保障。

第二节 中国智慧物流发展与展望

一、提高智慧物流认识

智慧物流是解决物流行业效率低、成本高的必由之路。随着新技术、新模式、新业态不断涌现,智慧物流逐步成为促进物流业发展的新动力,也为经济结构优化升级和提质增效注入了强大动力。

1. 从贯彻新发展理念的角度去认识智慧物流

智慧物流具有创新、协同、共赢、开放、绿色等特征,加快发展智慧物流,有利于加速产业融合、深化社会分工、提高集成创新能力,有利于建立物流生态链合作共赢的协同发展机制,有利于中国加快转变经济发展方式、实施创新驱动战略,推进新型工业化、信息化、城镇化、农业现代化。

2. 从深化供给侧结构性改革的角度去认识智慧物流

智慧物流通过先进技术和物流产业的有效融合,促进产业跨界和协同发展,优化物流产业结构,推动了物流行业供给结构性改革,全面提高服务质量,促进行业转型升级发展。

3. 从促进《中国制造 2025》、智慧城市发展的角度去认识智慧物流

智慧物流不仅是《中国制造 2025》、智慧城市的重要组成部分,也是其发展的重要基石,必须站在国家战略布局的角度去推动智慧物流的发展。

4. 从全球与公共视野去认识智慧物流

全球视野是要把智慧物流放进全世界去观察、去研究,智慧物流是智慧地球、智慧城市的重要组成和有力支撑,研究和发展智慧物流要对标国际。公共视野是说智慧物流着眼于公共利益,而不是单个企业为了追求利润而能实施的,智慧物流要发挥整体优势,要打破条块分割、地区封锁,树立全国、全行业一盘棋的思想。

二、加强智慧物流人才培养

物流行业属于服务业,人是服务行业的核心,物流人才培养应与行业发展同步。

1. 积极完善专业人才的培养机制

加强智慧物流智库建设,充分发挥高校、科研机构、协会、企业等多方作用,推进现代物流体系人才队伍建设。完善激励机制,培养一批物流新技术、新设备研发应用领军人才和技术带头人。加大核心管理和技术研发岗位的复合型人才引进和培养力度,促进物联网、云计算、信息技术服务等领域的高级人才向智慧物流管理和运营方面的转型,促进人才的合理流动与优化配置。

2. 多渠道培养创新型物流人才

创新人才培养模式,依托高等院校和培训机构,使物流教育与行业发展同步,加强核心技术研发人才培养与创新团队建设,培养企业真正急需的人才。国家相关部门还要出台相关政策措施,着眼于长远,加大人才培养、引进、使用等环节的政策扶持力度,整合高校、科研院所、软件企业等各种机构资源,通过多种渠道重点培养创新型、管理型、高技能型的人才,为智慧物流发展提供智力支持。要借鉴先进国家的经验,不断完善吸引国外物流专业人才的机制,建立人才激励机制,加大高端人才引进力度,有针对性地引进物联网、云计算、信息技术服务、智慧物流管理等领域的高端人才,进一步完善人才服务的市场机制,促进人才的合理流动与优化配置。

3. 畅通物流人才引进通道

通过"引进来""送出去"等方式,拓宽人才获取途径:一是畅通物流人才引进通道,引进高层次、高技能、通晓国际同行规则和熟悉现代管理的高级物流业人才;二是有条件的地方

可以输送人员到国外实习培训;三是建立健全人才评估体系和激励机制,创造各类人才充分施展才干的良好环境。

三、完善智慧物流发展政策

物流政策是物流业的行动准则,通过引导、激励和干预等手段,合理应用物流政策可以促进物流业健康发展,使其与国民经济发展水平相适应。近几年来,中国陆陆续续出台了一系列关于物流业发展的政策,虽然取得了一定的成效,但若要尽早实现智慧物流国家的目标,就必须构建和完善现有的物流业政策体系。

1. 基础支持政策

落实税收优惠政策,结合全面推开营改增试点,落实好无车承运人缴纳增值税政策,研究完善交通运输业个体纳税人异地代开增值税专业发票管理制度。统一物流业各环节增值税税率,设立"综合物流服务"税目。允许物流企业集团统一纳税,实行企业所得税总分机构统一进行申报缴纳。落实物流行业税负只减不增政策,允许物流企业和互联网平台代开发票,解决物流企业增值税进项抵扣不足问题。保障物流用地政策,进一步落实支持智慧物流业发展用地政策,对符合土地利用总体规划要求的智慧物流设施建设项目,加快用地审批进度,保障项目依法依规用地。加强金融支持政策,加大对智能仓储、物流云、网、端等应用基础设施以及物流标准化信息化等项目的财政支持力度。并进一步完善资本市场,探索有助于物流金融的投融资模式,推动民间资本的积极参与,引导资本、人才向智慧物流领域流动。

2. 技术进步政策

增加政府对智慧物流技术的研发投入,智慧物流软硬件投资成本巨大,成为物流企业发展智慧物流的障碍,因此,实现智慧物流的快速发展和普及,需要政府加大对智慧物流软硬件资源领域的研发投入,显著提高智能物流设备研发投入所占的比例。支持建立知识产权服务机制,加大技术创新成果保护力度,推动知识产权共享。加强产学研结合,建立长期稳定的产学研合作方式,落实产学研相结合的创新体系。加快转换科研成果,鼓励与市场需要相联系的应用性研究和技术研究,提高科研人员开展自主创新和科研成果转化的积极性。

3. 新兴业态支持政策

加强研究无人驾驶、无人机、人工智能等新兴领域的监管政策。政府对智慧物流这种新兴业态应包容监管,鼓励创业创新发展的优惠政策面向新兴业态企业开放,推动政府部门带头购买新兴业态企业产品和服务,并不断完善适应新就业形态特点的用工政策和社保制度。为新兴业态发展创造更加宽松、平等的市场环境,以更大范围的市场开放和业态创新,有效发挥新兴业态带来的社会福利增长效应。

四、建设智慧物流互联互通体系

1. 构建互联互通的智慧物流云平台

加快构建以政府引导、行业参与、企业主体、公益和市场手段并举的模式,构建互联互通的智慧物流云平台。通过资源优化、平台整合，构建全国性、区域性的智慧物流公共信息平台，实现企业间、产业间物流的互联互通。应用云计算技术、物联网技术，采用高端服务器、三网融合及 GPS/GRS 等智能设备终端，整合运输、仓储、金融、配送、货运代理等社会物流资源，服务于物流业和工商业两大核心主体，成为集政府监管、全程在线交易及跟踪、在线支付、信息发布、物流交易、产品展示、推广营销、互动交流、系统及设备终端应用为一体的互联互通平台。

2. 完善物流互联互通标准

健全中国物流信息标准体系，提高物流企业的智慧程度，加快建立统一的物流信息标准，实现不同企业间、企业与供应链间的物流信息的共享。加快物流技术、装备、流程、服务、安全等标准制(修)订工作，建立健全物流数据采集、管理、开放、应用等相关标准规范，重点完善包装、托盘、周转箱、货品编码等标准。加强基础共性标准、关键技术标准和重点应用标准研究，制(修)订一批行业急需的企业间物流信息交互标准以及物流公共信息平台应用开发、通用接口、数据传输等标准，并加强推广应用。

3. 引导物流活动数据化

加快物流企业信息化建设，通过电子化、数据化方式采集物流交易和物流活动信息，推广应用电子面单、电子合同等数据化物流活动信息载体，促进物流活动和物流交易传统模式革新。

4. 推动物流数据开放化

要研究、制定政府物流数据开放目录，规范数据开放的具体方式、内容、对象等；促进公安、海关、质检、港口、铁路、路政、工商、税务等部门信息共享，推动公路、铁路、水运、航空等不同交通运输方式之间的信息衔接；引导行业协会、公共服务和科研机构等采集和分析物流运行数据，支持公共服务机构、大型企业针对社会化物流需求提供基于物联网、云计算、大数据的各类应用服务；探索制定物流数据商业化服务规则。

五、发挥行业协会的促进作用

智慧物流产业横跨各个产业部门，纵贯各个物流环节，要使智慧物流协调快速发展，需要发挥行业协会的作用。行业协会在制定标准规范、开展行业研究、加强成员交流，开展示范评选等方面发挥重要作用。

1. 在制定标准规范中发挥作用

发挥行业协会熟悉行业、贴近企业优势，根据智慧物流的重点领域，加强工作调研，研究制定相关物流标准规范，加快其应用推广，并跟踪服务，及时解决标准实施规范实施中的问题。

2. 在行业研究和成员交流中发挥作用

行业协会作为联结政府和企业的桥梁和纽带，要通过研讨、论坛等形式让政府、企业等成员之间形成"交互作用",互相之间取长补短。要加强高端技术研究,及时推广典型案例和经验,引导全行业提高智慧物流的认识,充分调动企业积极性,发挥企业主体作用。推广多种形式的智慧竞赛及科普活动,提升社会对智慧物流的认知度。

3. 在编制智慧物流指数中发挥作用

智慧物流还处于起步阶段,要充分发挥协会的智库作用,研究编制智慧物流指数,并在其框架下研究编制智慧园区指数、智慧企业指数、智慧仓储指数等子系统,定期发布相关指数。

4. 在示范引领中发挥作用

研究制订百家智慧物流园区和百家智慧物流企业评选方案,发挥先进企业示范引领作用,促进智慧物流技术创新和成果共享。

参 考 文 献

[1] 王雁凤. 物流配送网络优化:考虑回收与调货的时效产品双向配送[M]. 北京:化学工业出版社,2020.
[2] 张惠莹,张蕾. 电子商务物流配送实务[M]. 北京:北京理工大学出版社,2020.
[3] 曹二保,陈东. 物流配送车辆路径问题模型及算法研究[M]. 北京:科学出版社,2020.
[4] 弗布克管理咨询中心. 配送人员精细化管理工作手册[M]. 北京:化学工业出版社,2020.
[5] 刘常宝. 现代仓储与配送管理[M]. 北京:机械工业出版社,2020.
[6] 魏学将,王猛,张庆英. 智慧物流概论[M]. 北京:机械工业出版社,2020.
[7] 施先亮. 智慧物流与现代供应链[M]. 北京:机械工业出版社,2020.
[8] 王喜富,崔忠付. 智慧物流与供应链信息平台[M]. 北京:中国财富出版社,2019.
[9] 韩东亚,余玉刚. 智慧物流[M]. 北京:中国财富出版社,2018.
[10] 李汉卿,姜彩良. 大数据时代的智慧物流[M]. 北京:人民交通出版社股份有限公司,2018.
[11] 马彩凤. 大数据时代的智慧物流与管理[M]. 长春:吉林出版集团股份有限公司,2018.
[12] 王喜富,刘全明. 城市绿色智慧物流[M]. 北京:电子工业出版社,2018.
[13] 王勇,刘永. 运输与物流系统规划[M]. 成都:西南交通大学出版社,2018.
[14] 童婧,肖梅,陈婷. 电子商务与智慧物流[M]. 北京:光明日报出版社,2015.
[15] 张璐,刘巍. 物联网时代下智慧物流的构建[M]. 哈尔滨:哈尔滨工程大学出版社,2017.
[16] 周斌,沈火林,袁小明,等. 智慧物流园区创新实践[M]. 北京:人民邮电出版社,2021.
[17] 贾春玉,双海军,钟耀广. 智慧物流:仓储与配送管理[M]. 北京:机械工业出版社,2019.
[18] 黄刚. 智慧物流园 RFID 资产监管系统实务[M]. 南宁:广西美术出版社,2017.
[19] 胡一波. 大数据背景下移动商务与智慧物流联动发展研究[M]. 长春:吉林大学出版社,2017.
[20] 戴定一. 智慧物流案例评析[M]. 北京:电子工业出版社,2015.
[21] 赵惟,张文瀛. 智慧物流与感知技术[M]. 北京:电子工业出版社,2016.
[22] 张宇. 智慧物流与供应链[M]. 北京:电子工业出版社,2016.
[23] 于胜英,郭剑彪. 智慧物流信息网络[M]. 北京:电子工业出版社,2016.
[24] 胡荣. 智慧物流与电子商务[M]. 北京:电子工业出版社,2016.
[25] 韩东亚. 智慧物流仓配装理论与算法[M]. 合肥:中国科学技术大学出版社,2020.

[26] 李汉卿,姜彩良.大数据时代的智慧物流[M].北京:人民交通出版社,2018.
[27] 施先亮.智慧物流与现代供应链[M].北京:机械工业出版社,2020.
[28] 魏学将,王猛,张庆英.智慧物流概论[M].北京:机械工业出版社,2020.
[29] 施先亮.智慧物流与现代供应链[M].北京:机械工业出版社,2020.
[30] 邵广利.仓储管理实务[M].北京:北京交通大学出版社,2013.
[31] 王之泰.新编现代物流学[M].4版.北京:首都经济贸易大学出版社,2018.
[32] 王喜富,沈喜生.现代物流信息化技术[M].北京:北京交通大学出版社,2015.
[33] 王喜富,刘全明.城市绿色智慧物流[M].北京:电子工业出版社,2018.
[33] 王猛,魏学将,张庆英.智慧物流装备与应用[M].北京:机械工业出版社,2021.
[34] 王先庆.智慧物流:打造智能高效的物流生态系统[M].北京:电子工业出版社,2019.
[35] 张良卫.国际物流学[M].北京:机械工业出版社,2019.
[36] 潘永刚,余少雯,张婷.重新定义物流:产品、平台、科技和资本驱动的物流变革[M].北京:中国经济出版社,2019.
[37] 薛在君,刘进华.企业战略与商业模式[M].北京:机械工业出版社,2016.
[38] 朱一青.城市智慧配送体系研究[M].北京:中国时代经济出版社,2019.
[39] 魏颖.大数据时代下智慧物流与管理研究[M].西安:西北工业大学出版社,2020.
[40] 王先庆.新物流 新零售时代的供应链变革与机遇[M].北京:中国经济出版社,2019.
[41] 冯耕中.物流信息系统[M].北京:机械工业出版社,2020.
[42] 陈贵香,冯永强,肖艳.电子商务物流[M].南昌:江西高校出版社,2019.
[43] 张丽青.物流管理[M].北京:中国中医药出版社,2018.
[44] 沈易娟,杨凯,王艳艳.电子商务与现代物流[M].上海:上海交通大学出版社,2020.
[45] 张莉莉,姚海波,熊爽.现代物流学[M].北京:北京理工大学出版社,2020.
[46] 范碧霞.物流与供应链管理[M].2版.上海:上海财经大学出版社,2020.
[47] 张惠敏.新编物流管理实务[M].北京:中国水利水电出版社,2020.
[48] 郑久昌.物流仓储作业管理[M].北京:中国轻工业出版社,2017.
[49] 马焕方,章洁.物流仓储实务[M].成都:西南交通大学出版社,2020.
[50] 柳荣.智能仓储物流、配送精细化管理实务[M].北京:人民邮电出版社,2020.
[51] 张浩,郑健.新编现代企业仓储物流管理必备制度与表格[M].北京:中国文史出版社,2020.
[52] 中国物流与采购联合会物流与供应链金融分会.中国物流与供应链金融发展报告[M].北京:中国财富出版社,2020.
[53] 刘意文,袁方,吴春平.物流金融实务[M].长沙:湖南大学出版社,2014.
[54] 王宇熹.物流金融[M].上海:上海交通大学出版社,2013.
[55] 王阳军.物流金融业务操作与管理[M].西安:西安交通大学出版社,2017.
[56] 颜浩龙,王晋,黄成菊.物流与供应链金融研究[M].北京:国家行政学院出版社,2016.
[57] 周苏,孙曙迎,王文.大数据时代供应链物流管理[M].北京:中国铁道出版社,2017.

[58] 郭福成,李金洲,张敏作,等.无源定位原理与方法[M].北京:国防工业出版社,2021.
[59] 金会平.网络生活[M].北京:中国科学技术出版社,2019.
[60] 黄天全,覃伟良.网络技术[M].天津:天津科学技术出版社,2019.
[61] 电商创业进农村明白纸系列丛书编委会.互联网＋[M].兰州:甘肃科学技术出版社,2018.
[62] 杨长清.云管理:互联网＋时代的人才管理变革[M].北京:中国铁道出版社,2017.
[63] 温卫娟.行业物流管理研究[M].中国财富出版社,2018.
[64] 张文杰.综合物流研究规划与实践[M].北京:北京交通大学出版社,2018.
[65] 梅宝林.农产品冷链物流技术研究[M].长春:吉林科学技术出版社,2020.
[66] 吴科.供应链金融[M].南京:东南大学出版社,2019.
[67] 郑殿峰,齐宏.产业供应链金融[M].北京:中国商业出版社,2019.